-- DOIS IRMÃOS --

ESCRITO POR
MARIA CAMARGO

A PARTIR DA OBRA DE
MILTON HATOUM

DIREÇÃO
LUIZ FERNANDO CARVALHO

Cobogó

PARA EDNA PALATNIK

DOIS IRMÃOS E O TEMPO

– O que te trouxe aqui? – perguntou o psicanalista com sotaque portenho.
– Um livro.
Ele sorriu com o canto dos olhos. Ou, pelo menos, percebi assim.

Alguns meses antes, em meio a uma tremenda crise existencial e na véspera de entrar na livraria e começar a ler *Dois irmãos* ainda de pé, apoiada na estante, eu tinha me deparado com um depoimento de Milton Hatoum onde ele dizia: "Quem viveu intensamente até os vinte anos, é só esperar mais uns quinze para começar a escrever." Eu tinha vivido os tais primeiros vinte anos muito intensamente e estava com trinta e um. Fiz as contas: dava tempo. Ou, ao menos, tempo de ler o que aquele escritor intrigante, que fazia aniversário no mesmo dia que eu, tinha escrito.

Estávamos em 2002 e *Dois irmãos*, devorado ao longo da madrugada, me nocauteou. Muitas outras leituras vieram, muitos amigos foram presenteados com exemplares, mas não foi suficiente. Onipresente na mesa de cabeceira, o livro era o que era, estava terminado, mas eu enxergava dentro dele uma semente para outro mundo, outra linguagem.

Na época, com pouca experiência em dramaturgia, eu trabalhava na Tv Globo avaliando histórias para serem adaptadas. Natural que escrevesse dez páginas tentando convencer alguém a apostar na história. Parafraseando Oswald de Andrade, tinha convicção de que o Brasil inteiro deveria devorar o biscoito fino que o Milton havia fabricado: "A bela e complexa estrutura do romance, em que épocas, memórias e pedaços de história se entrelaçam, revelando aos poucos o destino da família, da cidade e do país, não deve ser um empecilho para sua adaptação, e sim um atrativo a mais", escrevi em 2003.

Com exceção da Edna Palatnik, minha chefe na época, ninguém me deu a menor atenção. Mas eu já vivia com a família no sobrado em Manaus, e entendi: tinha que adaptar o livro. Como ninguém ia me chamar para escrever o roteiro, eu mesma tinha que fazê-lo. Navegar rumo ao Norte, ainda que com o risco do naufrágio iminente.

Com o tal sorriso no canto do olho, Arturo, o analista, me perguntava em silêncio: qual é o seu desejo? E eu agarrei o livro tal como Zana – alguns anos depois, na televisão – agarraria a mão do filho preferido para que ele não fosse embora.

Como Nael, "naquela época, tentei, em vão, escrever outras linhas". E o Milton, para meu espanto, prestou atenção. Leu essas primeiras linhas, gostou, confiou. Mas ainda eram só palavras. Palavras apaixonadas, é verdade, mas palavras. E, como Clarice Lispector bem sabia, "o que importa não são as palavras, é o sussurro por trás das palavras".

O projeto caminhou devagar e, em 2006, acabou voltando para a Tv Globo, já numa parceria com o diretor Luiz Fernando Carvalho – também apaixonado pelo livro, por literatura e pelo desafio de transpor grandes obras literárias para o audiovisual. Paixões que nos aproximaram.

Dois irmãos, mais que um trabalho, foi mesmo uma história de amor.

A espera foi longa, é verdade. A adaptação quase aconteceu e deixou de acontecer algumas vezes – o Tempo, força motriz do livro, foi se tornando personagem importante também nessa história.

Depois da primeira tentativa de aproximação, um argumento para longa metragem em 2003, uma versão da série para a televisão, em 8 episódios, foi escrita em 2010. Em 2014, o projeto foi retomado já com o formato definitivo, em 10 capítulos. A terceira e última versão foi finalizada em dezembro do mesmo ano, às vésperas do início das gravações, em janeiro de 2015.

Foram, portanto, quinze anos entre a primeira leitura do livro e a exibição da série, em janeiro de 2017. Tempo em que fichas com esboços de cenas se espalharam pelas paredes da casa e os personagens se tornaram cada vez mais íntimos. Assim como o psicanalista ouvia os sussurros por trás das minhas palavras, aos poucos passei a ouvir os sussurros de Nael, Zana, Halim, Yaqub, Omar, Domingas e Rânia ao pé do ouvido. E só então pude, finalmente, reinventá-los.

Milton, que de ídolo se tornou amigo muito querido, foi absolutamente generoso em relação às liberdades que eu teria – e tive – que tomar durante a escrita. Autor dos sonhos de qualquer roteirista, ele sempre soube que transportar um livro para outra linguagem é muito mais do que simplesmente ilustrar ou retirar às pressas do original o que em princípio funciona.

É possível reinventar sem trair? Trair sem corromper? Não existem receitas, fórmulas ou mapas confiáveis para atravessar um rio como esse. Por isso a publicação desta versão comentada e ilustrada. Nela, além do roteiro na íntegra, notas chamam a atenção para o processo de recriação da literatura para a televisão. Outras notas apontam para as diferenças entre o roteiro e a série finalizada – pois, a despeito da autoria do roteirista, a construção de uma obra audiovisual é sempre plural, coletiva. É essa a sua natureza.

O roteiro, portanto, sofreu modificações durante a produção e a edição da série. Inicialmente, por exemplo, havia a previsão de dois intervalos comerciais que depois, já durante a montagem, foram reduzidos a apenas um, gerando mudanças relevantes nos ganchos entre os blocos. Optamos, porém, por publicar o texto tal como finalizado e aprovado, deixando as comparações entre o livro, o roteiro e a série para os leitores e espectadores.

Importante sublinhar: ainda que seja a primeira etapa da construção de uma obra coletiva, um roteiro audiovisual é muito mais do que um ponto de partida. Ele é a estrutura, ossos e músculos da história, já contém em si o ponto de chegada.

Nada acontece sem um texto sólido. Mesmo assim, infelizmente, a publicação de roteiros ainda é pouco comum no Brasil. Versões comentadas são ainda mais raras. Essa edição pretende dar aos interessados a chance de acompanhar um pouco mais de perto as várias etapas do processo de escrita audiovisual – pesquisa, conceituação, elaboração, estruturação e revisões – que levaram do texto literário para a televisão. Que transformaram desejo em linguagem.

Nas vinte e sete leituras que fiz do livro até hoje (e sei que o número vai mudar), nunca deixei de me emocionar profundamente ao ler que "só o tempo transforma nossos sentimentos em palavras mais verdadeiras". Espero que os sentimentos e as palavras que viajaram tanto tempo tenham pousado aqui, nestas páginas, com toda a verdade de que fui capaz.

MARIA CAMARGO

--- DOIS IRMÃOS ---

VERSÃO FINAL – DEZEMBRO DE 2014

ESCRITO POR
MARIA CAMARGO

A PARTIR DA OBRA DE
MILTON HATOUM

DIREÇÃO
LUIZ FERNANDO CARVALHO

--- DOIS IRMÃOS ---

EPISÓDIO 1

1. EXT. RIO NEGRO/PRAIA, DEBAIXO D'ÁGUA – DIA

ANOS 30. Raios de sol penetram na água escura, onde um anzol está à espera de um peixe qualquer. A quietude do rio é quebrada: revelam-se apenas as pernas de crianças, dois meninos (OMAR e YAQUB, 8 anos) que entram correndo na água, fazendo algazarra.

O fundo de uma canoa, de onde vem a linha de pesca, balança na superfície. Uma mão de criança pequena (RÂNIA, 4 anos) também aparece e afunda, brincando com a água.

Novas pernas entram no rio, se movendo harmoniosa e suavemente: pernas bem torneadas de uma mulher (ZANA, 25/30 anos).

Ela se aproxima da canoa, mas os meninos nadam em sua direção. Um deles (Omar) agarra-se à mulher, que o acomoda junto ao colo.

O outro menino (Yaqub) tenta encontrar um lugar também. A mulher o acolhe, sem o mesmo ímpeto. As pernas dos dois meninos quase se entrelaçam, cruzadas sobre o corpo da mãe.

Um peixe morde a isca – e a harmonia se quebra.

Pois a proximidade excessiva entre os meninos é também incômoda: o pé de um toca o do outro (YAQUB), e o outro (OMAR) reage com um pontapé. Eles começam a brigar, a se empurrar. A mãe tenta acalmá-los, sem sucesso.

O peixe fisgado se debate, agarrado à isca.

Graças ao movimento dos corpos, a água do rio está agora mais agitada. Ouvimos o som indistinto, abafado pela água, da briga entre os irmãos e também a voz da mãe que tenta acalmá-los.

Ainda vemos apenas pernas, agora as de uma outra mulher, muito morena e mais franzina (DOMINGAS, 20/25 anos), que, vestida com uma saia comprida que dificulta seus movimentos dentro da água, entra no rio. Ela leva um dos meninos (Yaqub, que chora) para fora. O outro (Omar) permanece no colo da mãe.

[ATENÇÃO: NENHUM DOS ROSTOS É REVELADO, POR ENQUANTO.]

O peixe vai sendo puxado para fora da água – vamos com ele até a superfície:

                    HALIM (O.S.)
Duelo? Melhor falar de rivalidade. Alguma coisa que não deu certo entre os dois meninos... ou entre eles e nós.

[NOTA CENA 1] Os primeiros minutos de contato do espectador com a história apontam para onde, e como, ela vai se desenrolar. Neste caso, a busca foi por um momento emblemático da vida em família, em que o drama e o lirismo que permeiam a série já estivessem presentes. A construção da cena levou em conta também a importância que o cenário e a natureza têm na vida dos personagens – elementos que precisavam fazer parte da história desde o princípio, não apenas de forma ilustrativa, mas também dramática. Embora não esteja no livro, a cena poderia estar lá – e vai reaparecer neste e em outros capítulos, sob outras perspectivas.
[Imagem p. 340]

2. EXT. RIO NEGRO/DENTRO DO BARCO – DIA

ANOS 60. HALIM, 65/70 anos, retira o peixe do anzol. Traços árabes, corpo bronzeado, é um homem ainda vigoroso, forte para a idade que tem. Em torno dele não há mulheres, nem crianças: apenas o rio e o verde da floresta que cerca o pequeno barco a motor. Nele, além de Halim, há um interlocutor que ainda não revelamos.

>HALIM
>Parece que o diabo torce pra que a mãe escolha um filho, rapaz... Mas não quero falar sobre isso. Pra um velho como eu, o melhor é recordar o que foi bom... lembrar só do que me faz viver mais um pouco, entendes?

O peixe é depositado numa cesta já cheia de peixes. Halim coloca outra isca no anzol e atira novamente na água.

>HALIM (CONT'D)
>Além do mais, tem certas coisas que a gente não deve contar a ninguém.

E nos afastamos do rio. Aos poucos, do alto e na distância, revela-se o vasto mundo de água e floresta em torno deles.

>NAEL (V.O.)
>Ele calou sobre a cicatriz. Calou também sobre mim, sobre as minhas origens, sobre Domingas. Mas me fazia revelações aos pedaços...

3. EXT. AÉREA FLORESTA/MANAUS – DIA

ANOS 40. Um pequeno avião bimotor sobrevoa nuvens imensas, que aos poucos se afastam revelando a imensidão da floresta e do rio Negro. Parece improvável

---

[NOTA CENA 2] O narrador da série, como do livro, é Nael. Além de nos contar o que viu, ele fala também do que ouviu de outros personagens ao longo da vida, sobretudo de Halim. De um modo diferente do que acontece no romance, porém, aqui as conversas entre Halim e Nael se concentram em tempo e espaço específicos: no rio, dentro de um barco, enquanto procuram por algo ou alguém.

Mas por que estão navegando? O que buscam? Quem é o menino que acompanha Halim? Em que época isso se passa? Essas informações são introduzidas pouco a pouco – pois a situação que, no livro está concentrada no que corresponderia ao episódio 6 da série, no roteiro é propositalmente ampliada, estendida. Isso permitiu um mergulho mais profundo na memória de Halim e na intimidade dos dois personagens.

Uma inspiração: *Coração das trevas* [*Heart of Darkness*], livro de Joseph Conrad que inspirou o filme *Apocalipse Now*, de Francis Ford Coppola.

haver uma cidade ali, em meio à natureza exuberante, mas ela desponta, ao longe: um pequeno povoado diante do rio.

>   NAEL (V.O.) (CONT'D)
> ...Uma lembrança qualquer se desdobra em muitas outras, como um filme que começa na metade da história e depois continua dando saltos no tempo e no espaço.

4. INT. SOBRADO/QUARTOS – DIA

Janelas são abertas de par em par, deixando entrar a luz do sol que aos poucos revela os interiores aconchegantes da casa.

Começam a ecoar, longínquos e lancinantes, os gritos de um animal ferido.

5. INT. SOBRADO/SALA – DIA

Mais janelas são abertas, revelando mais.

Na sala de estar, há flores nos vasos, um narguilé pousado ao lado do sofá junto a um álbum de fotografias e um altar com a imagem de Nossa Senhora do Líbano.

Numa das paredes, junto à escada, algumas fotos enfileiradas: um senhor árabe muito sorridente, cabelos brancos e fartos, o bigode com as pontas retorcidas (Galib); um casal jovem e feliz num beijo no altar da igreja (Halim e Zana), e, finalmente, uma foto dos gêmeos quando crianças. Estão os dois sobre um tronco caído, atravessado sobre um igarapé. Um deles está de pé, equilibrado, sorridente. O outro, sentado sobre o tronco, também sorri, mas timidamente – talvez temeroso, é o que denunciam as mãos agarradas ao tronco.

Um grande espelho veneziano orna outra parede e reflete a presença de ZANA, que termina de abrir as janelas, um tanto apressada. Com cerca de 40 anos, é uma mulher ainda muito bonita, cabelos escuros, corpo bem feito, olhos marcantes.

Ela segue em direção à COZINHA, e os gritos do animal aos poucos se tornam mais próximos.

6. INT. SOBRADO/COZINHA, ALPENDRE, QUINTAL – DIA

DOMINGAS, 30/35 anos, mulher de traços indígenas bem marcados, abana e sopra a brasa, atiçando o fogo do fogão a lenha. Há um verdadeiro banquete sendo preparado: pratos, panelas e tabuleiros, doces e salgados por toda a parte.

Zana entra já falando e sem parar de caminhar.

>   ZANA
> Tudo pronto, Domingas?

                    DOMINGAS
              Só falta o seu Halim e o bichinho dele.

                       ZANA
                    (sorri, terna)
                 Não te acostumas, não é?

                    DOMINGAS
           Coitadinho do cordeiro de Deus, dona Zana!

                       ZANA
                 A esfiha está cheirando.

Zana segue apressada em direção aos fundos da casa.

No ALPENDRE, açucenas brancas se misturam a tajás e helicônias, anunciando o QUINTAL exuberante alguns passos a frente.

Há uma rede vermelha, vazia. No chão, em torno e abaixo dela, há copos sujos, um livro aberto (Machado de Assis?), a capa amassada. Zana pega os copos e entrega a RÂNIA, 15/16 anos, que se aproxima. Os gritos do animal finalmente cessaram.

Rânia é bonita como a mãe, os mesmos olhos e o mesmo corpo, muito feminino. Ela traz na mão um facão ensanguentado – mas Zana não parece dar muita importância àquilo.

                    ZANA (CONT'D)
                  O Omar, por onde anda?

                      RÂNIA
                   Saiu cedo, mama.

                       ZANA
                   Disse pra onde ia?

                      RÂNIA
             Só disse que não sabia quando voltava.

                       ZANA
                    Mas logo hoje?

                      HALIM
                   O que tu esperavas?

Diante dela está HALIM, 45/50 anos, muito sorridente – e com a roupa coberta de sangue.

                          ZANA
        Meus filhos perto de mim. É o que toda mãe espera.
                        (o observa)
                   Tu ainda estás assim?

Ele sorri.

                          HALIM
                  O prato preferido do Yaqub...

                          ZANA
        E nós lá sabemos do que ele gosta agora, Halim? Depois de tantos
        anos morando naquele fim de mundo?

                          HALIM
        Ora, o Líbano não é o fim do mundo! Tu bem sabes disso, é a nossa terra!

                          ZANA
                O lugar do nosso filho é aqui. Sempre foi.

                          HALIM
           Ele está voltando pra casa... A guerra acabou, minha Zana.

Ele despe a camisa suja e se aproxima. Ela cede um pouco, sorri, amolece...

                          ZANA
                     Tu não tens jeito mesmo.

...mas nem tanto:

                       ZANA (CONT'D)
        Agora vai te limpar de uma vez ou vou buscar o Yaqub sozinha.

Ela se afasta, apressada.

                       ZANA (CONT'D)
                        Traz as flores, Rânia.

Halim suspira, vai se limpando sem tirar os olhos da mulher que some dentro da casa.

Adiante, no QUINTAL, uma GRANDE ÁRVORE filtra o sol forte com sua copa imensa. Abaixo, em um de seus galhos, está dependurado o cordeiro recém-abatido. Gotas de sangue pingam ritmadamente e são absorvidas pela terra abaixo dele.

7. INT. SOBRADO/QUARTO DE YAQUB – DIA

Zana borrifa perfume sobre a fronha bordada com capricho, onde se lê: *Yaqub*. Dá os últimos retoques na arrumação quarto já impecável. Rânia arruma flores (helicônias) num vaso.

>ZANA
>Meu menino vai dormir com as minhas letras, com a minha caligrafia...

>RÂNIA
>Está bem aqui?

Zana olha em torno, satisfeita com o que vê.

>ZANA
>Teu irmão vai gostar.

>RÂNIA
>Por que ele ficou tanto tempo longe?

Uma sombra sobre o rosto de Zana.

>ZANA
>Devias perguntar isso ao teu pai.

Ela pega algumas flores no vaso, sai. E já ouvimos o som do bimotor que sobrevoa.

8. EXT. RUA DOS BARÉS – DIA

Domingas corre em direção ao rio. A rua pavimentada com pedras de macadame é ainda bucólica, apesar do movimento em direção ao porto: há mangueiras e oitizeiros sombreando a calçada, cadeiras diante das casas para a conversa entre vizinhos, algumas carroças, raros automóveis, e, agora, também bandeiras do Brasil em algumas janelas.

Domingas passa pelo VENDEDOR DE SAPOTI, por um CURUMIM imundo e de pés descalços que entoa um ritmo num triângulo de ferro e pelo ÍNDIO que vende flores, orquídeas raras que cobre com tule para proteger do sol.

Passa também por um peixeiro que anda com passos curtos, aos pulinhos, arrastando a perna esquerda meio morta. O sol faz com que brilhem a medalhinha de honra ao mérito que traz na lapela e o tabuleiro de peixes espalmado numa das mãos. É ADAMOR PERNA DE SAPO, 40/45 anos.

ADAMOR PERNA DE SAPO
Tua patroa não quer um tucunaré fresquinho pro jantar de hoje?

Ela para, olha o peixe bem de perto e faz cara feia.

DOMINGAS
Fresquinho ele já foi um dia, seu Adamor. Hoje só serve pra gato de rua.

Domingas acelera novamente os passos em direção ao porto.

ADAMOR PERNA DE SAPO
Índia metida a besta...

Ele retoma sua caminhada lenta e volta a gritar seu pregão com voz de barítono:

ADAMOR PERNA DE SAPO (CONT'D)
Peixeirooooooo!

9. EXT. PORTO DA ESCADARIA – DIA

Domingas dribla outros peixeiros, pescadores, mascates e carregadores que lotam as cercanias do mercado. Finalmente junto à amurada, diante do rio, ela para. Olha em direção ao céu e, emocionada, acompanha a trajetória do avião com os olhos. [ATENÇÃO: NÃO PRECISAMOS DO AVIÃO NA CENA, SÓ DO ÁUDIO.]

10. INT. AEROPORTO/SAGUÃO – DIA

O bimotor aponta no céu, agora à vista de Zana e Halim. Ela não contém as lágrimas nem o ímpeto – pega as helicônias e corre para a entrada da pista de pouso, onde um SEGURANÇA monta guarda. Zana não se importa com a presença da autoridade, mas ele barra sua entrada.

[NOTA CENA 10] No livro, Halim vai buscar o filho no Rio de Janeiro e chega com ele a Manaus. Assim também foram as primeiras tentativas de construção da cena no roteiro, logo descartadas.

Ao colocar Halim em Manaus à espera do gêmeo ausente, a intenção foi reforçar a solidão de Yaqub e apresentar Halim e Zana juntos, dando mais peso ao casal. Ficam mais claras também as esperanças e a tensão em família. Além disso, eliminou-se o desembarque de Yaqub na Cinelândia – uma sequência onerosa e que atrasaria o andamento da história. O foco manteve-se, assim, no essencial: a longa e traumática ausência de Yaqub – que se reflete em seu desconforto, na ansiedade da mãe, na esperança do pai e no descompasso de toda a família.

                    SEGURANÇA
                Por favor, senhora...

Zana tira cédulas da bolsa e coloca na mão do guarda.

                      ZANA
                Já esperei demais.

                    SEGURANÇA
                   Não posso/

                      ZANA
           Faz cinco anos que não vejo meu filho.

O segurança titubeia, olha em torno. Finalmente pega o dinheiro e abre passagem. Zana passa como uma flecha. Halim vai atrás dela, sem graça.

                      HALIM
                    Desculpe.

11. EXT. AEROPORTO/PISTA DE POUSO, AVIÃO – DIA

Zana corre na pista em direção ao avião bimotor que finalmente para. Halim, sem remédio, vai atrás.

                      HALIM
                   Zana, espera!

Mas ela não espera. O avião abre as portas e ela sobe as escadas carregando as flores, quase atropela a AEROMOÇA atônita. Halim vai atrás.

                  HALIM (CONT'D)
                   (à aeromoça)
              Uma mãe saudosa. Desculpe.

12. INT. AVIÃO – DIA

Zana segue pelo corredor estreito com as helicônias na mão, procura ansiosa pelo filho. Halim apenas acompanha, já desistiu de frear a esposa.
   Os rostos anônimos dos passageiros se sucedem, espantados e incrédulos diante da mulher que passa. Até que, entre eles, na última fileira, os olhos de Zana finalmente se detêm sobre um belo rapaz moreno, ainda mais espantado do que os outros: é YAQUB, 18/20 anos.

                    YAQUB
                    Mama?

                    ZANA
        Meus olhos, minha vida! Por que demoraste tanto?

Ela corre até ele com as flores nos braços. Abraça o filho com sofreguidão, beija-lhe os olhos, a face, os cabelos.

                 ZANA (CONT'D)
    Tu já és um homem, Yaqub... Virou homem longe de mim...

Zana toca o rosto do filho constrangido. Suas mãos param sobre a face esquerda, onde há uma cicatriz em forma de meia lua. Ela acaricia a marca do ferimento antigo, tão emocionada quanto ele está incomodado. As flores ali, fora do lugar, algumas caídas, outras despedaçadas, também incomodam mais do embelezam.
    Yaqub, atônito, cruza o olhar com Halim, que sorri para ele, emocionado.

                    HALIM
                 Vamos, Zana.

Yaqub balbucia algo em árabe, levanta-se, tenta se desvencilhar das flores e da mãe, mas ela não dá espaço. Ele pega sua bagagem – apenas uma trouxa – e seguem pelo corredor do avião, a mãe abraçada ao filho.

13. EXT. AEROPORTO/PISTA DE POUSO – DIA

Zana desembarca de braços dados com Yaqub. Halim segue atrás.

                   NAEL (V.O.)
    Ela não cessou os afagos e saiu do avião abraçada ao filho. Radiante,
    cheia de si, como se enfim tivesse reconquistado uma parte de sua
    própria vida.

14. I/E. LAND ROVER/VÁRIOS PONTOS DA CIDADE – DIA

Do PV de YAQUB, através da janela traseira do carro guiado por Zana, a cidade e a natureza em torno se impõem. Halim, sentado na frente, está atento às reações do filho.

15. I/E. CARRO/ESTRADA À BEIRA DA FLORESTA – DIA

Yaqub abre a janela – sente o cheiro, o ar amazônico.
Olha para o céu, observa as nuvens negras e imensas sobre eles.

16. I/E. CARRO/POVOADO ÀS MARGENS DO IGARAPÉ – DIA

Mulheres estendem roupas em varais improvisados nas estacas das palafitas; Homens retiram cestas de frutas, gaiolas de pássaros e redes cheias de peixes de pequenas embarcações.

          HALIM
Olha como cresceram os bairros junto do rio, quantos flutuantes...

Yaqub, emocionado, apenas observa. Permanece calado.

17. I/E. CARRO/PRAIA NO RIO NEGRO – DIA

Na praia formada pela vazante, há uma fileira de pequenos barcos coloridos atracados. Yaqub se emociona ao ver as crianças que correm na areia.

          HALIM
Foi aqui que a canoa por pouco não emborcou naquele passeio até o Careiro. Eu, tu e teu irmão tivemos que tirar o barro com as mãos, lembras?

          YAQUB
Sim, baba.

          NAEL (V.O.)
Sim... Por que ele e não Omar?, Yaqub se perguntava e mais tarde me contou. Mas naquele dia não contou nada, a ninguém.

Zana estranha o silêncio do filho.

          ZANA
Que aconteceu? Arrancaram a tua língua lá no Líbano?

[NOTA CENAS 14 A 17] Na edição final da série, aqui – assim como em outros momentos estratégicos da história – foram inseridas imagens de arquivo, num diálogo bem-sucedido com a história do Brasil e não previsto anteriormente no roteiro.

> YAQUB
> *"La"*, não, mama...

> HALIM
> Deixa o menino, Zana.

Yaqub volta-se novamente para a paisagem, que se movimenta rapidamente conforme o carro avança.

> NAEL (V.O.)
> Não era mais um menino. Quando voltou do Líbano, era um homem que falava pouco. Calava quando podia, e, às vezes, quando não devia.

18. I/E. CARRO/PORTO DA ESCADARIA – DIA

O carro segue e o rio Negro se impõe, com seus peixeiros, barqueiros e pescadores. Entre eles está Adamor Perna de Sapo com seu tabuleiro. Ele acena ao vê-los passar.

> ZANA
> Lembras do seu Adamor, aquele que salvou o milico na floresta?

> HALIM
> Um herói, mas desses que só encontras aqui.

Yaqub mal ouve, está enlevado pelo que vê. Pingos grossos começam a cair, gotas que salpicam o rio e martelam a lataria do carro num ritmo muito próprio.

19. I/E. CARRO/RUA DOS BARÉS, SOBRADO – DIA

Chove mais forte. Pedestres correm buscando abrigo enquanto o carro segue rua acima, em direção ao SOBRADO.

> HALIM
> Muitas coisas mudaram por aqui durante a guerra, meu filho.

> ZANA
> Mas muitas ficaram iguais. Nossa casa é a mesma.

Eles estacionam diante da casa, um sobrado neoclássico.

> HALIM
> A chuva também. Só em Manaus chove assim.

Halim e Zana desembarcam e seguem apressados para casa, mas Yaqub não tem pressa: sai do carro e, ao sentir a chuva molhando a pele, ameaça um sorriso. Emociona-se, quer sentir mais e mais.

Da porta do sobrado, Halim, também emocionado, observa o filho sob a chuva que cai, cada vez mais forte, como só na Amazônia pode ser.

20. EXT. RUA DOS BARÉS/SOBRADO (BIBLOS) – DIA

<u>ANOS 20</u>. Água corre nas calhas, calçadas e valetas da rua. O mesmo cenário, embora modificado, e a mesma chuva amazônica, de pingos grossos, que castiga. No sobrado agora funciona o *Biblos*, um pequeno restaurante popular frequentado por imigrantes.

Quem entra ali, fugindo da chuva, é o mascate HALIM, 25 anos. Numa mão, uma maleta e amostras dos badulaques que vende; na outra, um grande peixe, um matrinxã.

NAEL (V.O.)
A chuva embaçava os olhos, mas despertava a memória... A água que caía, o *Biblos*, o almoço com sabor raro preparado por ele mesmo, o viúvo Galib... Bandeja equilibrada numa mão, enquanto a outra enlaçava a cintura da filha, Zana.

21. INT. SOBRADO/RESTAURANTE BIBLOS – DIA

O local é ponto de encontro de imigrantes de toda parte, mas, sobretudo, libaneses, sírios e judeus marroquinos. Fala-se árabe, português, francês e espanhol, numa atmosfera babélica, mas harmoniosa.

ZANA, 16/20 anos, morena belíssima e graciosa, trabalha servindo os fregueses. Halim vai até ela, mostra o peixe.

HALIM
Trouxe pro seu pai.

ZANA
Baba, o mascate trouxe mais um!

[NOTA CENA 19] No livro, neste momento, não chove – mas poderia ter chovido. É a água que move a vida na Amazônia, seja ela da chuva ou do rio. São, ambas, inseparáveis da história e frequentemente colocadas em cena – mas nunca de forma aleatória. Aqui, a chuva marca o reencontro de Yaqub com sua terra natal e é também o elemento disparador da memória de Halim e da passagem de tempo.
[Imagem p. 340]

GALIB, 60 anos, pele morena, cabelos fartos e grisalhos, bigode terminando em espiral e um eterno sorriso nos lábios, se aproxima, limpando as mãos no avental. O sotaque árabe ainda é carregado, apesar dos anos no Brasil.

> GALIB
> Belo matrinxã, Halim! Vou preparar para amanhã, com farofa e azeitonas.

> HALIM
> E aquelas ervinhas que só tu conheces.

> GALIB
> Segredos de um velho libanês! Zana, traz o jaraqui para o Halim.

Halim se senta num canto, tira uma garrafinha de arak do bolso, dá um gole. Parece bem mais interessado em Zana do que na comida, mas ela vem e vai sem olhar pra ele.

> NAEL (V.O.)
> A intimidade com o dono do restaurante animava Halim, mas ainda não bastava para aproximá-lo de Zana.

As conversas dos fregueses se misturam, indistintas, num mar de vozes, em várias línguas.

22. INT. SOBRADO/RESTAURANTE BIBLOS – DIA/NOITE

Em meio ao falatório, o tempo que passa:
Halim, sentado sempre na mesma mesa, o olhar sempre apaixonado, vai mudando de roupa, expressão e cardápio. Às vezes está só, outras vezes acompanhado por amigos, mas não tira os olhos de Zana – que nunca pousa os olhos nos dele.
[FALAS A SEGUIR EM PORTUGUÊS, MAS PODEM SER CONVERTIDAS PARA OS IDIOMAS CITADOS NA CENA 21.]

> FREGUÊS 1
> Melhor não passar por lá, a peste tomou conta da aldeia.

> FREGUÊS 2
> Acredites, era belíssima! E os beijos então, ah!

> FREGUÊS 3
> Sim, mas o tempo passou pra ela também...

                        FREGUÊS 4
        O desgraçado pensa que me engana com essa conversa!

                        FREGUÊS 5
        Morreram quase todos, o barco ficou lá, emborcado na lama.

                        FREGUÊS 6
        Tu podes ou não me emprestar o dinheiro? É pouca coisa, já disse.

                        FREGUÊS 7
        Irmãos, sim! Mas se amam feito macho e fêmea, são como bichos!

                        FREGUÊS 2
        Não sei, rapaz... Não consigo esquecer a danada!

                        NAEL (V.O.)
        Ele passou meses assim: num canto da sala, à espera de um milagre
        que não acontecia.

23. INT. SOBRADO/RESTAURANTE BIBLOS – NOITE

Halim está sentado com CID TANNUS e ABBAS, ambos na faixa dos 20/30 anos, no restaurante quase vazio. O primeiro veste-se com esmero exagerado para o lugar, é quase um dândi, de cabelo bem penteado, colete e blusa multicor; o segundo, ao contrário, não dá importância à aparência: Abbas tem a barba malfeita e os cabelos desalinhados – e é árabe, segundo evidenciam a pele morena e o sotaque carregado.

Os três jogam gamão, fumam e bebem arak com gelo, já meio bêbados. A poucos passos deles, Zana se desdobra em carinhos com Galib – chega a limpar o suor do rosto do pai.

                        ABBAS
        Olha lá como a gazela é amorosa.

                        CID TANNUS
        E desperdiça esse dote com o pai. Uma pena, não é, Halim?

Halim joga os dados. Dois cincos.

                        HALIM
        Du bange, sorte no jogo. Parece mesmo que ela só tem olhos para o
        velho Galib.

                    CID TANNUS
                Agora está olhando pra nós.

Zana de fato se aproxima, sorridente.

                    ABBAS
            Alguém tem algo irresistível para dizer?

                    CID TANNUS
                Tu és o poeta, Abbas! Inventa!

                    ABBAS
            Mas o apaixonado aqui não sou eu...

                    HALIM
                    Calados, os dois!

Halim, tenso, mexe com os dados, que se espalham no chão. Zana apanha os dados, coloca sobre a mesa e vai tirando os copos.

                    ZANA
        Desculpem, mas temos que fechar. São mais de nove.

Ela se afasta, Halim olha os dados: um 1 e um 2.

                    HALIM
                Du iak. Azar no amor.

24. EXT. CENTRO DE MANAUS/SOBRADINHO DAS POLACAS – NOITE

Halim, Abbas e Cid Tannus seguem pelas ruas já quase desertas, meio bêbados, carregando o tabuleiro de gamão e se revezando com a garrafa de arak.

                    CID TANNUS
                Calar na frente de mulher dá nisso.

                    HALIM
        Fazer o quê, Tannus? Não sou bom com as palavras, só com os dados.

                    ABBAS
            Então vais contar só com o acaso, paisano?

Se aproximam do prostíbulo, uma das únicas casas ainda iluminadas, de onde ecoam música e risadas.

> CID TANNUS
> Com o acaso e com as polacas. Elas dão menos trabalho, meu amigo.

> ABBAS
> Ele está apaixonado, Tannus. Ficamos nós com as polacas, mas depois!

Eles seguem andando na cidade vazia.

25. EXT. CENTRO DE MANAUS/"CASA ROUAIX" (LOJA DE CHAPÉUS) – NOITE

Halim, Abbas e Cid Tannus estão diante da vitrine com chapéus de vários modelos.

> CID TANNUS
> Tu tens mesmo dinheiro pra presente importado?

> HALIM
> Madame Rouaix pode me vender à prestação.

Abbas arrasta Halim para longe da vitrine.

> ABBAS
> Não, é o mesmo de sempre! Dê poemas para a bela libanesa, são bem melhores que chapéus.

> CID TANNUS
> E mais baratos!

> HALIM
> Já disse que não entendo nada de poesia.

> ABBAS
> Não qualquer poesia, homem! Gazais! Poemas ancestrais, da nossa terra! Amor e elogios, não há mulher que resista!

> CID TANNUS
> E palavras não saem de moda.

> ABBAS
> Escolhe uma parte do corpo dela, anda!

> HALIM
> Da Zana? Ora, não sei, Abbas!

                             CID TANNUS
                   Onde tu gostarias de pôr as mãos primeiro?

                                HALIM
                                A boca?

                                ABBAS
            Sim, sim! Boca é muito bom... O grande poeta Hafiz disse um dia:
                       (fala primeiro em árabe, depois a tradução)
                     "A rosa de tua boca é o centro do mundo."

E começa a escrever no ar, sonhador.

                             ABBAS (CONT'D)
           A boca da tua Zana, como é? Vermelha e carnuda? Ou rósea e
           delicada?

                                HALIM
                               Carnuda...

                             CID TANNUS
                        Promessa de delícias, hein?

                                HALIM
                      Queria eu pensar em outra coisa!

                                ABBAS
               Mas isso é um prato cheio para a poesia, paisano!

E ele começa a recitar em árabe palavras que não compreendemos. Os três seguem pelas ruas desertas, bebericando da garrafa de arak, rindo dos poemas que Abbas vai improvisando.

26. EXT. PORTO DA ESCADARIA – DIA

Halim observa Zana e Galib, que escolhem peixes, muito à vontade entre os pescadores e comerciantes locais. Mas não tem coragem de se aproximar: numa das mãos, a maleta e o mostruário com mercadorias; na outra, um envelope.

                              NAEL (V.O.)
           As rimas de Abbas: louco com afoito, dor com flor, amada com
           almofada...

27. EXT. CENTRO DE MANAUS – DIA

Halim vende de porta em porta, ainda com o envelope já um tanto amassado em meio às suas bugigangas.

> NAEL (V.O.) (CONT'D)
> ...vinho e destino numa mesma frase.

28. I/E. BONDE/CENTRO DE MANAUS – DIA

Halim se equilibra no estribo, com as mercadorias penduradas no ombro. O envelope cai, ele percebe, pede ao condutor para parar, mas ele não para. Halim pula perigosamente e corre atrás do envelope, que esvoaça.

> NAEL (V.O.) (CONT'D)
> O que ela podia querer mais?

29. INT. SOBRADO/RESTAURANTE BIBLOS – DIA

Zana retira os pratos e uma garrafa de arak vazia da mesa desocupada. Embaixo de um dos pratos, o envelope já sujo, amassado. Ela pega, curiosa.

30. EXT. RUA DOS BARÉS/SOBRADO (BIBLOS) – DIA

Halim observa o restaurante a certa distância. Espera com ânsia, vê quando Zana olha o envelope... mas ela guarda-o no bolso do avental, sem abrir.

31. EXT. RIO NEGRO/FLORESTA – ANOITECER

Nuvens negras e pesadas se acumulam sobre o rio.

32. EXT. RUA DOS BARÉS/SOBRADO (BIBLOS) – NOITE

Chove forte. Do mesmo ponto, tal qual uma estátua, Halim tenta se proteger da chuva, sem sucesso. Continua observando o sobrado, agora iluminado, e a silhueta de Zana, que vai e vem. Até que as luzes vão se apagando.

Resignado, Halim se vai com sua maleta de trabalho. Caminha devagar, debaixo do temporal.

33. INT. RUA DE MANAUS/PENSÃO ORIENTE – NOITE

Halim, tão ensopado quanto sua maleta, entra numa casa onde na porta se lê: *Pensão Oriente*. Fecha o portão atrás de si.

34. INT. PENSÃO ORIENTE/QUARTO DE HALIM – NOITE

Halim reza em seu tapete. Mas não consegue se concentrar, está inquieto. Levanta, abre a janela, observa a chuva.

35. EXT. SOBRADO/RESTAURANTE BIBLOS, QUINTAL – DIA

Galib tem um grande tucunaré nas mãos, presente de um ansioso Halim. Observa devagar o peixe, os olhos, as escamas.

GALIB
Muito fresco... E grande, hein? Rende um belo assado!

Ele pega ervas na horta, ao lado do galinheiro, ambos cultivados com esmero. Mas Halim está inquieto, os olhos em busca de algo, à procura de Zana.

GALIB (CONT'D)
Vamos experimentar com esta, e mais esta...

36. INT. SOBRADO/RESTAURANTE BIBLOS – DIA

Halim se senta, ainda inquieto com a ausência de Zana. Tira uma garrafinha de arak do bolso e dá um gole.

GALIB
Hoje é por nossa conta. Berinjela recheada, macaxeira frita, tucupi e jambu para regar o peixe.

HALIM
Shukran... Parece perfeito.

Abbas se aproxima.

GALIB
Aí está, já tens companhia.

Galib vai saindo, mas retorna. Tira o envelope do bolso, entrega a Halim.

                        GALIB (CONT'D)
Ah, já ia me esquecendo. Deixaste aqui outro dia, quase foi para o lixo.

Galib se vai, e Halim não consegue disfarçar a decepção. Abbas abre o tabuleiro de gamão e coloca os dados na mesa.

                             ABBAS
Os gazais são convincentes, a paciência é poderosa, mas o coração de um tímido não conquista ninguém, paisano.

Halim, desanimado, espalha as peças no tabuleiro.

37. INT. PENSÃO ORIENTE/QUARTO DE HALIM – NOITE

Halim está insone no quarto muito simples, quase espartano. Abre o envelope, começa a ler – em princípio timidamente. As palavras em árabe são misteriosas, mas é possível sentir o ímpeto apaixonado que aos poucos ecoa delas, da voz dele.

                            NAEL (V.O.)
Ah, os gazais do Abbas na boca do Halim! Parecia um sufi em êxtase quando me recitava cada par de versos rimados, celebrando um instante do passado.

38. EXT. RIO NEGRO/DENTRO DO BARCO – ANOITECER

ANOS 60. Retomamos a situação da CENA 2. Halim recita em árabe, sentado na proa do barco que agora avança devagar. Então ele silencia, sorri, retoma uma palavra ou outra. Parece estar só com suas memórias, mas há alguém que guia o barco e que o escuta, enquanto o dia morre.

                       NAEL (V.O.) (CONT'D)
Eu não compreendia os versos quando ele falava em árabe, mas ainda assim me emocionava.

                             HALIM
Palavras do Abbas... Valiam mesmo muito mais do que chapéus, rapaz.
                          (uma pausa)
O que eu fiz pra conquistar essa mulher, a ânsia e o transe que tomaram conta de mim naquela manhã!

39. EXT. RUA DOS BARÉS/SOBRADO (BIBLOS) – DIA

ANOS 20. Passantes vão e vêm entre o mercado e o porto, o trânsito ainda menos intenso de um dia como todos os outros. Mas para Halim não é um dia como todos os outros: parado a alguns metros do sobrado, ele vira uma garrafa de vinho no gargalo.

40. INT. SOBRADO/RESTAURANTE BIBLOS – DIA

Galib cantarola em árabe enquanto recheia o peixe, coloca na bandeja e rega com um molho fumegante.
    Zana pega a bandeja, segue para o salão.

41. EXT. RUA DOS BARÉS/SOBRADO (BIBLOS) – DIA

Halim avança em direção ao restaurante, cruzando a rua um tanto trôpego.

42. INT. SOBRADO/RESTAURANTE BIBLOS – DIA

Halim entra no restaurante lotado. Mira em Zana, que passa com a bandeja. E pela primeira vez tem coragem de pronunciar seu nome – em voz alta, quase um grito.

> HALIM
> Zana!

Ela se vira, equilibrando a bandeja com o peixe assado. Mas ao notar o olhar meio enlouquecido de Halim, procura o pai com os olhos. Algumas risadas e murmúrios entre os fregueses. E Galib se aproxima.

> GALIB
> O que houve, patrício?

> NAEL (V.O.)
> Então ele lançou seus dados. Ninguém o molestou, nenhuma voz surgiu naquele momento.

[INTERVALO 1]

43. INT. SOBRADO/RESTAURANTE BIBLOS – DIA

Halim começa a recitar, em árabe. Sem parar, sem titubear e sem desviar os olhos de Zana – quase um transe. E, apesar do vinho, a voz está firme como nunca.

Galib e os fregueses emudecem, os talheres silenciam e Zana paralisa, tal qual o peixe boquiaberto em sua bandeja.

Halim termina o poema, enfaticamente. O silêncio agora é total. Ele vai até Zana, segura-lhe o braço, cochicha algo em seu ouvido. Depois, sem deixar de encará-la, se afasta devagar em direção à saída, dá as costas a todos e sai.

44. INT. SOBRADO/QUARTO DE ZANA – DIA

Zana tranca a porta, ofegante. Do lado de fora, Galib chama por ela, bate na porta. Mas ela não se move.

O ritmo de sua respiração acelerada aos poucos se acalma. E vai dando lugar a um sorriso. Depois, a um riso largo.

45. I/E. RUA DOS BARÉS/SOBRADO/QUARTO DE ZANA – NOITE

Zana se aproxima da janela. Lá embaixo, na calçada diante dela, olhando para ela, está Halim. Ela fecha a cortina, rapidamente.

> NAEL (V.O.)
> Logo todos na cidade souberam, só se falava do amor louco do mascate Halim.

46. I/E. RUA DOS BARÉS/SOBRADO/QUARTO DE ZANA – MANHÃ

Zana abre a cortina. Lá não está Halim, mas uma dezena de BEATAS reunidas, rezando. Uma delas vê quando Zana aparece.

> NAEL (V.O.) (CONT'D)
> As cristãs maronitas de Manaus, velhas e moças, não aceitavam a ideia de ver Zana casar-se com um muçulmano.

> BEATA 1
> É ela, a filha do viúvo!

> BEATA 2
> Nossa senhora do Líbano te ilumine, minha filha!

                          BEATA 3
            Um vendedor de bugigangas, um teque-teque qualquer!

Zana fecha novamente as cortinas, assustada.

                          NAEL (V.O.) (CONT'D)
            Mas Zana não escutava vaias nem conselhos. Quando falou, foi com
            a confiança de uma cartomante.

47. INT. SOBRADO/QUARTO DE ZANA – DIA

Batidas na porta, Zana abre. É Galib, com um prato de comida.

                          GALIB
            Minha pérola, precisas comer...

                          ZANA
            Vou me casar com esse Halim.

48. INT. SOBRADO/RESTAURANTE BIBLOS – NOITE

No restaurante vazio, após o expediente, Galib, Zana e Halim, petrificado de emoção, estão frente a frente. A tensão erótica e silenciosa entre eles contrasta com o rebuliço religioso do lado de fora, com as rezas e vaias das maronitas. É Zana quem está no comando.

                          ZANA
            Temos que morar aqui, nesta casa, no meu quarto.

                          HALIM
            Aceito.

                          GALIB
            Algo mais a dizer, Halim?

                          HALIM
            As beatas parece que têm palavras sobrando.

Galib sorri, um desdém bem-humorado.

                          GALIB
            Elas sempre têm.

ZANA
Eu tenho, só uma coisa a mais. Sei que tu és muçulmano, não me importo, mas só me caso se for diante do altar da Nossa Senhora do Líbano.

GALIB
E então?

Halim sorri. As vaias e protestos das beatas continuam ecoando.

49. EXT. RIO NEGRO/DENTRO DO BARCO – NOITE

<u>ANOS 60</u>. A noite cai, o barco segue devagar. Na proa, Halim ri sozinho, enrola um cigarro de palha e continua falando com alguém que não vemos – na verdade, fala mais consigo mesmo.

HALIM
Ah, essas paixões na província! É como estar no palco de um teatro, ouvindo a plateia vaiar dois atores, os dois amantes... E quanto mais vaiavam, mais eu perfumava o lençol da primeira noite.

50. INT. SOBRADO/BIBLOS, QUARTO DO CASAL – DIA

<u>ANOS 20</u>. Halim espalha orquídeas brancas no quarto, sobre a cama.

51. INT. IGREJA NOSSA SENHORA DOS REMÉDIOS – DIA

Diante do altar, da santa e do PADRE ZORAIER, Halim dá um beijo escandaloso na noiva. Zana, no início retraída, os olhos abertos, aos poucos se entrega completamente – um prenúncio do erotismo que virá.
E ele a pega no colo, como se já estivessem na noite de núpcias.

52. EXT. IGREJA NOSSA SENHORA DOS REMÉDIOS/PRAÇA – DIA

Halim sai da igreja carregando Zana nos braços.
Atrás deles, os convidados – entre eles, as beatas escandalizadas com os noivos e com Abbas e Cid Tannus, acompanhados por DUAS PROSTITUTAS exuberantes.

[NOTA CENA 49] Na primeira versão dessa cena, Halim e Nael conversavam num bar, em outro momento que não o da procura por Omar – tal como no livro. Essa tentativa foi descartada em nome da concentração dramática e do impacto visual que a busca no barco poderia provocar.

53. INT. SOBRADO/RESTAURANTE BIBLOS – NOITE

Galib fecha a porta na cara das beatas maronitas. E sorri.

> GALIB
> Música, por favor!

A prostituta que acompanha Tannus entoa a primeira nota de um bolero com voz poderosa. E a música encobre os protestos: Halim dança com Zana, Abbas com sua companheira, e os amigos do *Biblos* também bebem e dançam. Tannus fotografa os noivos – até Galib entra na dança e na fotografia.

> NAEL (V.O.)
> Galib, o viúvo. Dele só restou uma fotografia. Após o casamento, embarcou para o Líbano e a notícia da morte não tardou a chegar.

54. INT. SOBRADO/QUARTO DO CASAL – NOITE

O retrato de Galib, estilizado, imitando uma pintura, está pendurado na parede. Ouvimos apenas o choro compulsivo de Zana.

> NAEL (V.O.) (CONT'D)
> Zana passou um bom tempo sem tirar da boca o pranto e o nome do pai. Mas os mortos um dia acabam morrendo de verdade.

O choro aos poucos dá lugar a gemidos e gazais. E a foto começa a sacolejar, até que cai – são Halim e Zana que se amam com furor na cama que bate na parede.

55. INT. SOBRADO/QUINTAL – DIA

Os amantes agora entrelaçados sob a sombra de uma grande árvore, uma SERIN-GUEIRA. No quintal há também outras árvores, como um jambeiro florido, que lança na brisa suas pétalas cor de rosa.

O poema árabe sussurrado por Halim dá lugar às palavras em português, que sobrepõem-se às imagens.

> ZANA (O.S.)
> Agora sou órfã de pai e mãe, Halim. Quero filhos, pelo menos três.

56. EXT. RIO NEGRO/PRAIA – DIA

Zana e Halim enroscados sobre a areia branca que contrasta com a água escura.

> HALIM
> Ah, Zana, filho é um desmancha-prazer!

> ZANA
> Quer dizer que vamos passar a vida sozinhos, nós dois, num casarão?

> HALIM
> Que mal há nisso?

Ele a beija, mais uma vez. Mas ela não desiste.

> ZANA
> Três. Nem mais, nem menos.

57. EXT. RIO NEGRO/PRAIA, DEBAIXO D'ÁGUA – DIA

Os corpos de Zana e Halim, pernas que se enlaçam, viram e reviram a água escura. Nesse redemoinho amoroso, voltamos ao princípio:

58. EXT. RIO NEGRO/PRAIA, DEBAIXO D'ÁGUA – DIA

ANOS 30. DE VOLTA À CENA 1, AINDA SEM REVELARMOS OS ROSTOS: as pernas de Yaqub e Omar meninos, que brincam e em seguida entrelaçam-se em conflito sobre o corpo da mãe. Em seguida, as pernas de Domingas, que entra no rio e os aparta.

> NAEL (V.O.)
> Halim não queria três filhos; aliás, se dependesse dele, não teria nenhum. Ninguém na casa além dele e de Zana.

59. I/E. RUA DOS BARÉS/SOBRADO – DIA

ANOS 20. Da janela do andar de cima, Zana debruça-se sobre a rua onde peixeiros e vendedores de fruta já iniciaram o trabalho. Vão e vêm, alguns gritam alardeando seus produtos: cupuaçu, tucumã, jambo, peixe fresco, pirarucu seco. O índio florista vende orquídeas.

Em meio ao burburinho, uma freira alta e sisuda, vestida de negro, IRMÃ DAMASCENO, 65 anos, se aproxima trazendo uma indiazinha pela mão: DOMINGAS, 15, cabelos lisos cor de cobre semiencobertos por uma touca, roupa engomada, rosto bonito e cara fechada – está nitidamente de má vontade. A freira quase a arrasta em meio aos passantes até que vê Zana e acena.

60. INT. SOBRADO/SALA – DIA

A salão que já abrigou o *Biblos* é agora uma tentativa de sala de estar, com sofá, espelho e cristaleira disputando espaço com os móveis do restaurante, que jazem empilhados e amontoados num canto.

Zana está diante de Irmã Damasceno, que ainda segura o braço de Domingas.

> ZANA
> Sem o meu pai, sabes... perdi o gosto.

> IRMÃ DAMASCENO
> Que Deus o tenha.

> ZANA
> E o Halim entende de comércio, vamos montar uma lojinha aqui do lado.

> IRMÃ DAMASCENO
> Ouvi dizer.

Zana mostra os móveis.

> ZANA
> Eram do restaurante. Podem ter mais serventia lá no orfanato.

> IRMÃ DAMASCENO
> Obrigada. Acho que a cunhatã pode lhe servir também. (à índia)
> Anda, Domingas.

Ela conduz Domingas na direção de Zana.

> DOMINGAS
> A benção.

> IRMÃ DAMASCENO
> Demos um duro danado com essa órfã, mas tomou jeito. É asseada, caprichosa, sabe ler e escrever. E tem bons dentes, podes ver.

Domingas abre a boca, mas Zana não parece confortável, evita olhar.

> ZANA
> Uma beleza de menina, irmã.

                    IRMÃ DAMASCENO
                 Sendo assim, está entregue.

A freira se encaminha para a saída. Na porta, se volta:

                    IRMÃ DAMASCENO (CONT'D)
                    Não vais me acompanhar?

                              ZANA
                 Desculpe. (vai até lá) Até mais ver, irmã.

                    IRMÃ DAMASCENO
        Mando buscar os móveis ainda hoje. Mas tens algo que posso levar
        agora, não?

A freira estende a mão, insinuante.

                              ZANA
                            Ah, claro!

Ela pega dinheiro sobre uma cômoda e coloca na mão da freira.

                         ZANA (CONT'D)
                      Para ajudar o orfanato.

                    IRMÃ DAMASCENO
                        (a Domingas)
        Tens sorte, tua patroa é muito generosa. Não vá fazer besteira,
        menina.

Ela sai, Zana fecha a porta e vira-se para Domingas. Sorri, mas a índiazinha não. E então Zana nota, abaixo da veste engomada, os seus pés nus.

61. INT. SOBRADO/QUARTO DE DOMINGAS – DIA

Os pés de Domingas agora estão calçados – embora com sapatos maiores que os pés. E ela usa um vestido jeitoso, alegre. Zana penteia seus longos cabelos lisos.

                         NAEL (V.O.)
        Domingas chegou com a cabeça cheia de piolhos e rezas cristãs. Nas
        rezas, ela e Zana se igualavam.

62. INT. IGREJA NOSSA SENHORA DOS REMÉDIOS – DIA

Zana e Domingas rezam. De joelhos, lado a lado.
As duas tomam a hóstia, fazem o sinal da cruz e saem de braços dados pela nave da igreja.

63. EXT. RUA DOS BARÉS/TABERNA DO TALIB, SOBRADO – DIA

Zana e Domingas continuam caminhando de braços dados pela rua. Passam pela TABERNA DE TALIB, onde o próprio TALIB, 30 anos, tenta cuidar de duas meninas pequenas, as filhas NAHDA e ZAHIA, enquanto arruma o balcão e as mesinhas. Uma delas, ainda bebê, está no colo. Outra chora, se agarrando às pernas dele. Talib se lamuria em árabe, tentando atendê-las.

> ZANA
> Talib. Veio do Líbano, como nós. Só que o pobre não deu sorte por aqui, a esposa morreu no parto...

Cruzam com ABELARDO e ESTELITA REINOSO, 30/40 anos. Ela de saltos altos que não combinam com o calçamento de pedras de macadame, a maquiagem derretendo com o suor, o cabelo armado de laquê.
Ele, aparência frágil e ansiosa, usa óculos mas ainda assim parece não enxergar um passo adiante. O casal discute enquanto acompanha o curumim que empurra uma jaula sobre as pedras de macadame – ele é CALISTO, 12 anos. Dentro da jaula há DOIS FILHOTES DE MACACO.
Zana cumprimenta o casal, mas eles estão ocupados demais com o transporte inusitado para responder.

> ESTELITA
> Assim os pobres vão provocar, Calisto! Mais devagar!
> (a Abelardo)
> Não dizes nada, Abelardo?

> ABELARDO
> Já disseste por mim, Estelita! Sempre dizes!

Zana cochicha com Domingas, rindo.

> ZANA
> Abelardo e Estelita Reinoso. Moram no casarão.

> DOMINGAS
> Já ouvi as brigas, lá nos fundos.

> ZANA
> Então já sabes bem!

Riem as duas, entram no sobrado.

64. INT. SOBRADO/SALA, ESCADA – DIA

Domingas e Zana entram em casa e se assustam com a aparição de Halim, que agarra a esposa e lhe dá um beijo cinematográfico. Domingas, envergonhada, abaixa os olhos.

> HALIM
> Melhor que o gosto da hóstia?

> ZANA
> Não fales assim que é pecado...

Mas ele não acabou, não se importa com a presença de Domingas. Solta os cabelos de Zana, que caem sobre os ombros, acaricia o pescoço e as costas, e começa a recitar em árabe.

> ZANA (CONT'D)
> Aqui não, Halim, olha a menina!

Mas ela já vai cedendo e ele a levando na direção da escada, ainda recitando. Domingas, estupefata e envergonhada, se encaminha rapidamente para a cozinha – mas, às escondidas, não consegue não olhar. Das sombras, vê quando os dois sobem as escadas, Halim já despindo a roupa de Zana e largando as peças nos degraus. Até que desaparecem no andar de cima.
Domingas não resiste e vai atrás, pé ante pé. Sobe devagar as escadas, seguindo a trilha de roupas.

65. INT. SOBRADO/CORREDOR, QUARTO DO CASAL – DIA

Domingas se aproxima silenciosamente do quarto do casal, cuja porta está entreaberta. Tentada, espia através da fresta – o som da sua respiração ofegante mistura-se aos gemidos dos patrões.
Lá dentro, Zana e Halim se enroscam no chão sobre tapete de reza, agora cercado de orquídeas.
Até que Halim nota a presença dela, os olhares se cruzam. Domingas recua, assustada, e desce correndo as escadas.

66. I/E. SOBRADO/QUARTO DO CASAL, QUINTAL, QUARTO DE DOMINGAS – NOITE

Da janela no alto, pitando o narguilé, Halim passa de observado a observador – espia Domingas que, em seu quartinho dos fundos, esculpe algo delicadamente com uma pequena faca: um passarinho de madeira.

HALIM
Essa cunhatã parece uma sombra.

Zana seca os cabelos com uma toalha, diante do espelho.

ZANA
Quem manda ser tão abusado? Qualquer um teria vontade de olhar.

Ele olha para ela, já com fogo nos olhos.

HALIM
Eu também não me canso de olhar para ti, sabes?

ZANA
(sorri)
Sei.

Ela levanta-se e arma a rede, insinuante.

ZANA (CONT'D)
Hoje, Halim.

HALIM
Filhos vão mudar a nossa vida, desarmar a nossa rede!

Mas ela cala-o com um beijo, deitam-se. E o som da chuva que começa a cair encobre lamentos, gemidos e o choro de um bebê.

67. EXT. SOBRADO – NOITE

Chove forte, água escorre do beiral do telhado. Da casa ecoa o choro e também o som dos passos fortes de Halim.

68. INT. SOBRADO/QUARTO DO CASAL – NOITE

Halim abre a porta do quarto abruptamente.

                    HALIM
                    Nasceu?

Domingas, que auxilia a PARTEIRA, faz que sim e sorri.

                    DOMINGAS
                    Um menino!

Um bebê robusto (YAQUB) acaba de ser retirado da barriga de Zana. A parteira o enrola numa manta.

                    PARTEIRA
                    Deu trabalho à sua esposa.

Emocionado e meio tonto, Halim vai até Zana.

                    ZANA
                    Estás feliz?

                    HALIM
                    Sim, minha vida! Por ti, tu sabes, tudo por ti...

A parteira entrega o bebê para Zana.

                    PARTEIRA
                    É forte como um touro.

Zana, muito emocionada, beija o bebê.

                    ZANA
                    Meu filho... Um menino, Halim!

                    HALIM
                    Nosso menino... Yaqub...

Zana geme de dor, Halim não sabe o que fazer. Domingas toma o bebê dos braços de Zana – ele agora chora, ela tenta acalmar.

                    PARTEIRA
                    É o segundo que tá vindo.

                    HALIM
                    (espanta-se)
                    Gêmeos?

Zana faz força novamente, grita.

HALIM (CONT'D)
Que Deus nos ajude!

[INTERVALO 2]

69. INT. SOBRADO/QUARTO DO CASAL – NOITE

Um novo BEBÊ nasce (OMAR), mas está em silêncio. É menor e mais magro. A parteira esfrega o corpinho vigorosamente até que ele finalmente chora, mas é um choro fraco. Domingas ainda com Yaqub no colo.

ZANA
(ansiosa)
Meu bebê, ele está bem?

Há tensão no ar, ninguém responde diretamente a ela.

DOMINGAS
Descansa, dona Zana.

PARTEIRA
(a Halim)
O pulmão é fraco. Não sei se esse vinga.

A apreensão toma conta de todos. Zana pega o filho silencioso nos braços, as lágrimas já aflorando ao rosto.

ZANA
Nosso Caçula... Olha como é peludinho, Halim.

Halim parece atônito, perdido.

70. EXT. RIO NEGRO/PRAIA – DIA

As águas do rio avançam, engolindo a areia. E depois recuam, revelando a praia branca, mais uma vez.

NAEL (V.O.)
Mas Omar, o peludinho, o Caçula, a criança delicada que por pouco não morreu de pneumonia, vingou.

71. EXT. RIO NEGRO/PRAIA – DIA

ANOS 30. A CENA 1 AGORA REVISTA, POR CIMA D'ÁGUA: revelamos finalmente o rosto de Zana – ela entra no rio, acena feliz para Halim e vai na direção dele. Mas a chegada de Omar, que nada rápido e forte, interrompe seu caminho. Ela acolhe o filho, não olha mais para o marido.

>NAEL (V.O.) (CONT'D)
>Cresceu cercado por um zelo excessivo, pelo mimo doentio da mãe.

Yaqub vem nadando também, se aproxima da mãe e do irmão. Zana também o acolhe, embora sem ímpeto.
Omar não gosta de dividir o espaço, empurra Yaqub, os dois caem na água, se engalfinham. Zana tenta acalmar, separá-los, mas não consegue. E chama:

>ZANA
>Domingas!

Domingas entra na água, de roupa, e sai levando Yaqub. Omar agarra-se de novo à mãe, ocupa o lugar que já é apenas dele.

72. EXT. RIO NEGRO/DENTRO DO BARCO – NOITE

ANOS 60. O motor avança. Na proa, um candeeiro ilumina precariamente o rosto de Halim, que acende o cigarro no candeeiro.

>HALIM
>A Zana só tinha olhos pra ele, por qualquer coisa achava que o Caçula ia morrer... De asma, de febre, de qualquer coisa... Era uma desculpa, eu sabia que não ia acontecer nada com ele.

Halim traga, sopra a fumaça.

>HALIM (CONT'D)
>Pobre do Yaqub, pobres de nós.

73. INT. SOBRADO/QUARTO DO CASAL – NOITE

ANOS 30. Halim dorme tranquilamente abraçado à Zana. Ao lado da cama, um candeeiro está aceso e o mosqueteiro que cobre a cama começa a ser devorado pelo fogo.
A fumaça se espalha no quarto, o fogo engole rapidamente o tecido. Halim começa a tossir e se remexe, inquieto.

74. INT. SOBRADO/QUARTO DO CASAL – NOITE

Halim desperta assustado. Em torno dele não há fogo, apenas o silêncio da noite, entremeado por sons de pássaros noturnos e pelo apito de um barco, ao longe.

No meio da cama, entre ele e Zana, dormindo placidamente agarrado à mãe, está Omar, 8 anos. Halim, muito alterado, sacode o garoto adormecido, que abre os olhos, sem entender bem.

> HALIM
> Omar, sai daqui, já!

Zana também acorda, assustada.

> ZANA
> O que houve?

> HALIM
> Ainda perguntas? Esse menino é capaz de tudo, de botar fogo na casa, destruir tudo, todos nós!

Ela acolhe o garoto, protege da fúria do pai.

> ZANA
> Halim, tiveste um pesadelo, só isso!

> HALIM
> Sim, um pesadelo! É o que parece, esse menino na cama, entre nós!

Halim sai do quarto, batendo a porta.

75. EXT. PORTO DA ESCADARIA – NOITE

Halim caminha, descalço e de pijamas. Para diante do rio, onde barcos atracados formam uma fileira de luzes coloridas. Zana, vestida às pressas, se aproxima.

> ZANA
> Que bobagem, Halim! Vamos pra casa, vem...

> HALIM
> Vamos fazer amor na frente dele, é o jeito.

> ZANA
> Ótimo! Na presença das crianças, da Domingas e dos vizinhos, o que mais? Enlouqueceste, é isso?

Ele debruça-se na amurada sobre o rio. Não responde, não olha pra ela.

76. EXT. PORTO DA ESCADARIA – AMANHECER

Diante de Halim o céu avermelha, o dia amanhece. O silêncio aos poucos dá lugar ao burburinho de vozes, apitos de barcos, o pregão dos mascates e pesqueiros. Mas ele não se move.

POCU, 40 anos, caboclo comandante de um pequeno motor, se aproxima. Troca olhares com os outros pescadores em torno, um deles faz gesto de que Halim está maluco.

> POCU
> Seu Halim?

Halim se surpreende com a chegada dele, sai do transe.

> POCU (CONT'D)
> Melhor o senhor ir pra casa.

Pocu pega Halim pelo braço, e ele não oferece resistência, os pescadores abrem caminho para os dois.

> NAEL (V.O.)
> Os filhos haviam se intrometido em sua vida e ele nunca se conformou com isso.

77. EXT. RIO NEGRO/PRAIA – DIA

ANOS 30. A CENA 1 revista, mais uma vez, agora sob o ponto de vista de Halim. Ele está pescando na canoa com Rânia, que brinca com a água. Adiante, na água, Zana vem na direção dele, mas os filhos interrompem o caminho. Ocupada com os filhos, já não olha mais para Halim.

> NAEL (V.O.) (CONT'D)
> Quando Rânia nasceu, já tinha até se acostumado com o espaço limitado da alcova. Mas Halim desconfiava que jamais haveria paz na família.

78. EXT. RUA DOS BARÉS/TERRENO BALDIO – DIA

Yaqub e Omar, agora aos 12/13 anos, vestidos com roupas idênticas, caminham lado a lado.

                        NAEL (V.O.) (CONT'D)
            O duelo entre os gêmeos era uma questão de tempo. Uma centelha
            que prometia explodir.

Se aproximam de um grupo de meninos que se aglomera debaixo de uma mangueira, todos olhando para cima.
            Então eles veem o que os outros veem, uma bela menina de cabelos loiros que sobe, agarrada ao tronco: LÍVIA, 12 anos. O corpo dela ondula, as pernas nuas e bem torneadas se movimentam com graça – estão todos siderados.

                        OMAR
                        Lívia.

                        YAQUB
                        (surpreso)
                        Sabes o nome dela?

                        OMAR
            Sei também que é sobrinha dos Reinoso.

Lívia, divertindo-se, joga mangas lá de cima e os meninos, alvoroçados, começam a catar as frutas. Então ela encara um dos gêmeos (Omar), e sorri.

                        LIVIA
                        Essa é pra ti.

Joga uma manga, Omar pega. E então joga outra, para Yaqub.

                        LIVIA (CONT'D)
                        E essa, pra ti.

Yaqub também pega a manga que lhe cabe, mas nenhum deles sabe o que fazer com as frutas – só têm olhos para Lívia.
            Ficam os dois siderados enquanto ela morde a casca de uma manga com os dentes e começa a chupar a fruta, sentada num galho, olhando ora para um, ora para o outro.
            Os gêmeos, subitamente desconfortáveis um com o outro, percebem: estão numa nova disputa.

79. INT. CASARÃO REINOSO/PORÃO – FIM DE TARDE

Trovões ecoam. Em FLASHES RÁPIDOS: um filme em preto e branco é projetado na parede (Sugestão: Chaplin); Lívia, sentada ao lado de um dos gêmeos (Yaqub); ambos sendo observados pelo outro (Omar), muito inquieto.

E então todas as imagens desaparecem, o filme e seus espectadores: a escuridão é total.

Há os gritos e assobios da garotada, as vozes dos adultos que tentam acalmá-los. E uma fresta de luz, vinda da janela subitamente aberta.

O beijo que seria secreto fica visível: os lábios de Lívia estão colados aos de Yaqub.

A luz do dia revela não só o beijo, mas também as cadeiras derrubadas com violência, uma garrafa que é quebrada na parede e o ataque que sobrevém.

Yaqub leva a mão ao rosto ferido, coberto de sangue.

A chuva já cai, torrencial, do lado de fora.

NAEL (V.O.)
Foi Domingas quem me contou a história da cicatriz no rosto de Yaqub...

80. EXT. RUA DOS BARÉS/SOBRADO – DIA

ANOS 40. Yaqub, recém-chegado ao aeroporto, se deixa ficar sob a chuva forte. A cicatriz no rosto é inconfundível, tornou-se a sua marca.

NAEL (V.O.) (CONT'D)
...mas muita coisa do que aconteceu mais tarde eu mesmo vi, porque enxerguei de fora aquele pequeno mundo.

81. EXT. RIO NEGRO/PORTO DA ESCADARIA – NOITE

ANOS 60. O motor se aproxima do pequeno porto. Sob a luz do candeeiro, Halim agora está imóvel, silencioso, perdido em pensamentos.

NAEL (V.O.) (CONT'D)
Sim, de fora e às vezes distante, mas fui o observador desse jogo e presenciei muitas cartadas, até o lance final.

Revela-se, finalmente, o rosto de quem conduz o barco, o ouvinte: é NAEL, 15 anos.

[NOTA FINAL] No primeiro tratamento do roteiro, duas sequências ainda estavam aqui, no fim do primeiro episódio: o carnaval e a briga dos gêmeos. Nesta versão final, mais curta, permaneceu apenas um insert da briga como prenúncio do que virá, e tudo o mais foi transferido para o episódio 2. Durante o processo de montagem, na ilha de edição, porém, as cenas acabaram sendo trazidas de volta para o episódio 1.

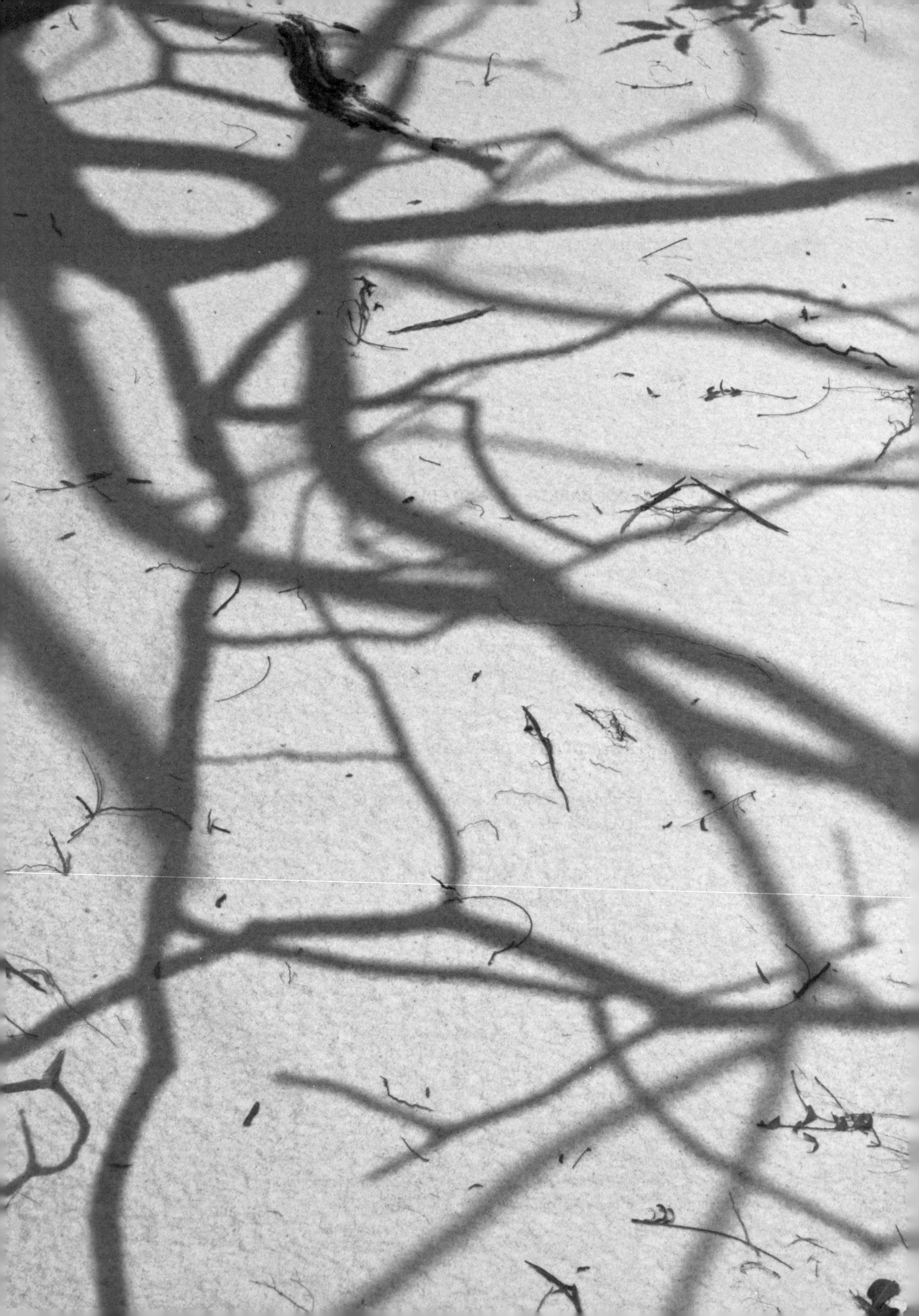

--- DOIS IRMÃOS ---

EPISÓDIO 2

1. EXT. RIO NEGRO – DIA

<u>ANOS 30</u>. Pés de crianças vão percorrendo um caminho inusitado: YAQUB e OMAR, 8 anos, pulam de um barco a outro, seguem uma fila de dezenas de canoas alinhadas na água formando uma linha que aponta para o horizonte.

Os gêmeos vão pulando, equilibrando-se e rindo, cúmplices na brincadeira. Mas Omar é, evidentemente, o líder – segue na frente e é muito mais ágil que o irmão.

Diante de uma canoa que está mais afastada, deixando uma faixa maior de água diante deles, Omar assobia e pula, pousando com tranquilidade do outro lado. Yaqub, no entanto, titubeia.

Finalmente, mira no irmão, que vai à frente, vence o medo e pula. Cai do outro lado um pouco desajeitado, mas logo se equilibra no piso instável.

> NAEL (V.O.)
> A floresta é: sobrevoar...

Os dois seguem assim, pulando sobre outra canoa, e mais outra – até que chegam à última da fila, e então há apenas o Rio Negro diante deles.

> NAEL (V.O.) (CONT'D)
> ...admirar...

Os gêmeos se equilibram, lado a lado, diante da imensidão do rio amazônico. Um momento idílico.

> NAEL (V.O.) (CONT'D)
> ...assombrar-se...

Mas a corda que segura a canoa onde eles estão se estira, vai se esgarçando, ameaçando se romper. E, finalmente, se rompe.

> NAEL (V.O.) (CONT'D)
> ...e, quase sempre, desistir.

[NOTA CENA 1] As cenas da infância dos gêmeos são um vetor à parte da história principal. Embora haja drama, o lirismo predomina – com uma presença especialmente forte da natureza. A intenção é explorar, para além do romance, a gênese de cada um dos meninos. Marcar o que os diferencia, mas também o que os aproxima, ou poderia aproximar. Assim, a tragédia de sua rivalidade ganha um peso ainda maior.
[Imagens pp. 337, 341-43]

2. EXT. PORTO DA ESCADARIA – AMANHECER

ANOS 60. HALIM desamarra as cordas que atam o pequeno barco ao porto. Prepara-se para partir rio adentro.

> NAEL (V.O.) (CONT'D)
> Mas Halim não desistia.

NAEL embarca atrás dele e assume o leme. Ouve-se ao longe o piado característico de um pássaro amazônico.

> HALIM
> O acauã... Vem chuva forte por aí.

> NAEL
> Não é melhor ficar?

> HALIM
> Por causa do acauã?
> (ri)
> Temos um outro bicho pra encontrar, rapaz. Mas não
> te preocupes, é um bicho sem muita coragem.

Decidido, Halim desamarra as cordas que prendem o barco ao porto e senta ao lado de Nael.

> HALIM (CONT'D)
> Vamos trazer o maldito no garrote, tu vais ver.

[NOTA CENA 2] A estrutura em três tempos (ou três vetores) que se entrelaçam se reafirma. Pode-se dizer que há um tempo predominantemente dramático, onde os acontecimentos e ações se sucedem; um tempo lírico, o da infância dos gêmeos; e um tempo épico, o de Halim e Nael – o narrador que nos reconta a história em um tempo futuro.

Para chegar a essa estrutura, a história original foi desmembrada e colocada em ordem cronológica com o auxílio de 565 fichas, guardadas em um arquivo para referência e consulta. Ao mesmo tempo, outras fichas foram sendo criadas, já com as reinvenções necessárias – fusões, desdobramentos e aprofundamentos, elipses e cortes. Essas fichas, em vez de guardadas em arquivo, fizeram parte da dinâmica de trabalho até o fim do processo de escrita. Se multiplicaram e se espalharam por paredes, janelas e varais improvisados. Assim, a série foi ficando de pé e ganhando a independência necessária em relação ao livro.
[Imagens pp. 333, 348-49]

Nael sorri, liga o motor e conduz o barco para o meio do rio. A luz de um relâmpago desponta no horizonte, em meio às nuvens negras e pesadas.

Pingos grossos aos poucos salpicam o rio em torno do barco. Da proa, Halim observa a chuva que começa a cair. O som das gotas caindo é ouvido por ele e por nós.

3. EXT. RUA DOS BARÉS/SOBRADO – DIA

<u>ANOS 40</u>. Pedestres correm, tentam fugir da chuva torrencial. Yaqub, não: sente a chuva que cai sobre ele, com prazer. Halim se aproxima, devagar – tampouco se importa com a força das águas. Ficam os dois juntos sentindo a chuva, gotas grossas que caem com força, encharcam a roupa, escorrem sobre a pele.

> NAEL (V.O.)
> Ele me contava esse e aquele caso, dos gêmeos, da sua vida, de Zana, e eu juntava os cacos dispersos tentando recompor a tela do passado.

Mas Zana volta à porta do sobrado, e grita:

> ZANA
> *Majnum*! Estás louco, Halim?

Pai e filho, ensopados, sorriem um para o outro.

4. INT. SOBRADO/SALA – DIA

Yaqub e Halim entram, encharcados e sorridentes.

> ZANA
> Assim tu fazes o menino adoecer logo na chegada!
> (para dentro)
> Domingas, uma toalha! Duas!

> YAQUB
> Estou bem, *mama*.

> HALIM
> Nosso garoto é forte. Sempre foi.

DOMINGAS, 30 anos, entra e para diante de Yaqub, emocionada. Estende a toalha timidamente, mas ele se adianta e, depois a abraça. Zana observa o gesto com desconforto, Domingas percebe – e recua.

                    DOMINGAS
                  Precisas te secar.

                     YAQUB
                Tu também... Desculpa.

Eles se olham docemente.

                    DOMINGAS
                      (sorri)
                   Não me importo.

Zana se adianta, pega a toalha e seca Yaqub com sofreguidão, como se ele fosse ainda um menino.

                      ZANA
            Por Deus, isto lá é jeito de voltar pra casa?

                     HALIM
          O que importa é que ele está em casa, não é?

Zana pega a trouxa (agora ensopada) de Yaqub.

                      ZANA
        Esta é a tua bagagem? Tudo que trouxeste depois de cinco anos?

                     YAQUB
                    Sim, mama.

                      ZANA
        Sim, mama; sim, mama! Não sabes dizer mais nada?

Yaqub, tímido, se cala. Zana o acaricia.

                  ZANA (CONT'D)
                O que fizeram contigo?

Ele continua calado. Zana vira-se para Halim, ressentida.

                  ZANA (CONT'D)
            Nosso Yaqub foi maltratado na tua aldeia.

                     HALIM
              Está um belo rapaz, isso sim!

Ela pega a trouxa, abre: há um tecido sujo e alguns figos mofados. Mostra para Halim, que desvia os olhos.

                    ZANA
          Não queres ver, não é?

RÂNIA, 15/16 anos, desce correndo as escadas.

                    RÂNIA
          Ele chegou? Meu irmão chegou?

                    YAQUB
          Rânia?

                    RÂNIA
          Que eu saiba não tens outra irmã.

Ela pula nos braços dele, passional.

                    YAQUB
          És uma mulher!

                    RÂNIA
         (ri)
          Ainda estou tentando me acostumar com a ideia.

                    YAQUB
          Também "breciso"...
          (hesita, corrige-se)
          Preciso de um tempo pra me acostumar.

O sotaque de Yaqub é perceptível agora que ele fala uma frase inteira.

                    ZANA
          Terás todo o tempo do mundo, meu filho. Esta é a tua casa.

Mas o otimismo está só nas palavras – um desconforto evidente atravessa tudo, e todos. Da parede, os gêmeos na foto do igarapé parecem observá-los através do tempo.

5. INT. SOBRADO/CORREDOR, QUARTO DE OMAR – DIA

Yaqub se aproxima de seu antigo quarto, para na porta.

Ainda existem duas camas, mas ele está agora inteiramente ocupado por Omar – e revirado, bagunçado. Na parede há um remo indígena com alguns nomes de mulheres entalhados na madeira. Zana chega.

> ZANA
> Preparei o outro quarto pra ti.

Uma pausa. Yaqub não reage.

> ZANA (CONT'D)
> Teu irmão vem mais tarde, na hora do jantar.

6. INT. SOBRADO/SALA, SALA DE JANTAR – NOITE

Um lauto jantar reúne vizinhos e família para a recepção a Yaqub. Zana, Halim, Yaqub e Rânia, mais ESTELITA e ABELARDO REINOSO, 40/50 anos; TALIB, 40/45, e suas filhas NAHDA e ZAHIA, 20/25, estão sentados em torno da mesa onde há uma inacreditável variedade de iguarias – e, no centro da mesa, a estrela do cardápio: o cordeiro assado.

Apenas Omar não está ali. Yaqub permanece deslocado e fala mal o português, mas tenta sorrir e, por vezes, se entrosar. Come sem modos, não parece saber fazer de outro modo.

Em torno deles, há um indizível compasso de espera, de silêncios entre as frases.

Domingas, bandeja na mão, entra e sai trazendo iguarias e levando restos.

> ZANA
> Fazer o quê se os homens não se entendem?

> HALIM
> Não importa quem ganha ou quem perde, numa guerra nunca há território suficiente pra enterrar todos os mortos.

> RÂNIA
> Deus nos livre de dias tão difíceis!

> ZANA
> Pra comprar comida tínhamos que sair todos os dias antes do sol nascer. Era isso ou não conseguíamos mais nada no mercado, não foi, Domingas?

> DOMINGAS
> Uma dificuldade pra conseguir um naco de carne.

YAQUB
E a loja?

HALIM
Muito prejuízo, meu filho. Um ovo valia ouro, mas ninguém tinha dinheiro pra comprar.

RÂNIA
O baba chegou a trocar frango fresco por tecido encalhado. Tu não imaginas o que foi, Yaqub!

ABELARDO
Não imaginas mesmo, rapaz. Manaus foi invadida por seringueiros famintos!

ESTELITA
E o racionamento de energia, então? Uma calamidade!

Talib está atracado com o cordeiro, come vorazmente, mas não resiste a fazer um comentário:

TALIB
Ora, Estelita, dizes isso de camarote! Nossos peixes estragavam, mas tu tens um gerador!

NAHDA
O único na vizinhança...

ESTELITA
Em compensação, eu é que sei o que tive que aguentar nessas noites infernais, enquanto o Abelardo aproveitava a escuridão das ruas para assediar as mocinhas dos cabarés.

ABELARDO
Estou quieto, Estelita! Estou quieto!

Nahda e Zahia contêm o riso.

HALIM
Tudo melhora depois de uma guerra.

TALIB
E como! Não estamos nós aqui, agora, diante desse banquete?

Zana percebe que Yaqub come um pedaço do cordeiro com as mãos. E sussurra para Halim:

>ZANA
>Um rude, um pastor, um ra'i... Olha como o nosso filho come!

Yaqub percebe que está sendo olhado e limpa as mãos no guardanapo, sem jeito. Halim faz sinal pra que Zana se cale – e todos o fazem, sem saber mais o que dizer.
Domingas então oferece uma bandeja de esfihas para Talib, que pega, guloso, e aproveita para quebrar o silêncio.

>TALIB
>Esfihas assim só comi no Líbano! Concordas, Yaqub?

Todos se voltam novamente para Yaqub, que se surpreende, como se tirado de um devaneio.

>YAQUB
>Com o quê, seu Talib?

Zahia, insinuante e forçando intimidade, comenta:

>ZAHIA
>Estavas dormindo, Yaqub?

>TALIB
>Perguntei se não achas as esfihas da Domingas tão boas quanto as do Líbano.

>YAQUB
>*Ma a rif.*

>ZAHIA
>Como, não sabe?

Ela e a irmã, Nahda, trocam olhares risonhos. Talib interfere, o olhar severo.

>TALIB
>Aquiete-se, Zahia.

>YAQUB
>Não comi esfihas lá no Líbano.

HALIM
E o que comias, o que fazias? Não vai nos contar sobre onde estavas, sobre a aldeia, sobre os meus parentes?

YAQUB
Laa, baba... Não há nada. Nada que contar.

ZANA
Por Deus, coitado do meu Yaqub! Vocês precisam ver a bagagem que ele trouxe, depois de cinco anos. Uma trouxa velha e fedorenta!

HALIM
Trouxas e roupas velhas são coisas que a gente esquece, Zana.

E então ouve-se um assobio prolongado – e há algo de sinistro nele. Nota-se a tensão no rosto de Yaqub e um silêncio incômodo dá as caras, é como se todos já estivessem esperando por esse momento – a começar por Zana, que ainda tenta preencher o vazio.

ZANA
Nenhuma carta, nenhum presente, nada...

ESTELITA
Deve ter deixado a língua no Líbano também. Como é calado, esse gêmeo! Bem diferente do outro!

ZANA
São iguais, Estelita. Têm o mesmo corpo, o mesmo coração.

Na entrada da casa, os passos se aproximam e avançam sala adentro, deixando marcas enlameadas em seu caminho.
    Conforme se aproximam da sala de jantar, o ruído de talheres, risos e conversas da família e vizinhos vai ao poucos emudecendo.
    Domingas, tensa, quase deixa cair um copo, mas o segura a tempo. Talib limpa os lábios engordurados. Halim tem um pequeno engasgo.
    E o assovio se aproxima, com o ruído pesado dos passos que finalmente chegam à mesa onde todos estão reunidos – é OMAR. Agora também um homem – um homem idêntico a Yaqub, mas com os cabelos desalinhados, a blusa manchada de suor e um sorriso sedutor que é só dele.

OMAR
Que banquete, hein? Obrigado pela festa!

Yaqub se levanta. Mas os dois apenas se olham, sem fazer nenhum movimento em direção ao outro – como se estivessem diante de um espelho.

[INTERVALO 1]

7. INT. SOBRADO/SALA DE JANTAR – NOITE

Tensão silenciosa em torno da mesa. Yaqub e Omar de pé, um diante do outro. Estelita coloca em palavras o que todos pensam, mas não dizem.

> ESTELITA
> Deus meu... O tempo só fez deixar os dois mais parecidos.

> TALIB
> Parecem a mesma pessoa!

Domingas, inquieta, rodeia a mesa, e é através de seu deslocamento, de seu olhar, que se revela a maior diferença entre os gêmeos: a cicatriz.

> NAEL (V.O.)
> Halim nunca deixou de pensar no reencontro dos filhos, no convívio após a longa separação. Aconteceu um ano antes da Segunda Guerra, quando os gêmeos completaram treze anos de idade.

Em torno deles, silêncio e expectativa.

[NOTA CENAS 6 E 7] A sequência é bem fiel à versão literária. Ainda assim, ajustes foram necessários. Boa parte dos diálogos foi mantida, pois expressam dramaticamente a tensão com a chegada iminente do gêmeo ausente e são também um ótimo panorama do que aconteceu na cidade durante a Guerra. Mas mesmo em casos como esse, onde literatura e dramaturgia se aproximam e se comunicam com intimidade, uma cena literária é sempre diferente de uma cena audiovisual. O ritmo, os encadeamentos, os signos e a forma como os sentimentos se expressam têm, cada um, a sua própria dinâmica. Por isso, ainda que próxima do original literário, cada cena de um roteiro sempre nasce, como as páginas de um livro, de um papel ou tela em branco.

TRECHO DO LIVRO: "Conversavam em volta da mesa sobre isso: os anos da guerra, os acampamentos miseráveis nos subúrbios de Manaus, onde se amontoavam ex-seringueiros. Yaqub, calado, prestava atenção, tamborilava na madeira, assentindo com a cabeça, feliz por entender as palavras, as frases, as histórias contadas pela mãe, pelo pais, uma e outra observação de Rânia. Yaqub entendia. As palavras, a sintaxe, a melodia da língua, tudo parecia ressurgir. Ele bebia, comia e escutava, atento; entregava-se à reconciliação com a família, mas certas palavras em português lhe faltavam. E sentiu a falta quando os vizinhos vieram vê-lo. Yaqub foi beijado por Sultana, por Talib e suas duas filhas, por Estelita Reinoso. Alguém disse que ele era mais altivo que o irmão. Zana discordou: 'Nada disso, são iguais, são gêmeos, têm o mesmo corpo e o mesmo coração'. Ele sorriu, e desta vez a hesitação da fala, o esquecimento da língua e o receio de dizer uma asneira foram providenciais."

8. INT. CASARÃO DOS REINOSO, SALÃO – NOITE

<u>ANOS 30</u>. YAQUB e OMAR, 13 anos, usam máscaras diferentes. O baile de carnaval já é tradicional na casa mais luxuosa da região – dos tapetes aos lustres, dos móveis aos quadros, de tudo emana o dinheiro da borracha, de um tempo que passou deixando rastros de riqueza. A banda de música toca marchinhas antigas e muitas crianças e pré-adolescentes dançam no salão onde tudo brilha, sobretudo LÍVIA, 12/13 anos: linda e loira, pele bronzeada, cabelos em trança enfeitados com brilho, maquiagem negra nos olhos. Ela dança esfuziante, junto a outras meninas, inclusive ZAHIA e NAHDA, 14 anos.

Omar tira a máscara, revelando o rosto. Paquera agora ostensivamente a menina. Yaqub percebe e também tira a sua máscara, revelando o rosto idêntico ao do irmão.

Lívia de fato corresponde aos olhares dos gêmeos. Fofoca com as colegas, ri, olha para eles e disfarça, numa paquera ingênua – e interrompida pela entrada de Estelita no salão, coberta de joias.

> ESTELITA
> Acabou a festa, curuminzada! O salão agora é nosso!

A banda entoa uma música melancólica de despedida, que se mistura aos muxoxos dos mais jovens, para logo se transformar numa marchinha animada que convoca os foliões adultos para o salão, espantando a criançada.

Zana e Halim entram rodopiando e se aproximam dos filhos mas Omar, providencialmente, já sumiu na multidão. Yaqub, não – e não perde Lívia de vista.

> ZANA
> Hora de ir pra casa, Yaqub.

> YAQUB
> Posso ficar, mama?

Ela se surpreende com o pedido e com a expressão suplicante.

> YAQUB (CONT'D)
> Por favor!

> ZANA
> (sorri)
> O que achas, Halim?

> HALIM
> Treze anos, quase um homem...

                    ZANA
                 (acaricia)
                  Tu ficas.

                    YAQUB
                  (animado)
                Até meia-noite?

                    ZANA
          Mas antes levas a Rânia pra casa.

A poucos passos dali, RÂNIA, 9 anos, dorme com a cabeça emborcada sobre a mesa. Yaqub sorri. E lança um olhar – correspondido – para Lívia.

9. EXT. RUA DOS BARÉS – NOITE

Ansioso, Yaqub corre pelas ruas, arrastando a irmã sonolenta na direção de casa. Impaciente com os passos vagarosos de Rânia, pega-a no colo e corre, deixando para trás pedaços da fantasia.

10. EXT. RUA DOS BARÉS – NOITE

Yaqub corre ainda mais no sentido contrário, agora sem Rânia e pisoteando os pedaços de fantasia que marcaram o caminho de ida.

11. INT. CASARÃO DOS REINOSO/SALÃO – NOITE

Ofegante, Yaqub abre caminho entre os foliões animados, procurando por Lívia. Seus olhos percorrem todo o salão. Zahia atira confetes nele, sedutora.

                    ZAHIA
      Procurando teu irmão? Ou a loirinha de Belém?

Yaqub vê o que não queria: o brilho das tranças de Lívia, cobertas de purpurina, e a mão que brinca com elas; o rosto igual ao seu, mas que não é o seu, colado ao da loira. Dançando num ritmo lento, que destoa de tudo e todos em volta, Omar e Lívia riem, inebriados.

    Yaqub não consegue evitar o olhar, nem o sofrimento que ele deixa transparecer. Então dá as costas e sai.

12. EXT. RUA DOS BARÉS – NOITE

Yaqub caminha devagar na direção de casa. Não corre mais, não há por que correr.

13. INT. SOBRADO/QUARTO DOS GÊMEOS – NOITE

Com os olhos abertos no escuro, Yaqub ouve os sons da rua. Foliões que voltam para casa dando gargalhadas escandalosas, entoando marchinhas.

Um assobio prolongado é ouvido ao longe e se aproxima da casa – o mesmo que já ouvimos, característico de Omar. Ainda assobiando, ele entra no quarto, cambaleante, inebriado, suado, sujo de confetes.

Yaqub finge dormir. Omar se detém em sua cabeceira, observa o irmão em silêncio. Então algo brilha no escuro – ele tira do bolso um canivete, abre a lâmina...

Yaqub abre os olhos, mas Omar já se afastou da cama. Ele mantém os olhos abertos no escuro, observando os movimentos do irmão, que pega um remo que está encostado num canto e, com o canivete, escreve algo na madeira.

> NAEL (V.O.)
> Naquela noite ele nem sonhava que, dois meses depois, ia se separar dos pais, do país e da única paisagem que conhecia.

14. EXT. RIO NEGRO/VAZANTE – DIA

O sol brilha forte no céu. Domingas e Yaqub caminham na terra seca à beira do rio. Em torno deles, a natureza bruta: a água negra, a floresta, os pássaros. Eles ouvem o assovio de um deles.

> DOMINGAS
> Ariramba.

Alguns passos, e outro pássaro pia por perto.

> DOMINGAS (CONT'D)
> Mutum.

E um outro, ao longe.

> DOMINGAS (CONT'D)
> Japiim.

Outro mais longe ainda.

> DOMINGAS (CONT'D)
> Mauari.

Ela nota que ele está sério, mal reage.

> DOMINGAS (CONT'D)
> Estás triste, Yaqub?

Ele faz que não.

> DOMINGAS (CONT'D)
> Pensas que me engana!

Ele faz que não, de novo.

> DOMINGAS (CONT'D)
> Não gostaste da festa? Parecias tão animado para o carnaval!

> YAQUB
> Odiei o baile, as músicas, odiei tudo.

> DOMINGAS
> Também não gosto de carnaval, sabes? Nem eu, nem os macacos dos Reinoso, coitados... Gritaram a noite toda!

Yaqub ri, ela o afaga, doce. Um outro pássaro pia por perto, e desta vez é ele quem reconhece.

> YAQUB
> Capitão-do-mato.

Ela sorri, ele sorri de volta. E continuam caminhando com os pés na água do rio. O céu está azul, mas já ouvimos trovões.

[NOTA CENA 14] Quanto mais distante dos domínios do roteirista for o universo em que ele vai mergulhar, maior a demanda por pesquisa. Em *Dois irmãos*, esse processo continuou em curso até a versão final do roteiro. Os temas de pesquisa foram desde os mais gerais – cultura indígena, imigração árabe, Amazônia, relação entre irmãos gêmeos à luz da mitologia e da psicanálise etc. – até os mais específicos, como pássaros, palavras do vocabulário local ou as cheias e vazantes do Negro.
[Imagem p. 352]

15. I/E. SOBRADO/QUARTO DOS GÊMEOS, RUA DOS BARÉS – DIA

Troveja do lado de fora. Zana e Domingas ajudam Yaqub e Omar a se vestirem – Domingas se ocupa de Yaqub e Zana, de Omar. Inquietos, já ansiosos para sair, os dois meninos usam roupas elegantes e idênticas: fatos de linho e gravatas-borboleta.

Além dos trovões, lá de fora vem também o som de uma sineta e a voz de barítono de um homem.

OMAR
É ele!

ZANA
Sossega, Omar!

Mas ele não sossega, corre para a janela. Lá embaixo, na rua, um homem com um bigode imenso pedala uma bicicleta estranha, cheia de badulaques, com uma grande mala preta e uma lata de ferro redonda no bagageiro: é o HOMEM DO CINEMATÓGRAFO ambulante, que conduz a bicicleta se equilibrando precariamente, com uma das mãos segurando um megafone. Está já cercado por um bando de meninos e meninas (10 a 13 anos) que seguem numa espécie de procissão rumo ao CASARÃO DOS REINOSO.

HOMEM DO CINEMATÓGRAFO
Está na hora, curuminzada! Hora de sonhar acordado!

Atrás da bicicleta, Zahia e Nahda caminham ao lado de Lívia. Ao ver Omar na janela, Lívia sorri e acena. Omar acena de volta.

Domingas termina de arrumar a gravata de Yaqub, sorri.

DOMINGAS
Estás lindo, já podes ir.

Yaqub se debruça na janela, ao lado do irmão – e Lívia acena pra ele também, sorridente. Os dois gêmeos correm para a largada rumo à Lívia, mas Zana contém Omar.

ZANA
Vem amarrar direito essa gravata.

OMAR
Eles já foram, mama!

Zana ajeita a roupa, tenta conter a inquietude de Omar.

                        ZANA
                    Ainda tens tempo.

Zana borrifa perfume sobre a roupa dele e lhe dá um beijo. Ansioso, Omar sai correndo.

16. EXT. RUA DOS BARÉS/SOBRADO – TARDE

Nuvens imensas e escuras ameaçam chuva forte, luzes espocam aqui e acolá no céu carregado.
    Da PORTA DO SOBRADO, Omar irrompe na rua. Yaqub já caminha à frente, na direção do homem na bicicleta e seus seguidores.

                HOMEM DO CINEMATÓGRAFO
            Hoje é o grande dia, a grande diversão! Sábado é dia de cinema!

                        NAEL (V.O.)
            Anos depois, Domingas me contou sobre aquele dia nublado e trágico onde cada minuto passava com lentidão...

Da janela, Domingas os observa, a distância: a bicicleta, o grupo de crianças, os gêmeos que se apressam e se unem ao cortejo. Mas Omar leva a melhor: se adianta e dá o braço para Lívia, que aceita. Yaqub fica para trás.

                    NAEL (V.O.) (CONT'D)
            Estavam todos ansiosos por uma história de aventura ou de amor que tornava a tarde de sábado a mais desejada de todas as tardes.

Mas então Lívia lança um olhar para trás, para Yaqub. E sorri. Ele nota. Os trovões continuam.

17. INT. CASARÃO DOS REINOSO/PORÃO – FIM DE TARDE

Fora, o som dos trovões. Dentro, um chorinho toca na vitrola. Os braços de Yaqub e Omar roçam em cada um dos braços de Lívia, que está entre os dois e é toda sorrisos – para ambos. Os três, mais Zahia e Nahda, se distraem olhando uma coleção de selos raros, ou fingem que se importam com isso – há um bosque de cedros do Líbano, um índio ianomami, bandeiras de países distantes.
    Yaqub pega um deles, mostra para Lívia e, quando os dedos se tocam, deixam-se ficar um pouco mais.

YAQUB
Vês? Este é um cedro do Líbano.

LIVIA
Verdade que lá tem neve e calor ao mesmo tempo?

YAQUB
É o que o meu pai diz. Que tem montanha, praia, floresta. E os cedros enormes, com mais de mil anos.

Omar é mais ostensivo. Fala no ouvido dela:

OMAR
Estás mesmo interessada nisso?

Ela, por sua vez, fala alto, para todos ouvirem:

LIVIA
Por que estás chateado, Omar?

Irritado, ele tira a gravata, arregaça as mangas.

OMAR
Tá quente demais aqui. Vamos dar uma volta lá fora...

LIVIA
(ri)
Estás louco? Não vês que vai cair um toró?

E ela se volta novamente para os selos. Omar, ressentido, se afasta. O movimento dele é acompanhado, muito discretamente, por Yaqub, que logo volta aos selos e à Lívia.
Em torno deles, muitos jovens e crianças. Alguns brincam com maquetes de barcos enormes que um dia navegaram no Amazonas ou com soldadinhos em miniatura; outros espiam curiosos a cristaleira cheia de copos e taças brilhantes, o grande relógio com pêndulo dourado, os espelhos franceses. Outros, ainda, rodeiam um dos macacos amestrados de Estelita, que faz gracinhas preso a uma coleira que CALISTO segura.
Enquanto o projecionista arruma seu equipamento, Estelita vai e vem contendo os mais afoitos, coordenando com rispidez as criadas que arrumam as cadeiras para a sessão de cinema.

ESTELITA
Já dizia meu avô que não adianta educar cabocla! Uma cadeira ao lado da outra, uma atrás da outra, não é tão difícil!

                    (a Calisto)
        Meu bichinho está muito agitado, leva o pobre daqui!

                        CALISTO
                  Posso botar na gaiola?

                        ESTELITA
     Esqueceste que ele tem medo de trovão? Leva pro teu quarto, anda!

Calisto sai com o macaco, de má vontade. Estelita volta-se para o CURUMIM mirrado que serve guaraná.

                    ESTELITA (CONT'D)
      Deixa essa bandeja e chama o leso do Abelardo pra me ajudar, vai!

Omar continua circulando por ali, vai até as miniaturas de navio, mas não tira os olhos de Lívia e Yaqub. E então as luzes finalmente se apagam.

Os jovens correm, alvoroçados. Na disputa pela primeira fila de cadeiras, Yaqub é um dos vencedores – e guarda um lugar ao seu lado. Omar observa, contrariado, quando Lívia se senta ao lado do irmão. Sem remédio, senta mais atrás, sem tirar os olhos deles.

Estelita fecha a janela e a escuridão, por alguns segundos, é total. As crianças assobiam, gritam pedindo que o filme comece logo. E então os créditos em preto e branco aparecem na parede. Gritos e assovios aumentam, até que surgem as primeiras imagens.

[DAQUI EM DIANTE, USAR IMAGENS COMPLEMENTARES AOS INSERTS EXIBIDOS NA CENA FINAL DO EPISÓDIO 1 – A MESMA CENA COM PLANOS E PONTOS DE VISTA DIVERSOS, O TEMPO AGORA MAIS DISTENDIDO.]

O silêncio é total. Ouve-se apenas o ruído do projetor e os trovões que ecoam do lado de fora. As imagens projetadas também se refletem nos rostos de Lívia e Yaqub. Ele desvia o olhar da tela – prefere vê-las espelhadas no rosto dela. Lívia percebe, devolve o olhar. E então todas as imagens desaparecem: a escuridão é total, mais uma vez.

Ouvimos os gritos e assobios da garotada.

                 ESTELITA (O.S.) (CONT'D)
                      Abelardo! O gerador!

                        ABELARDO (O.S.)
                         Já vai, já vai!

E então Estelita abre novamente a janela e uma luz invade o espaço..
Um beijo secreto fica visível: os lábios de Lívia estão colados aos de Yaqub.

Omar é o primeiro a notar o que acontece, antes que o casal afaste os lábios. Ele se levanta e avança em direção a eles, enfurecido. No caminho, derruba cadeiras, pega uma garrafa sobre uma bandeja e quebra-a na parede.

Com o vidro pontiagudo em riste, ataca Yaqub sem lhe dar tempo para qualquer reação.

Incrédulo, Yaqub leva a mão ao rosto ferido, que rapidamente vai sendo coberto de sangue. A mão de Omar, também ensanguentada, deixa marcas vermelhas na parede branca, onde ele se encosta, ofegante.

Os gêmeos se encaram: vítima e agressor. Nenhum dos dois acredita no que acaba de acontecer.

Tampouco Lívia, Estelita, Nahda e Zahia, que gritam, apavoradas. Também Abelardo, que voltou ao porão ao ouvir os gritos.

ESTELITA
Ai, meu Deus, que desgraça! Abelardo, traz uma toalha, corre!

A toalha logo aparece, e ela a encosta sobre o rosto de Yaqub. O tecido imaculado vai se avermelhando rapidamente.

A chuva já cai, torrencial, do lado de fora. Abelardo, chocado, olha para Omar, que ainda não conseguiu se mover.

ABELARDO
O que tu fizeste, rapaz?

Omar finalmente retoma alguma consciência. Larga a garrafa ensanguentada no chão e sai correndo.

18. EXT. RUA DOS BARÉS/SOBRADO – ANOITECER

A uma certa distância, acompanhamos a chegada de Abelardo, Estelita e Yaqub ao sobrado.

Zana abre a porta e se depara com o filho, o rosto parcialmente coberto.

ZANA
Por Deus, o que aconteceu?

ESTELITA
Teu menino precisa de um médico.

Zana puxa o curativo improvisado e grita diante do ferimento que não vemos.

ZANA
An-najdah! Domingas, acode! Halim!

Ela pega Yaqub, o acolhe.

> ZANA (CONT'D)
> Quem fez isso contigo?

> ESTELITA
> Teu filho, Zana.

Ela parece confusa. Assim como estão chocados os vizinhos, obrigados a revelar a notícia dolorosa.

> ABELARDO
> Foi o Omar.

Domingas e Halim vêm de dentro.

> HALIM
> Onde o desgraçado se meteu?

Quem assiste à cena é justamente Omar, trepado no galho mais alto de uma árvore, do outro lado da rua. É dele o ponto de vista da cena, e dele são também os olhos temerosos – sabe que transpôs uma fronteira. Sobre seu rosto assustado, ecoam gritos de dor.

[INTERVALO 2]

19. INT. SOBRADO/QUARTO DOS GÊMEOS – NOITE

Os olhos de Yaqub, doloridos e eloquentes, tomam a tela e compensam a falta de gemidos, palavras ou gritos. Os que ouvimos não são dele, mas de Omar, que, não muito longe dali, toma uma surra do pai.
Um médico costura o rosto de Yaqub, e a cada ponto, a cada movimento da agulha, os olhos endurecem um pouco mais.

> NAEL (V.O.)
> A cicatriz já começava a crescer no corpo de Yaqub. A cicatriz, a dor e algum sentimento que ele não revelava e talvez desconhecesse.

Zana, ao lado do médico e de braços dados com Domingas, também não fala nada – as lágrimas que escorrem copiosamente pelo rosto falam por ela.

20. INT. COLÉGIO DOS PADRES/CORREDOR – DIA

Yaqub, uniformizado, caminha em direção à sala de aula.

> NAEL (V.O.) (CONT'D)
> Os gêmeos não voltaram a falar um com o outro.

Estamos às suas costas, e acompanhamos a reação dos colegas que caminham na direção contrária: eles riem, debocham, e são seguidos por outros meninos que passam. Mas Yaqub continua caminhando, sem hesitar.

> MENINO 1
> Levou a pior, o bochecha de foice.

> MENINO 2
> Cara de lacrau!

E agora, finalmente, estamos diante de Yaqub, de seus olhos e de seu rosto com a costura negra sobre o ferimento. Ele não para, não se vira, não reage.

21. EXT. RIO NEGRO/PRAIA – DIA

Em silêncio, Zana e Domingas recolhem os restos de um piquenique – uma mesa improvisada sobre a canoa emborcada.
    Halim e os gêmeos não dizem nada enquanto viram a canoa e a colocam na água. E é ainda em silêncio que a família embarca.

> NAEL (V.O.) (CONT'D)
> Os pais tiveram de conviver com um filho silencioso. Temiam a reação do gêmeo ferido, uma desforra talvez, a violência dentro de casa.

22. EXT. RIO NEGRO – DIA

O remo entra e sai da água, lentamente. É Halim que conduz a canoa, a caminho de casa.
    Rânia dorme nos braços de Domingas. Halim e Zana trocam olhares tensos.
    Yaqub, o rosto já sem os pontos, a cicatriz que vai se formando. Ele olha para Omar, mas quando o irmão retribui, desvia o olhar.
    Omar, não: mantém o olhar no gêmeo ferido.

NAEL (V.O.) (CONT'D)
Então Halim decidiu: a viagem, a distância que promete apagar o ódio, o ciúme, a violência.

23. INT. SOBRADO/QUARTO DO CASAL – NOITE

Na rede, Zana e Halim se amam com ânsia e finalmente chegam ao êxtase, juntos. O único som é o de suas respirações ofegantes, que aos pouco se acalmam – e é ela quem rompe o silêncio.

ZANA
O que vamos fazer, Halim?

HALIM
Não vamos fazer nada agora.

ZANA
Nem falar?

HALIM
Palavras vão desarmar a nossa rede.

ZANA
Esquecer a briga dos meninos, então? Fingir que nada aconteceu?

HALIM
Quero falar sobre tudo. Mas não aqui, não agora...

Zana se levanta da rede. Restos de flores caem no chão, amassadas. Halim ainda observa o corpo dela, com gosto, mas Zana puxa um lençol, se cobre. Senta diante do espelho, penteia os cabelos desarrumados pelo amor.

ZANA
O Yaqub também não fala. É esse o problema.

HALIM
Ele está ferido. O que esperavas?

ZANA
Mão firme! É o que te falta, Halim! Os meninos precisam disso!

HALIM
Precisam de mais, principalmente o Yaqub. Tu tratas o Omar como se fosse nosso único filho.

ZANA
Como podes dizer isso? Os dois fazem parte de mim, como se fossem um só!

HALIM
Eles são dois, Zana.

Ele também se levanta, já resignado. A rede balança sozinha no vazio, há flores murchas, caída no chão.

HALIM (CONT'D)
Os meninos podem ficar com a minha família por um tempo.

ZANA
Tua família? Queres dizer, no Líbano?

HALIM
Onde mais poderia ser? No Líbano, na minha aldeia.

ZANA
Onde nem tu quiseste ficar? Estás louco?!

HALIM
Não é loucura, minha pérola. Sozinhos, eles podem voltar a ser amigos... Irmãos de verdade!

Ele tenta tocá-la, mas Zana recua.

ZANA
Já decidiste, então?

HALIM
Sim, decidi. Não é mão firme o que tu queres?

Ela o encara, ressentida. Dá as costas, veste uma camisola e sai do quarto.

24. INT. SOBRADO/QUARTO DOS GÊMEOS – DIA

Duas malas abertas sobre a cama, Zana vai colocando as roupas iguais dos gêmeos, uma em cada mala, uma após a outra. E ela vai perdendo o controle – uma lágrima, mais uma, até que desaba num pranto convulso.
Halim a observa da porta, depois se aproxima.

                    HALIM
    Minha Zana, não é pra tanto, os meninos já cresceram... Vão se entender melhor longe de nós...

                    ZANA
    Por que não me deixas, Halim?

Ela continua o trabalho, sem olhar para ele.

25. INT. SOBRADO/QUARTO DOS GÊMEOS – NOITE

As duas malas fechadas, prontas, apenas aguardando a partida.
    Omar está na cama, suando. Zana e Domingas colocam em sua testa compressas molhadas numa infusão de ervas.

                    ZANA
    Está queimando em febre.

                    DOMINGAS
    O Caçula vai ficar bom.

Na outra cama, Yaqub, o rosto já sem os pontos, mas ainda bem marcado. Observa as mulheres que se revezam nos cuidados com o irmão – mas só Domingas troca olhares com ele.

26. EXT. RIO NEGRO – DIA

ANOS 30. De volta à CENA 1. Os gêmeos, ainda meninos, equilibram-se sobre uma canoa, dentro e diante do rio que parece infinito.
    A corda se rompe e a canoa começa a se afastar das outras. Na crise, as identidades dos gêmeos ficam claras: Yaqub percebe primeiro o que está acontecendo.

                    YAQUB
    Omar, olha!

Omar abaixa-se e começa a remar com as mãos, tentando voltar. Yaqub une-se a ele, os dois "remam" juntos, com força, mas a canoa se afasta cada vez mais. Eles olham para a margem, que parece bem distante agora.
    Os dois irmãos estão à deriva. Omar toma a iniciativa: se levanta, despe a camisa. Mas Yaqub não consegue disfarçar o terror que sente ao ver a imensidão de água diante deles.

Omar pula na água. Yaqub hesita, o outro chama, ele finalmente toma coragem e dá um salto. Os dois começam a nadar juntos em direção à margem. Mas Omar é mais forte, suas braçadas rendem mais, e ele logo toma a dianteira. Se aproxima rapidamente da margem e, à medida em que se aproxima, cresce. Yaqub, bem atrás, é um ponto quase invisível na imensidão do rio.

Na margem, Zana está à espera.

          HALIM (O.S.)
Era o que eu mais queria, rapaz. Que os dois se entendessem longe de nós... Mas quando falei isso para Zana... Ah, ela ficou doente!

27. EXT. RIO NEGRO – DIA

ANOS 60. O barco navega devagar sob a chuva que já vai enfraquecendo, ficando para trás. Uma nesga de sol aparece diante deles.

          HALIM
Tu sabes que eu não faria isso se não fosse por ela... Sempre, tudo pela Zana... até o impossível.

Ele silencia mais uma vez, enquanto as nuvens se afastam e o sol aparece, em sua plenitude. Uma luz que cega.

          HALIM (CONT'D)
Um dia tu vais conhecer uma paixão assim, rapaz. Voraz como um abismo.

E ouve-se já o apito de um navio.

[NOTA CENAS 21 A 28] No livro, a partida de Yaqub para o Líbano, talvez o mais importante marco dramático da história, é tratada de forma mais sugestiva do que detalhada. Na versão audiovisual, a decisão de Halim, o conflito de Zana e a partida de Yaqub precisaram ser traduzidas em uma sequência de ações – cenas que se estenderam desde a cena 25 deste episódio até as cenas iniciais do próximo, com o desenlace da partida.

TRECHOS DO LIVRO: "Aconteceu um ano antes da Segunda Guerra, quando os gêmeos completaram treze anos de idade. Halim queria mandar os dois para o sul do Líbano. Zana relutou, e conseguiu persuadir o marido a mandar apenas Yaqub."

"'A minha maior falha foi ter mandado o Yaqub sozinho para a aldeia dos meus parentes', disse com uma voz sussurrante. 'Mas Zana quis assim... ela decidiu.'"

"Os pais tiveram de conviver com um filho silencioso. Temiam a reação de Yaqub, temiam o pior: a violência dentro de casa. Então Halim decidiu: a viagem, a separação. A distância que promete apagar o ódio, o ciúme e o ato que os engendrou."

"Quis mandar os gêmeos para o Líbano, eles iam conhecer outro país, falar outra língua... Era o que eu mais queria... Falei isso para a Zana, ela ficou doente, me disse que o Omar ia se perder longe dela. Não deu certo... nem para o que foi nem para o outro que ficou aqui."
[Imagens pp. 344-45]

28. EXT. PORTO (MANAUS HARBOUR) – DIA

<u>ANOS 30</u>. O sol forte castiga o porto, onde um grande navio está ancorado. O apito anuncia a partida próxima.

Zana vem caminhando de mãos dadas com Omar e Yaqub vestidos com esmero e, como sempre, roupas iguais.

À frente deles, Halim carrega as duas malas – também idênticas. Ele encontra com um CASAL DE VIAJANTES, pousa as malas, os cumprimenta. Zana para com os meninos a certa distância. Halim faz sinal para que se aproximem – mas Zana não se move, nem larga as mãos deles. Halim olha para a esposa com ar inquisidor. E mais um apito dá a medida da urgência.

Zana então larga uma das mãos, depois a outra. Uma lágrima brota dos olhos dela.

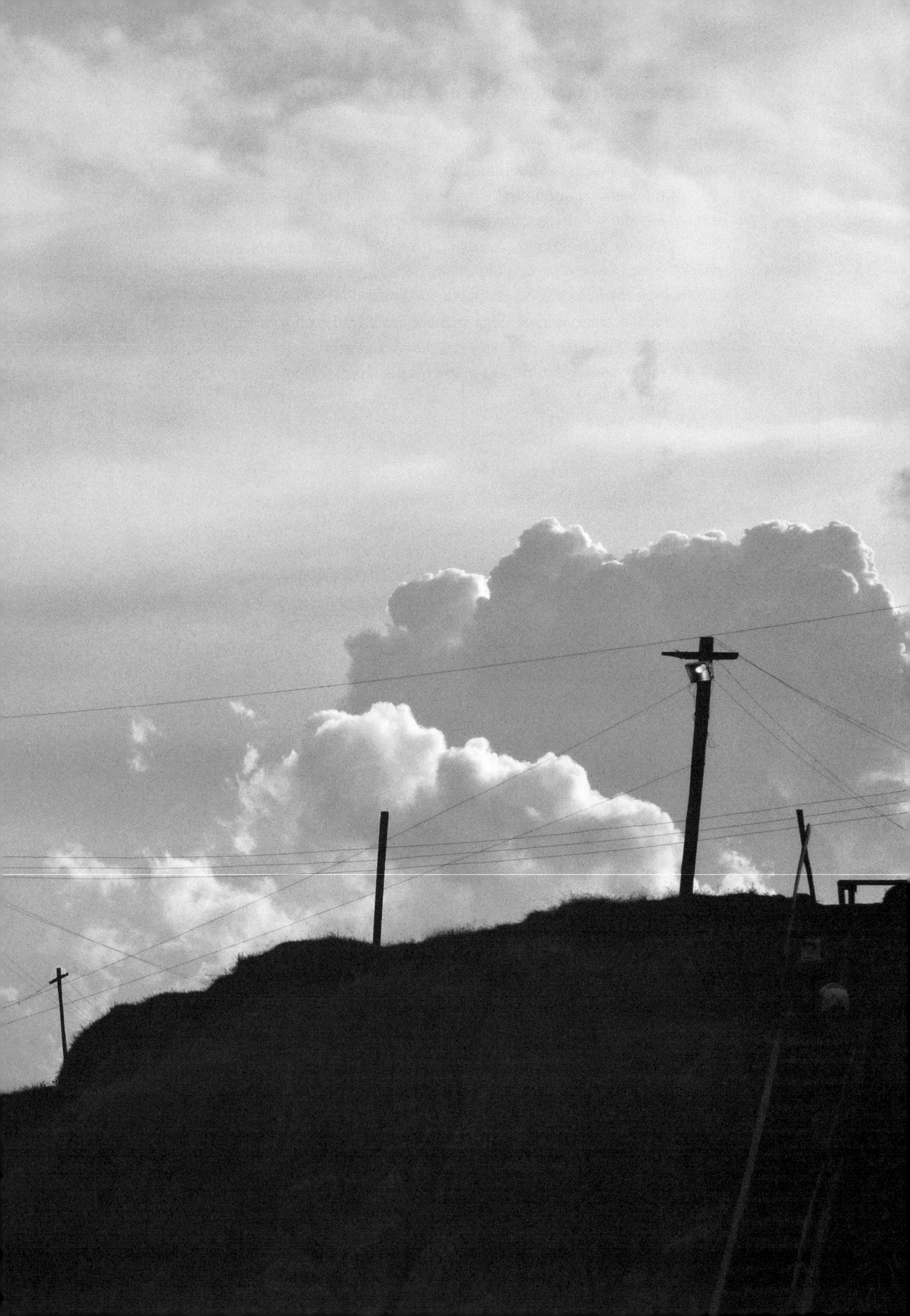

--- DOIS IRMÃOS ---

EPISÓDIO 3

1. EXT. PORTO (MANAUS HARBOUR) – DIA

ANOS 30. O sol forte castiga o porto, onde um grande navio está ancorado. O apito anuncia a partida próxima.

HALIM vai à frente, decidido, carregando as duas malas. Atrás dele, ZANA, bem-vestida e muito tensa, caminha segurando a mão de OMAR e YAQUB – vestidos com esmero e roupas idênticas. Mais atrás, a uma certa distância, DOMINGAS carrega RÂNIA no colo.

Halim avista, em meio aos passageiros que se aprontam para o embarque, um CASAL DE VIAJANTES com traços árabes.

> HALIM
> Ali, são eles.

Ele acelera os passos, vai na direção do casal – ao contrário de Zana, que desacelera os seus.

Alguns metros à frente, Halim conversa com os viajantes e aponta para os meninos. Faz sinal para que se aproximem.

Mas Zana não dá mais um passo. Aperta as mãos dos gêmeos, uma de cada lado. E outro apito dá a medida da urgência.

O casal árabe pega as malas, troca algumas palavras com Halim e segue rumo ao navio. Halim encara Zana, mas ela continua imóvel. Lágrimas começam a brotar de seus olhos, Zana abraça e beija os filhos. Depois, aos poucos, lentamente, parece se recompor. Segura novamente as mãos dos meninos. E é só o que vemos dos gêmeos agora: AS MÃOS.

Halim olha para ela, inquisidor. Então Zana finalmente decide: solta uma das mãos, lenta mas decididamente.

Um dos gêmeos se afasta – dela e de nós. Abraça o pai e segue rumo ao casal, que o espera na rampa do navio.

Halim também continua aguardando.

A outra mão de Zana afrouxa, a mão do segundo gêmeo vai se soltando também – mas ele subitamente aperta novamente a mão da mãe. Ela corresponde: segura com força. Muita força. E não solta mais.

O gêmeo que sobe a rampa do navio se vira. A cicatriz recente no rosto nos revela a identidade de quem vai – e de quem fica.

Yaqub fixa o olhar em Domingas, que acena com lágrimas nos olhos. Depois em Halim – que também acena, quase inexpressivo. Está espantado, pasmo.

Finalmente olha para a mãe, para Zana – que chora mais que todos, copiosamente. E ao lado dela, olhando para ele, está Omar. Ele não chora, nem baixa os olhos.

2. I/E. NAVIO/PORTO (MANAUS HARBOUR) – DIA

O navio deixa o porto e Yaqub observa a cidade que se afasta.

Os amigos do pai estão por ali, se abraçam alegres, comemoram a partida para o Líbano – mas ele não comemora, não abraça ninguém. Está de fato sozinho.

3. EXT. PORTO (MANAUS HARBOUR) – DIA

Domingas, tentando esconder as lágrimas e incapaz de assistir qualquer coisa a mais, sai andando na frente com Rânia e Omar. Este ainda se vira para olhar a mãe e o pai – que não se movem, os olhos voltados para o navio que se afasta.

> ZANA
> Ele não tem saúde, ia morrer longe de mim!

> HALIM
> Acreditas mesmo nisso?

> ZANA
> Tu que inventaste essa maldita viagem, Halim! Mas por quê? Por quê?

Ele apenas olha para ela, em silêncio. Zana desmonta – incapaz de ficar de pé, ajoelha-se no chão, as mãos no rosto. O pranto de Zana ecoa no rio, na floresta, na Amazônia.

4. EXT. RIO NEGRO – DIA

Um navio singra as águas do Negro ao som do choro de Zana. Um choro desesperado, lamentoso, melódico. Um gazal às avessas.

5. EXT. RIO NEGRO – DIA/NOITE

E vários outros barcos, grandes e pequenos, que vão e vêm, dia e noite.

[NOTA CENAS 1 A 4] A sequência da partida de Yaqub continua e tem seu desfecho em cenas que se passam no porto e não existem no livro. A inspiração foi uma notícia de jornal, guardada por muito tempo e lembrada no momento da escrita: a imagem da mãe que escolhe um filho, em prejuízo do outro, e a das mãos que deixam clara essa escolha. O menino que não foi escolhido mas sobreviveu também parecia se adequar perfeitamente à história de Yaqub. [Imagem p. 356]

6. EXT. RIO NEGRO/IGARAPÉ – DIA

ANOS 60. O movimento cessa. O barco com NAEL e Halim está parado no meio do rio, sob o sol a pino. Ambos transpiram muito – o calor é inclemente e o o sol amazônico, majestoso. Nael aciona o motor, sem sucesso.

> HALIM
> O calor da Amazônia é como a memória da infância, rapaz. De vez em quando se esconde, mas não vai embora nunca... Fica aqui dentro, sabes? Não larga mais.

Halim toma a frente, tenta também fazer funcionar o motor do barco.

7. INT. SOBRADO/QUARTO DO CASAL – NOITE

ANOS 30. Sentada numa escrivaninha, Zana escreve uma carta para Yaqub. No papel, a letra rebuscada onde se lê apenas: "Meu filho amado". E ela não sabe como continuar, faz uma pausa, mas logo retoma a escrita.

> NAEL (V.O.)
> Ela tentou esquecer o ferimento do filho, mas a distância trazia para mais perto ainda o rosto de Yaqub.

8. INT. SOBRADO/QUARTO DO CASAL – DIA

Uma pilha de envelopes e papéis de carta, Zana continua escrevendo. Assina: "Tua mãe, Zana." E coloca a carta dentro de um dos envelopes.

> NAEL (V.O.) (CONT'D)
> As cartas que ela escreveu! Dezenas? Centenas, talvez... Cinco anos de palavras, nenhuma resposta.

9. INT. SOBRADO/SALA DE JANTAR – NOITE

ANOS 40. VOLTAMOS AO JANTAR DO EPISÓDIO 2. A tensão é quase palpável entre Yaqub, Omar e os que os cercam: Zana, Halim, Domingas e Rânia, ESTELITA e ABELARDO REINOSO, TALIB e suas filhas NAHDA e ZAHIA.

> NAEL (V.O.) (CONT'D)
> Mas então ele estava de volta. Um rapaz tão vistoso e alto quanto o outro filho, o Caçula.

Zana se levanta e abraça Omar, o filho recém-chegado.

> ZANA
> Onde estavas até essa hora?

Omar rouba uma esfiha da bandeja de Domingas.

> OMAR
> Em busca de uma orquídea rara para ti, mama. Tão rara que não encontrei.

> ZANA
> Não é mesmo um galanteador, o meu Caçula?

Zana beija os olhos de Omar, enlaça o seu pescoço.

> ZANA (CONT'D)
> Vem, Yaqub, não vai abraçar o teu irmão?

Yaqub avança alguns passos e estende a mão. Omar corresponde, mas as mãos logo se afastam, assim como os olhos desviam um do outro.

> OMAR
> Então, sobrou comida pra mim?

> HALIM
> Parece que tu já estás mais que bem alimentado.

> ZANA
> Boa comida nunca é demais.

Zana puxa uma cadeira para que Omar se sente ao seu lado e serve um prato para ele. Yaqub ocupa novamente seu lugar, do outro lado da mesa – ao longo da cena, observa a interação cheia de intimidade entre a mãe e o irmão. Halim percebe tudo.

> TALIB
> E nessa casa, Alá é testemunha, não há como não ficar satisfeito!

Domingas sorri, tímida, e estende a bandeja para ele.

> DOMINGAS
> Aceita mais uma, seu Talib?

> TALIB
> Duas, Domingas.

Após mais um silêncio desconfortável, é a vez de Halim tentar algo. Levanta, a taça de vinho na mão.

> HALIM
> Ao fim da guerra, e à volta do Yaqub.

> RÂNIA
> Que nunca mais saia de perto de nós!

> ZANA
> Aos nossos meninos!

Brindam todos, riem – mas os sorrisos não se sustentam por muito tempo, em nenhum dos lábios.

10. INT. SOBRADO/CORREDOR – NOITE

Do fundo do corredor, passos macios e discretos de moça surgem das sombras: Rânia. Descalça e de camisola longa, ela caminha em direção ao quarto.

Há gemidos e palavras em árabe quando passa diante do quarto do casal. Ela ralenta um pouco os passos, mas logo os acelera. Quase correndo, entra no próprio quarto e bate a porta.

Agora o som de alguém que vomita violentamente nos leva a uma fresta de luz que vem de baixo da porta do banheiro. Depois, a descarga, o som de água na pia e a porta que se abre. Em seguida, passos fortes, másculos, quase violentos. A madeira do piso cede com facilidade e o sapato enlameado revela que é Omar.

Então, pés masculinos sobem as escadas vagarosamente. São passos equilibrados e firmes, mas que pisam com cuidado, talvez evitando chamar a atenção: Yaqub.

Alternam-se: os passos de Yaqub, leves e silenciosos, e os passos de Omar, pesados. O prenúncio tenso de um encontro.

Yaqub vai em direção ao seu quarto, entra. A porta se fecha. Omar se aproxima e para diante dela, em silêncio.

11. INT. SOBRADO/QUARTO DE YAQUB, CORREDOR – NOITE

Yaqub abre a porta, num rompante, mas não há mais ninguém ali – apenas a marca das pegadas enlameadas de Omar e a fresta de luz que escapa por sob a porta de Rânia, mas que logo se apaga.

12. INT. SOBRADO/QUARTO DO CASAL – NOITE/DIA

Entrelaçados, alheios a tudo, Zana e Halim se amam. A rede balança suavemente com o ritmo dos corpos e dos gazais, as palavras árabes continuamente sussurradas por Halim.

13. INT. SOBRADO/QUARTO DE YAQUB – NOITE

Os olhos de Yaqub brilham na penumbra, insones. Ainda não se deitou, e repara na fronha bordada com seu nome – mas não parece se comover.

Ele vai até a janela, abre as venezianas e depara-se com a noite estrelada de Manaus. Aí sim, se comove, respira fundo. Mas ouve o pio agourento de uma coruja.

14. EXT. SOBRADO/QUARTO DE DOMINGAS, QUINTAL – NOITE

Domingas, pássaro sendo esculpido nas mãos, observa o quintal e a casa através da janela aberta. Uma CORUJA RASGA-MORTALHA sobrevoa e pousa sobre o telhado.

> NAEL (V.O.)
> Domingas me disse: naquela noite, a primeira depois da volta de Yaqub, a Rasga-Mortalha sobrevoou a casa. Mau agouro, presságio, prenúncio de morte... ou apenas uma superstição?

15. EXT. RIO NEGRO/IGARAPÉ – FIM DE TARDE

<u>ANOS 60</u>. Nael e Halim conduzem o barco quebrado para a margem com remos ou um varejão.

> HALIM
> Quando o Yaqub voltou do Líbano, eu ainda tinha esperança, sabes? Achava que ele e o irmão podiam se entender, que a Zana ia sossegar

---

[NOTA CENAS 14 E 15] A coruja rasga-mortalha, que apareceu nas pesquisas, aparece aqui também para sobrevoar o sobrado, aumentando a tensão da primeira noite de Yaqub em sua volta para casa. Anotações sobre pássaros e peixes foram recorrentes nas viagens à Manaus e, depois, fontes importantes de inspiração para a escrita das cenas.
[Imagem p. 352]

tendo o filho de volta... Mas do jeito que foi... não podia dar certo... e não deu mesmo. Nem pro que embarcou nem pro outro, o que ficou aqui.

Eles encostam junto à folhagem. Halim, ofegante, tira do bolso uma garrafinha de arak e bebe um gole.

> HALIM (CONT'D)
> Aí a vida foi dando voltas, foi me cercando, me acuando... É assim, rapaz... A gente vai andando em linha reta, de repente dá uma cambalhota e pronto, a linha dá um nó sem ponta...

Ele suspira, silencia e volta-se novamente para Nael.

> HALIM (CONT'D)
> Sabes de uma coisa? Não vamos desperdiçar o cardume.

> NAEL
> Como tu sabes, seu Halim?

> HALIM
> Pelo cheiro. (respira) Deve ser surubim. Gostam da noite, os danados.

Nael atira a rede no rio.

> HALIM (CONT'D)
> Daqui a pouco deve aparecer um outro barco desagarrado, perdido como nós.

Halim se cala, pensativo diante do horizonte onde ainda há um resto de luz do dia. Oferece o arak a Nael, que faz que não. Halim bebe mais um gole.

16. INT. SOBRADO/QUARTO DE YAQUB – MANHÃ

<u>ANOS 40</u>. Yaqub dorme, observado por Zana. Ela toca de leve o rosto do filho. Sente os pelos que agora lhe nascem no rosto e sorri, enternecida.
Ele finalmente abre os olhos. Olham-se por um momento, Yaqub ainda meio adormecido, mas logo o mundo real se impõe. Ele senta-se na cama.

> YAQUB
> Dormi demais?

> ZANA
> *Laa*... Não te preocupes, ainda tens tempo.

Ela dá a ele um copo de suco.

                        ZANA (CONT'D)
        Cupuaçu. Bem docinho e com o caroço pra chupar, como tu gostas.

Yaqub bebe um pouco, mas não tudo. Ignora os caroços e devolve o copo.

                        YAQUB
        Shukran.

                        ZANA
        Faltou açúcar?

Mas ele desvia os olhos e se levanta. Zana observa a fronha que bordou, agora com o nome do filho amassado pela noite. Depois, resignada, também fica de pé. O filho, que veste a farda do colégio, é agora muito mais alto do que ela.

                        ZANA (CONT'D)
        Que lindo estás, meu filho.

Ela ajeita a gravata dele. Yaqub aceita com desconforto.

17. INT. SOBRADO/SALA – MANHÃ

Zana agora arruma a gravata de Omar. Estão os dois gêmeos refletidos no grande espelho veneziano, ambos com o uniforme do colégio dos padres. A imagem parece multiplicar-se infinitamente.
    Zana coloca moedas nos bolsos dos dois, beija-os na testa. Omar a enlaça e beija, passional e brincalhão.

                        OMAR
        Não vá sentir saudades, hein, mama? Volto logo.

Ela ri, e então percebe que Yaqub já saiu.

                        ZANA
        Não te atrases, vai!

18. EXT. RUA DOS BARÉS/SOBRADO, CASARÃO REINOSO, TABERNA DE TALIB, LOJA DE HALIM – MANHÃ

Os gêmeos caminham lado a lado ao longo da rua movimentada e já muito ensolarada, mesmo de manhã cedo.

Assumimos agora o ponto de vista de Yaqub, que observa as árvores e suas sombras, as nuvens imensas no céu azul. E, para além da paisagem, há velhos personagens pelo caminho.

Assim como a imagem distorcida pelo calor, o som de suas vozes também é difuso, como se viesse de longe.

Há os vizinhos, debruçados em janelas e sacadas; os vendedores de fruta, peixeiros, mascates e pescadores que cruzam com os pedestres que vão e vêm do porto. ADAMOR PERNA DE SAPO passa com seu tabuleiro de peixes, a medalha no peito e o mesmo bordão:

ADAMOR PERNA DE SAPO
Peixeirooooooo!

Na calçada, o ÍNDIO monta sua banca de orquídeas. Estende um leve tecido sobre as flores, formando uma barraca improvisada.

Diante da LOJA DE HALIM, CID TANNUS e ABBAS jogam gamão na calçada. Halim e Rânia, atarefados e suados, carregam caixas de mercadoria para dentro. Halim acena para os filhos, e limpa o suor do rosto.

Estelita e Abelardo, na sacada de sua casa, discutem algo enquanto os macacos passeiam por perto, amarrados à correntes.

Zahia e Nahda Talib estão sentadas na porta da TABERNA DE TALIB, comendo tucumãs. Zahia se abana com um leque improvisado, olha para os gêmeos com olho comprido e cochicha com a outra, que ri. Yaqub repara nas pernas desnudas e bronzeadas das duas irmãs, e em Talib, que vem de dentro.

TALIB
Zahia, Nahda, esqueceram da vida?

ZAHIA
Está calor demais aí dentro, baba!

Ele as enxota pra dentro, Zahia segue reclamando, se abanando.

Alguns passos adiante, meio às escondidas numa esquina ou outro canto discreto (mas visível), Rânia conversa com muita intimidade com um rapaz que ainda não se vê bem (JOSÉ). Ela está vestida com uniforme escolar e não nota os irmãos que passam – mas eles, sim, notam Rânia e sua movimentação. Ela se deixa tocar pelo garoto e ri para ele com cara de apaixonada. Ele, por sua vez, coloca uma flor no cabelo dela, que se derrete. Depois, vai se afastando, discreta, mas não consegue evitar: manda um beijo pra ele, que devolve sorrindo. Ela segue pela rua com a flor no cabelo.

Apesar de cúmplices da cena que viram, Yaqub e Omar não se comunicam. Seguem caminhando a certa distância de Rânia e a poucos passos um do outro, mas o que os aproxima, mais que os corpos, são suas sombras – que seguem unidas, projetadas sobre as pedras ensolaradas do calçamento.

                    NAEL (V.O.)
Quem, de longe, os via caminhar tão juntos, tinha a impressão de
que os dois irmãos estavam conciliados para sempre. Mas se no resto
do mundo a Guerra Mundial se encerrava, no sobrado da família era
a trégua que estava no fim.

                    [INTERVALO 1]

19. INT. COLÉGIO DOS PADRES/CORREDOR, SALA DE YAQUB – MANHÃ

Yaqub e Omar continuam caminhando juntos, mas não há nenhuma interação entre eles.
Omar cumprimenta e é cumprimentado por vários alunos, mas Yaqub permanece calado, excluído das brincadeiras. Ou objeto delas, já que é observado por todos.

                    NAEL (V.O.)
Nos primeiros meses da chegada de Yaqub, Zana tentou zelar por
uma atenção equilibrada aos filhos. Os gêmeos recebiam a mesma
mesada e estudavam no mesmo colégio. A igualdade era um privilégio. Era, também, um transtorno.

                    ALUNO 1
        Viste? O bochecha de foice voltou...

                    ALUNA 1
                    (a Omar)
        Não vai apresentar seu irmão?

                    ALUNO 2
        Pra quê? É um alesado.

Riem todos, inclusive Omar que, diante de uma sala, diminui o passo.

[NOTA CENA 18] Um personagem é muito mais do que apenas uma função, mas ele precisa ter alguma. Personagens secundários, por exemplo, não sabem que são secundários – são todos protagonistas de suas próprias vidas. Por isso, ainda que sua participação seja pequena, deve ser relevante, coerente e, de preferência, impactante. Por conta disso, numa adaptação, após um mergulho profundo nos personagens do livro, muitas vezes é preciso cortar alguns deles, fundi-los com outros e até criar personagens novos. Adamor Perna de Sapo, como veremos adiante, é um exemplo desse tipo de recriação.

OMAR
(a Yaqub)
Tua sala. É esta.

E ele se afasta, entra numa outra sala adiante, dando risada com os amigos.

Yaqub se detém na porta por um tempo. Observa os outros alunos que se acomodam, bem mais novos e mais baixos do que ele. Ao perceberem sua presença, olham de volta também com estranheza.

Ele entra na sala e fica parado, sem saber o que fazer.

Um padre, o PROFESSOR DE PORTUGUÊS, 60/65 anos, nota o novo aluno, que se destaca dos outros pelo tamanho.

PROFESSOR
És o Yaqub, imagino.

YAQUB
Sim, "brofessor"...

Todos riem do erro de pronúncia.

PROFESSOR
Muito bem, todos quietos!
(a Yaqub)
Há quanto tempo não frequentas a escola?

YAQUB
Cinco anos.

PROFESSOR
Perdeste muito tempo, então.

YAQUB
Sem escola... Não tinha escola... lá na minha aldeia.

Mais risinhos.

PROFESSOR
Sabes que vai ter que correr muito para alcançar a turma, não sabes?

YAQUB
Sim, "brofessor".

Mais risos, agora quase incontroláveis.

NAEL (V.O.)
Mas ele foi aprendendo, soletrando, cantando as palavras...

20. INT. SOBRADO/QUARTO DE YAQUB – NOITE

Yaqub estuda de madrugada. Lê em voz alta, às vezes ainda tropeçando nas letras, o "b" tomando o lugar do "p".

NAEL (V.O.) (CONT'D)
...até que os sons dos nossos peixes, plantas e frutas, todo esse tupi esquecido, não embolava mais na sua boca.

YAQUB
Pai, aplauso, separado, separação, presença, poço, pássaro, papagaio, perdido, japiim, pupunha, apanhar, peixe, aparência, apego, pranto, aplauso, precavido, paixão, apaixonado...

21. INT. COLÉGIO DOS PADRES/SALA DE YAQUB – DIA

Yaqub, de pé diante da turma e do Professor, recita um poema ("O baile na flor", de Castro Alves) sem tropeçar mais. Ninguém dá um pio.

YAQUB
"Que belas as margens do rio possante/ Que ao largo espumante campeia sem par!/ Ali das bromélias nas flores doiradas/ Há silfos e fadas, que fazem seu lar...

As palavras fluem e as alunas de outras turmas, que espiam pela janela, estão derretidas por ele.

YAQUB (CONT'D)
E, em lindos cardumes/ Sutis vaga-lumes/ Acendem os lumes/ P'ra o baile na flor..."

Uma MENINA, de tão empolgada, ameaça um aplauso.

PROFESSOR
Silêncio, por favor.

Ela se contém, Yaqub retoma a récita:

YAQUB
"E então nas arcadas/ Das pétalas doiradas/ Os grilos em festa/ Começam na orquestra/ Febris a tocar..."

22. EXT. BEIRA DO RIO – DIA

ANOS 30. O sol é uma esfera imponente no céu. Uma pipa colorida, e depois outra, passam diante dele, serpenteando, colorindo, filtrando a luz. No início, em harmonia. Depois, uma corta a outra. Logo inicia-se uma batalha e uma delas está perdendo.

> YAQUB (O.S.)
> "E as breves falenas
> Vão leves, serenas,
> Em bando, girando,
> Valsando, voando
> No ar!..."

23. INT. COLÉGIO DOS PADRES/SALA DE OMAR – DIA

ANOS 40. Agora é Omar que está diante do mesmo professor, recitando (ainda Castro Alves, mas agora o poema "Mudo e quedo").

> OMAR
> "Criança, escuta! Não vês o rio?/ É negro!... é um leito fundo/ A correnteza, estrepitando, arrasta uma palmeira, quanto mais um homem!/ Pois bem! Do seio túrgido do abismo/ Há de romper a maldição do morto..."

Ele contém o riso, troca olhares gaiatos com os colegas.

> OMAR (CONT'D)
> "Depois o meu cadáver negro, lívido/ Irá seguindo a esteira da canoa/ Pedir-te inda que fales, desgraçada/ Que ao morto digas o que ao vivo ocultas!..."

> PROFESSOR
> Queres sair da sala, Omar?

> OMAR
> Não, senhor.

> PROFESSOR
> Castro Alves exige muita concentração. De todos, a começar pela tua.

> OMAR
> Sim, senhor.

Ele suspira fundo e tenta retomar:

> OMAR (CONT'D)
> "Era tremenda aquela dor selvagem/ Que rebentava enfim, partindo os diques.../

Omar não aguenta, cai no riso.

> OMAR (CONT'D)
> ...Na fúria desmedida!"

24. INT. COLÉGIO DOS PADRES/PÁTIO – DIA

Omar continua a rir, no pátio, entre amigos. Mas agora riem de Yaqub, que urina de pé junto a uma árvore.

> ALUNO 2
> Não tem banheiro lá no Líbano, não?

> OMAR
> Como é que eu vou saber?

> ALUNO 1
> Perguntando, mano. Não conversas com teu irmão?

Omar já não acha mais tanta graça.

> OMAR
> Tu tens alguma coisa com isso?

[NOTA CENAS 21 A 23] Após a volta de Yaqub a Manaus, era preciso marcar claramente as diferenças entre os gêmeos – não só no espaço doméstico mas também fora dele. A escola era, nesse sentido, exemplar, e novas cenas precisaram ser construídas para reforçar o descompasso entre os irmãos e as particularidades de cada um. Assim foi com as leituras de poemas, que não existem no livro: Yaqub leva a sério, e rapidamente evolui na leitura do português, enquanto Omar ridiculariza a poesia, sempre jogando para a plateia. Para escolher o poeta que seria lido em cena, diversas questões foram levantadas ao longo da pesquisa. Que autor poderia ter sido trabalhado numa escola manauara, naquela época? Dentre tantos poemas de Castro Alves, quais teriam afinidade, ainda que discreta, com a história? E mais: que poemas poderiam revelar melhor a personalidade de um e de outro gêmeo?

ALUNO 1
Estás nervosinho, é? Vai cortar meu rosto também?

Ele recua, faz graça.

OMAR
Depende. Preferes um beijo?

E segue rindo e brincando com os amigos. Uma interação alegre que contrasta com...

25. EXT. RUA DOS BARÉS/SOBRADO – ENTARDECER

...a distância que há entre os gêmeos. Yaqub e Omar caminham uniformizados, a caminho do sobrado. As sombras agora são alongadas, distanciadas uma da outra.

Na sacada do sobrado, Zana e Rânia, esta ainda de uniforme, estão debruçadas sobre a rua. Avistam os gêmeos, que se aproximam em compassos evidentemente diferentes.

Omar vem à frente, assobiando. Então, ao ver Rânia, manda um beijo como o que ela jogou para o namorado.

OMAR
Estavas mais bonita com a flor no cabelo.

Rânia percebe a ironia e tensiona.

ZANA
De que flor o Caçula está falando, Rânia?

[NOTA CENA 24] Originalmente Yaqub urinava na Cinelândia, no dia da chegada ao Rio de Janeiro, na volta do Líbano. Como a sequência não foi incluída no roteiro, o ato que, no livro, envergonha Halim, aqui causa o mesmo efeito em Omar e seus colegas de escola. Com o deslocamento, o mais importante permaneceu – a ação que marca o desajuste de Yaqub.

TRECHO DO LIVRO: "Calou. Halim baixou a cabeça, pensou em falar do outro filho, hesitou. Disse: 'Tua mãe...', e também calou. Viu o rosto crispado de Yaqub, viu o filho levantar-se, aperreado, arriar a calça e mijar de frente para a parede do bar em plena Cinelândia. Mijou durante uns minutos, o rosto agora aliviado, indiferente às gargalhadas dos que passavam por ali. Halim ainda gritou, 'Não, tu não deves fazer isso...', mas o filho não entendeu ou fingiu não entender o pedido do pai."

                    RÂNIA
                  (disfarça)
         Ele é louco, mama. Então não sabes disso?

                    OMAR
    Louco é o teu aldeão. Precisavas ver o vexame que passei na escola.
    O Yaqub mijou no pátio, como um cão!

                    ZANA
              Ora, Omar... Não fales assim!

                    OMAR
              Precisas educar teu pastorzinho.

Ele adentra a casa assobiando, marcando sua presença. Yaqub chega em seguida, apenas acena, e entra.
Ficam as duas, mãe e filha, olhando a rua. É Rânia quem quebra o silêncio.

                    RÂNIA
         Lá no Líbano... Aconteceu alguma coisa com ele, não foi?

Zana nada fala, não se move.

                    NAEL (V.O.)
    Zana não respondia, talvez porque para ela também fosse inexplicável que o filho tivesse passado tantos anos longe dela.

26. INT. SOBRADO/SALA – NOITE

À luz de velas, a família prepara-se para jantar: Zana, Halim, Rânia, Yaqub e Omar. Zana acende mais algumas velas num candelabro, o fogo lança sombras em torno deles. Domingas os serve em silêncio – mas atenta.

                    ZANA
            Parece até que ainda estamos na guerra!

                    HALIM
       Não estamos mais, é o que importa. Nunca vendi tanto.

                    RÂNIA
                A sala fica mais bonita assim.

                    DOMINGAS
            Mas a comida apodrece na geladeira.

                    HALIM
              (atacando o peixe)
              O peixe parece bom.

                    OMAR
    Teu peixe sempre parece bom, Domingas. Gostoso até demais.

Omar aperta a cintura de Domingas, brincalhão.

                   DOMINGAS
             Deixa disso, Omar! Que menino!

Yaqub permanece calado, observando. Rânia repara.

                    RÂNIA
               É bonito lá, Yaqub?

                    YAQUB
                    Onde?

                    RÂNIA
       Não vais mesmo nos contar nada do Líbano, não é?

                    ZANA
          Por que não deixas teu irmão quieto?

Yaqub responde vago, sem encarar.

                    YAQUB
    Eu era o responsável pelo rebanho. Só isso. Não tem mais nada o que
    contar.

                    OMAR
                 (impaciente)
              Podemos comer ou não?

                    HALIM
            Sim, vamos comer! Bom apetite!

E eles começam a comer, em silêncio. Trocam olhares inquietos, que se cruzam mas não se detém. Apenas Yaqub mantém os olhos no prato, sem buscar nada nem ninguém.

                   NAEL (V.O.)
    Talvez ele tivesse guardado o choro dentro do peito, ou talvez não
    houvesse mesmo nada para dizer.

27. EXT. BEIRA DO RIO – DIA

<u>ANOS 30</u>. Yaqub e Omar correm com suas pipas às margens do Negro. Yaqub mais desajeitadamente, Omar tomando a dianteira. Até que Yaqub perde o fio e a sua pipa se solta. Ele ainda tenta alcançar, corre atrás dela por tempo, mas finalmente desiste. A pipa se afasta no céu, solitária, em direção ao sol.

> NAEL (V.O.) (CONT'D)
> Talvez nada, nenhuma agressão, tenha sido tão violenta quanto a brusca separação de Yaqub e seu mundo.

28. INT. SOBRADO/CORREDOR – NOITE

<u>ANOS 40</u>. Yaqub, carregando uma vela, caminha pelo corredor, circunspecto.

> NAEL (V.O.) (CONT'D)
> Agora era ele que se isolava. Trancava-se no quarto e vivia o mundo dele, e de ninguém mais. O pastor, o aldeão apavorado na cidade? Talvez isso, ou pouco mais: o montanhês que urdia um futuro triunfante.

A porta de Yaqub se fecha atrás dele.

[INTERVALO 2]

29. INT. SOBRADO/CORREDOR, ESCADA – DIA

Uma das portas se abre, e depois outra. E outras. Pés da família que entram e saem, cruzando-se na casa, todos se arrumando para sair no domingo de sol.
Há um tumulto de vozes, de afazeres. Domingas carrega uma cesta de frutas, e algumas caem e rolam pelo chão. Ela abaixa-se para apanhar.
Zana sai do quarto ajeitando a roupa, vem ajudar Domingas. Veste um vestido vaporoso que, apesar de discreto, valoriza seu belo corpo.
Halim sai atrás dela. Caminha, um tanto pachorrento, carregando seus apetrechos de pesca.

> HALIM
> Pra que tanta fruta? Quantos dias e quantas noites acham que vamos passar na praia?

> ZANA
> Na hora da fome tu não falas assim... Não é mesmo, Domingas?

                    DOMINGAS
                      (ri)
                Não fala, não senhora...

Omar, carregando seu remo de madeira, avança com passos cheios de energia, quase correndo, quase pisando as frutas.

                      ZANA
                 Cuidado, menino!

Ele abaixa-se para beijá-la. Beija Domingas também.

                      OMAR
         Não resisto a frutas maduras como vocês no meu caminho.

Ele rouba uma fruta e sai correndo, dando risada.

                      ZANA
              Não podes comer do chão!

Ele desce as escadas, rindo. Domingas finalmente se levanta, carregando a grande cesta. No caminho cruza com Rânia, que sai do quarto muito bela, arrumada com especial cuidado.

                  ZANA (CONT'D)
         Até que enfim, Rânia! Já estamos atrasados!

                     RÂNIA
         Tenho que passar na loja para pegar as iscas.

                      ZANA
         Teu pai ainda me enlouquece com essa mania de pescador!

Rânia desce, mas há uma porta no corredor que permanece fechada – a do quarto de Yaqub. Zana volta alguns passos e bate na porta.

                  ZANA (CONT'D)
                     Yaqub?

Ela entra, sem esperar resposta.

30. INT. SOBRADO/QUARTO DE YAQUB – DIA

O quarto, com as cortinas fechadas, está imerso na penumbra e contrasta com a luminosidade que reina do lado de fora. Há luz apenas sobre a escrivaninha, onde Yaqub, debruçado sobre livros, estuda matemática.

Zana abre as cortinas e a luz repentina revela com detalhes o estudante obcecado.

> ZANA
> Não estás pronto ainda?

> YAQUB
> Eu não vou, mama.

> ZANA
> Um dia tão lindo! Precisas dar um mergulho, tomar um sol...

> YAQUB
> Outro dia.

E ele se volta novamente para o livro de cálculos.

31. EXT. RIO NEGRO/PRAIA – DIA

Famílias inteiras se banham no rio e se estendem na areia como lagartos ao sol. Dentro d'água, várias canoas avançam velozes, disputando um campeonato de remo.

Os remos entram e saem da água rapidamente, fazendo espuma. Entre eles, reconhecemos o de Omar, com o nome de Lívia inscrito. Mas ao lado dele há agora alguns outros nomes de mulher.

Omar é um dos primeiros. Rema vigorosamente, tão luminoso e cheio de vitalidade quanto o sol acima dele...

32. INT. SOBRADO/QUARTO DE YAQUB – DIA

...O mesmo vigor e ímpeto com que Yaqub faz cálculos no papel, tentando resolver uma equação matemática. Ele risca, reescreve, vai ocupando o papel em branco com números que parecem infinitos, em busca de um "x" que permanece incógnito. Febril, não desiste.

33. EXT. RIO NEGRO/PRAIA – DIA

Omar também não desiste. Suas mãos já estão feridas, mas ele rema com força e assim vai tomando uma certa distância dos concorrentes.

Na praia, enquanto Halim pesca com Talib, Zana, Rânia, Zahia e Nahda gritam, vibram e torcem por Omar. Mas Rânia não parece interessada só no irmão – um dos competidores, o que está em segundo lugar, colado a Omar, é o seu namorado secreto, JOSÉ, 18/20 anos.

Omar, no entanto, toma distância e se aproxima da linha de chegada. Suas mãos sangram.

34. INT. SOBRADO/QUARTO DE YAQUB – DIA

Yaqub calcula freneticamente. Sua expressão vai mudando, pois a resposta certa se anuncia. E, finalmente, encontra o valor do "x".

35. EXT. RIO NEGRO/PRAIA – DIA

Omar vence. Comemora, as mãos sangrando para o alto.

36. INT. SOBRADO/QUARTO DE YAQUB – TARDE

Yaqub fecha o livro, exausto. Mas sorri.

[NOTA CENAS 31 A 36] Para criar as duas sequências paralelas – Omar no campeonato de remo e os cálculos de Yaqub — foram usados elementos citados no livro, mas não desenvolvidos no texto original. Mais uma vez, reforça-se dramática e visualmente o contraste entre os gêmeos, as diferenças de personalidade que se intensificam: Omar, corpóreo e vigoroso; e Yaqub, contido e racional.

TRECHO DO LIVRO: "(...) Dias e noites no quarto, sem dar um mergulho nos igarapés, nem mesmo aos domingos, quando os manauaras saem ao sol e a cidade se concilia com o rio Negro. Zana preocupava-se com esse bicho escondido. Por que não ia aos bailes? 'Olha só, Halim, esse teu filho vive enfurnado na toca. Parece um amarelão mofando na vida.' O pai tampouco entendia por que ele renunciava à juventude, ao barulho festivo e às serenatas que povoaram de sons as noites de Manaus.

Que noites, que nada! Ele desprezava, altivo em sua solidão, os bailes carnavalescos, ainda mais animados nos anos do pós-guerra, com os corsos e suas colombinas que saíam da praça da Saudade e desciam a avenida num frenesi louco até o Mercado Municipal; desprezava as festas juninas, a dança do tipiti, os campeonatos de remo, os bailes a bordo dos navios italianos e os jogos de futebol no Parque Amazonense."

37. EXT. RIO NEGRO/PRAIA – DIA

Várias pessoas se aglomeram em torno dos competidores e os cumprimentam, inclusive Omar, com pose de vencedor, e o namorado de Rânia, mais tímido.

Zana, Rânia, Nahda e Zahia se aproximam. Zana é a primeira a beijar e abraçar Omar, e então, depois, no meio do tumulto pós-competição, percebe que Rânia não está mais ali.

>ZANA
>Onde se meteu a Rânia?

>ZAHIA
>Acho que ela prefere o vice ao campeão.

Zana fica, como águia, procurando Rânia e seu rapaz com os olhos. E então ela reaparece, sozinha.

>ZANA
>Voltaste, então?

>RÂNIA
>Estou aqui, mama.

E ela vai abraçar Omar. O namorado também reaparece em meio ao grupo de pessoas ainda por ali. Zana não tira os olhos dele.

38. INT. SOBRADO/QUARTO DE OMAR – TARDE

Silêncio em torno. Yaqub entra devagar no quarto de Omar, que um dia já foi seu também. A cama em que dormia quando criança ainda está ali, agora revirada, repleta de cacarecos. Tudo, aliás, está desarrumado, fora do lugar: cigarro, cinzeiros sujos, copos, baganas, um livro de Rimbaud rabiscado, cheio de páginas dobradas.

Yaqub observa detalhadamente. Abre e fecha as gavetas reviradas – encontra calcinhas, tocos de batom, um colar de semente de guaraná, o velho canivete, agora enferrujado.

Aparentemente, Yaqub está sozinho em casa. Mas o ponto de vista é de alguém que o observa da porta.

39. INT. SOBRADO/CORREDOR, SALA – TARDE

Yaqub desce as escadas em direção à sala. Nenhum movimento ali exceto o de um passarinho que esvoaça, preso, atordoado.

Yaqub abre a janela mas o passarinho, em seu desespero, não percebe a chance de liberdade e continua voando e debatendo-se, já exausto.

Domingas finalmente aparece. Com delicadeza, consegue pegar o passarinho. Acaricia-o entre as mãos, o leva até a janela e solta. Yaqub a observa, e sorri.

40. INT. SOBRADO/QUARTO DE DOMINGAS – TARDE

O quarto é mais escuro do que o resto da casa, mas a luz é suficiente para revelar os desenhos que estão pregados à parede. Aos poucos reconhecemos – e Yaqub, emocionado, também: seus traços quando menino, seus pássaros, peixes e paisagens. Domingas está ao lado dele, e gotas de suor aos poucos vão brotando na pele dos dois.

De longe, vem o som do bate-boca de Abelardo e Estelita e os gritos dos macacos enjaulados.

>YAQUB
>(incrédulo)
>Guardaste tudo?

Ela sorri, encabulada.

>DOMINGAS
>Ainda gostas de desenhar?

>YAQUB
>Só desenhava quando estava contigo.

Ele pega um na fileira de pássaros esculpidos em madeira.

>YAQUB (CONT'D)
>E tu agora faz pássaros... Esse, qual é?

>DOMINGAS
>Não te lembras?

>YAQUB
>Japiim?

Ela faz que sim, ele pega outro. Apesar da timidez, Domingas não tira o sorriso do rosto.

YAQUB (CONT'D)
E essa é a cigana?

DOMINGAS
Não esqueceste, então.

YAQUB
Só do português, um pouco...

DOMINGAS
Ah, já lembraste!

YAQUB
Esqueci que fazia tanto calor aqui dentro. Como tu aguentas?

DOMINGAS
Já me acostumei.

YAQUB
Vou me acostumar também.

DOMINGAS
Não precisas, agora és um homem, tens teu quarto. Lá em cima é mais fresco, e também não ouves os gritos da Dona Estelita e do Seu Abelardo.

YAQUB
Nem dos macacos.

DOMINGAS
Dos macacos eu gosto.

Ele se deita na rede, olhando pra ela.

YAQUB
E eu gosto daqui. Sempre gostei.

Ela devolve o olhar, tentada e envergonhada, mas logo desvia os olhos. Agora transpira ainda mais, e um silêncio eloquente começa a incomodar.

DOMINGAS
Vou fazer um suco, tem jambo madurinho no quintal.

YAQUB
Estou mesmo com sede.

> DOMINGAS
> A gente vive com sede aqui em Manaus.

Ela sai. Yaqub observa seus movimentos.

41. INT. SOBRADO/COZINHA, ALPENDRE, QUARTO DE DOMINGAS – TARDE

Domingas pica e espreme os jambos um tanto nervosamente. Vez por outra é obrigada a parar para limpar o suor que lhe escorre da testa. E se assusta com a chegada de Omar, que a abraça por trás, bem íntimo.

> OMAR
> Adivinhou que eu tava com sede, minha indiazinha?

Ela o repudia, meio disfarçadamente. Oferece uma fruta.

> DOMINGAS
> O jambo tá maduro.

> OMAR
> Eu sei. Se não comer logo, estraga.

Ele morde o jambo, com gosto.

> DOMINGAS
> (nervosa)
> E teu pai, tua mãe?

> OMAR
> No Seu Talib. Ainda demoram.

Ele se chega de novo.

> OMAR (CONT'D)
> Sabes que fui campeão?

> DOMINGAS
> Vences todo ano, Omar.

Ela se esquiva e Omar finalmente se afasta, deita na rede vermelha do ALPENDRE. Dali, avista os pés do irmão, deitado em outra rede, a do quarto de Domingas. Ele registra a cena, mas finge indiferença. O rangido da rede de um mistura-se ao rangido da rede do outro.

OMAR
Perdi uma vez, lembras?

DOMINGAS
Mas ganhou vinte, não foi?

Na rede, Yaqub também observa o irmão deitado no alpendre. Continua balançando.

OMAR
E tenho outras vinte por ganhar.

Domingas coa o suco, visivelmente nervosa. Avista as duas redes, uma em cada plano, cada uma com um gêmeo. Não resiste: morde um jambo suculento. Ao som das duas redes que balançam, dissonantes, o suco escorre por seus dedos, sua boca.
Omar engole o resto da fruta, chupa o caroço.

42. EXT. RIO NEGRO – NOITE

ANOS 60. Nael dormita na rede, mas Halim está insone, junto à proa. Aguardando os peixes.

HALIM
(para si)
Majnum, um maluco... maluco!

Nael abre os olhos.

NAEL
Disseste alguma coisa, seu Halim?

HALIM
Lembranças, rapaz... É só o que resta quando chega a velhice.

Nael se levanta, espreguiça.

NAEL
O cardume apareceu?

HALIM
Ainda não. Os danados são tão espertos quanto o Omar.

43. EXT. SOBRADO/FUNDOS – FIM DE TARDE

<u>ANOS 40</u>. Nos fundos, ao lado de seu quarto, Domingas se lava com uma cuia. Se esfrega com força e desespero, o corpo, o rosto. Ouvem-se as vozes alegres e festivas da família vindo da casa, aproximando-se.

44. INT. SOBRADO/COZINHA, ALPENDRE, QUINTAL – FIM DE TARDE

De seu canto, Domingas vê Talib, Nahda, Zahia, Zana, Rânia e Halim, que atravessam a cozinha e seguem em direção aos fundos da casa. Halim e Talib carregam os peixes recém-pescados e as mulheres, bebidas, frutas e quitutes.

Reúnem-se todos em torno da grande árvore, as mulheres improvisando uma mesa, os homens já começando a preparar uma fogueira onde vão assar os peixes, na brasa.

> ZANA
> O sol vai embora, mas esse calor... por Deus!

> HALIM
> Daqui a pouco nem precisamos mais de brasa pra assar o peixe.

> ZANA
> (grita, para o quartinho)
> Domingas, chegamos!

A campainha toca.

> ZANA (CONT'D)
> O peixe ainda nem começou a cheirar e já temos visita...

> RÂNIA
> (toma coragem)
> É pra mim, mama.

Ela vai em direção à porta, Zana acompanha com os olhos.

> TALIB
> Moça bonita em casa também atrai visita.

Zana não resiste: vai atrás. Cruza com Domingas, que se aproxima, tensa, cabelo molhado.

                    ZANA
          Que cara é essa, Domingas?

                  DOMINGAS
              Nada não, dona Zana.

Zana segue atrás de Rânia.

45. INT. SOBRADO/SALA – FIM DE TARDE

Rânia está de pé na porta, sorridente, apaixonada, sussurrante. Diante dela, José.

                    RÂNIA
       Não disse que tu vinhas, mas não importa.

Ela estende a mão e ele entra com ela, tímido. Dão de cara com Zana.

                    RÂNIA
              Mama, esse é o José...

                    ZANA
                   (dura)
                 José de quê?

José sorri e vai até ela. Estende a mão.

                    JOSÉ
           José de Assis, muito prazer/

Zana não corresponde.

                ZANA (CONT'D)
              Eu sei bem quem és.
                  (a Rânia)
       Com tantos advogados e médicos interessados em ti e escolhes um pé-rapado?

                    RÂNIA
               Mama, por favor...

                    ZANA
           O que estás esperando, rapaz?

Assustado, o pobre José sai porta afora. Resta o silêncio e o olhar poderoso de Zana.

ZANA (CONT'D)
Nunca mais, estás me ouvindo?

Rânia tenta conter o choro e não consegue, sai correndo escada acima. A porta do quarto dela se fecha com força.

Zana se recupera do susto, retoma o prumo. E volta para os fundos, calmamente.

46. EXT. SOBRADO/QUINTAL – ANOITECER

Zana volta para o grupo que se reúne em torno da fogueira onde estão sendo assados os peixes.

HALIM
Quem era, afinal?

ZANA
Ninguém.

Domingas abana a brasa – continua tensa, silenciosa.

47. EXT. SOBRADO/QUARTO DE DOMINGAS – NOITE

Com uma pequena faca afiada, Domingas esculpe um pedaço de madeira. Já é possível entrever o formato de um pássaro, mas ela larga-o pela metade. Deita na rede, fecha os olhos.

ZANA (O.S.)
Domingas?

48. INT. SOBRADO/QUARTO DE DOMINGAS – DIA

Domingas abre os olhos ao ouvir o chamado de Zana, que está de pé diante dela.

[NOTA CENA 45 E 46] Em princípio, o desfecho do episódio 3 se concentrava no drama de Domingas. Embora seja citado no livro, o namorado de Rânia só aparecia bem mais tarde, a partir de um relato dela. A pedido da direção, porém, a visita do namorado foi introduzida aqui na versão final do roteiro.

>   DOMINGAS
> Desculpa, dona Zana, perdi a hora!

Ela levanta, apressada. Zana a observa.

>   ZANA
> Estás se sentindo bem?

>   DOMINGAS
> Sim, senhora.

Mas Zana não sai dali para que ela se arrrume, continua observando-a como que para entender algo que ainda não entende – mas desconfia. Domingas percebe, baixa os olhos.

>   DOMINGAS (CONT'D)
> Licença.

Ela passa por Zana e sai.

49. EXT. SOBRADO/FUNDOS – DIA

Domingas vai até o tanque, lava o rosto, a nuca, os braços.

>   NAEL (V.O.)
> Domingas mudou muito naquele verão, o mais quente em muitos anos. Passava horas sozinha, quieta, talvez porque escondesse um segredo.

50. EXT. RIO NEGRO/PRAIA – DIA

Domingas está sozinha diante do rio. De costas, tira a roupa e depois mergulha, desaparecendo por alguns instantes na água escura.
E então, quando ela submerge, revela-se a barriga de Domingas, imensa: está grávida.

>   NAEL (V.O.) (CONT'D)
> Um segredo sobre o qual Halim nunca quis falar.

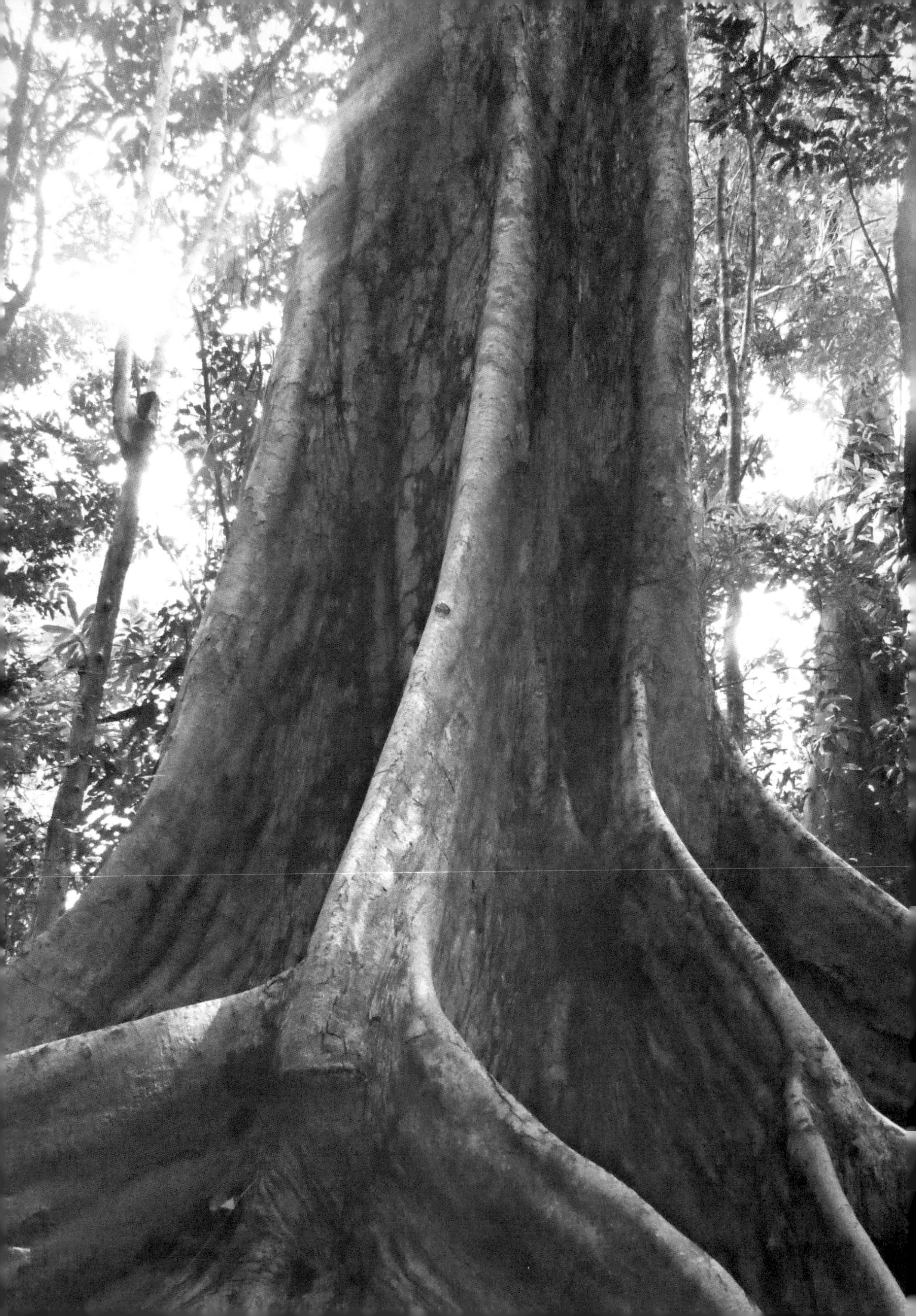

--- DOIS IRMÃOS ---

EPISÓDIO 4

1. I/E. FLORESTA/CABANA – DIA

ANOS 60. Um facão abre caminho na trilha antiga, já quase completamente tomada pela mata. Até que finalmente descortina-se uma CABANA abandonada, bem precária.

É NAEL quem abre passagem com o facão, HALIM vem atrás. Eles entram no casebre, que tem sinais de ocupação recente: louça suja, restos de comida e bebida, uma cama de casal improvisada e desarrumada no chão.

> NAEL
> Eles passaram por aqui.

> HALIM
> Mas já se foram, rapaz. Vai ver fugiram de nós.

2. EXT. RIO NEGRO/IGARAPÉ – DIA

O barco de Nael e Halim está encostado na margem. Eles reaparecem, vindos da mata, e embarcam em silêncio. O motor se afasta, rio acima.

> NAEL (V.O.)
> Toda valentia é vulnerável. Halim, tão sereno, sabia disso?

3. EXT. SOBRADO/QUINTAL – DIA

ANOS 30. Agarrado firmemente ao tronco da grande árvore, OMAR, 13 anos, sobe rapidamente. Ao longe, ouvimos os gritos de Halim, chamando por ele. Omar ignora o chamado do pai e finalmente chega ao topo, de onde se descortina uma vista panorâmica da vizinhança. Ele sorri.

> OMAR
> Vem, Yaqub, daqui dá pra ver tudo! Sobe!

YAQUB também está trepado na árvore, mas muito abaixo dele, agarrado ao tronco, com medo de cair.
Halim chega, grita para cima, chamando, mas Omar ignora.

> OMAR (CONT'D)
> É lindo aqui em cima, baba! Tem até mulher pelada, precisas ver!

> HALIM
> Tu é que vais ver o que é lindo!

Halim começa a subir na árvore, enraivecido. Mas logo percebe que vai ser difícil, se agarra ao tronco com dificuldade. Omar, no alto, morre de rir.

> NAEL (V.O.)
> Ah, a audácia do Caçula! E como crescia diante do pai! Halim planejava castigos, punições exemplares, mas Omar não se vexava. Era um filho sem culpa, livre da cruz. Mas não da espada.

4. INT. SOBRADO/ALPENDRE – DIA

ANOS 40. Um raio de sol bate em cheio no rosto de Omar, banhado de suor. Ele acorda assustado com uma sacudida de Halim.

> HALIM
> Não queres nada da vida?

Ele abre os olhos ainda tonto, sonolento.

> OMAR
> Devagar, papa! Está um calor de fritar miolos!

> HALIM
> Pelo jeito os teus já devem estar fritos, não servem pra nada.

> OMAR
> Por que o senhor não me esquece, hein? A essa hora da manhã!

> HALIM
> Por acaso sabes que horas são?

Zana entra, trazendo o uniforme. Omar se deixa vestir.

> ZANA
> Eu te ajudo, vem. Perdeste a hora.

> HALIM
> O pior é a cabeça, que já se perdeu há tempos.

> ZANA
> Não exageres, querido...

> OMAR
> Se já perdi, perdida está! A cabeça, e também a escola!

Ele arranca a blusa e se acomoda na rede de novo. Mas Halim puxa-o pelo braço, agora com força.

> HALIM
> Anda, levanta! Se estás perdido, é só perguntar o caminho para o teu irmão.

> OMAR
> (debocha)
> Meu irmão, "babai"? Aquele que perdeu a língua?

> HALIM
> Achas graça, não é? Mas pra estudar não precisa língua, só cabeça. E isso teu irmão tem de sobra!

> ZANA
> Basta, Halim! Parecem dois meninos, por Deus... Vem, meu filho.

Zana insiste, veste de novo a farda em Omar. Halim observa a esposa vestindo o filho imenso como se fosse um bebê.

> HALIM
> Tu é que estragas o menino.

Ele sai. Omar ri, enquanto deixa-se levar pela mãe. E fala alto, para o pai ouvir.

> OMAR
> Agora estou estragado, é isso? Como os peixes que apodrecem com o calor? Será que foi o calor de Manaus que me apodreceu, mama?

5. INT. COLÉGIO DOS PADRES/SALA DE YAQUB – TARDE

O ventilador se movimenta, mas não dá conta do ar abafado. O PADRE BOLISLAU, 60 anos, mestre de matemática, batina suada e palmatória na mão, circula

---

[NOTA CENA 4] TRECHO DO LIVRO QUE DEU ORIGEM À CENA: "Num dia em que o Caçula passou a tarde toda de cueca deitado na rede, o pai o cutucou e disse, com a voz abafada: 'Não tens vergonha de viver assim? Vais passar a vida nessa rede imunda, com essa cara?'. Halim preparava uma reação, uma punição exemplar, mas a audácia do Caçula crescia diante do pai. Não se vexava, parecia um filho sem culpa, livre da cruz. Mas não da espada. Foi reprovado dois anos seguidos no colégio dos padres. O pai o repreendia, dava o exemplo do outro filho, e Omar, mesmo calado, parecia dizer: Dane-se! Danem-se todos, vivo a minha vida como quero."

entre os alunos deixando um rastro tenso por onde passa. É um homem grande e muito branco, bochechas avermelhadas pelo calor. O sotaque evidente denuncia sua origem polonesa.

                  PADRE BOLISLAU
            Então, senhores... Ninguém?

Ninguém se move. Yaqub está entre os meninos menores, mas, diferente deles, que escrevem e apagam repetidas vezes, não escreve nada. Apenas mantém os olhos focados na equação.

               PADRE BOLISLAU (CONT'D)
          Três minutos. Nem um segundo a mais.

BOLISLAU passa por Yaqub, cujo caderno está em branco.

               PADRE BOLISLAU (CONT'D)
          E tu? Tens algo a dizer, Yaqub?

Ele hesita, mas afinal:

                     YAQUB
            X é igual a 37 vírgula 64.

                 PADRE BOLISLAU
               (desconfiado)
          De onde tiraste essa resposta?

                     YAQUB
             Eu calculei, professor.

                 PADRE BOLISLAU
             Ah, está se vendo!

Ele mostra o caderno em branco para a turma inteira. Todos riem, Yaqub cala por uns instantes, até que começa a falar. A princípio, em voz muito baixa, depois – conforme ganha confiança – mais e mais alto. Recita a resolução da equação, de cabo a rabo. E, finalmente:

                     YAQUB
         Então, x é igual a 37 vírgula 64.

Bolislau entrega o giz para Yaqub.

PADRE BOLISLAU
Por favor, no quadro.

Ele segue até o quadro e, um tanto titubeante, começa a escrever a equação. A tensão é visível nele, e também na turma, que acompanha os acontecimentos. Ele acaba. Um tempo de suspense e o padre finalmente vira-se para os alunos:

PADRE BOLISLAU(CONT'D)
Copiem. A resposta está correta.

De costas para todos, Yaqub sorri.

6. INT. COLÉGIO DOS PADRES/SALA DE OMAR – DIA

Diante da turma de Omar, Bolislau está ainda mais intratável. Ele bate com a palmatória na mesa de Omar.

PADRE BOLISLAU
Errada! Falas demais, por isso não aprendes. Devias fazer como teu irmão, que cala para aprender.

OMAR
Aprendo outras coisas quando falo, professor.

A turma ri, e Bolislau fica ainda mais vermelho.

PADRE BOLISLAU
Pois vais aprender a calar.

7. EXT. COLÉGIO DOS PADRES/PÁTIO – DIA

O sol forte projeta no chão sombras bem marcadas – a do imenso Bolislau, que arrasta Omar pela orelha.

PADRE BOLISLAU
De joelhos! Vais ficar aqui até aparecerem as estrelas.
(ao bedel)
Olho nele.

Bolislau se afasta e o sol agora bate em cheio em cima de Omar, tornando mais visível a sua vergonha. O INSPETOR está sentado à sombra, se abanando. Em torno, algumas cabras pastam – as únicas que parecem não se incomodar com o calor.
Vários alunos vão se aproximando, curiosos. Omar remói a humilhação.

ALUNO 1
Vais pegar um belo bronzeado, hein, Omar?

INSPETOR
Tem umas nuvens vindo aí, quem sabe não trazem um refresco...

OMAR
Eu tenho um refresco pra ti, vem cá.

O bedel se levanta, modorrento, e vai até lá. Omar tira umas moedas do bolso, oferece.

OMAR (CONT'D)
É só fingir que não me viu.

O bedel pega, olha as moedas, ri... e as devolve.

INSPETOR
Tô de olhos bem abertos, valentão.

Ele volta a se sentar. A Omar, resta a resignação. Ele deixa de ser também uma curiosidade para os alunos, que aos poucos abandonam o pátio. A sombra de Omar vai mudando de lugar, como um relógio de sol que denuncia a passagem de tempo.

NAEL (V.O.)
Não choveu, e as estrelas também demoraram a brilhar. O gigante Bolislau apareceu antes.

8. EXT. COLÉGIO DOS PADRES/PÁTIO – FIM DE TARDE

A sombra de Bolislau, agora comprida por conta do sol já baixo, se aproxima.

PADRE BOLISLAU
Levante-se.

Omar obedece, com dificuldade. Pele queimada, joelhos feridos e tonto pelo calor, ele vê o padre ainda meio embaçado. Aos poucos se equilibra, e Bolislau fica mais nítido.

PADRE BOLISLAU (CONT'D)
Nada como o sofrimento para transformar um homem!

                    OMAR
          Concordo com o senhor, padre.

E então um soco, e um grito.

9. I/E. COLÉGIO DOS PADRES/SALA DO DIRETOR/PÁTIO – ANOITECER

Zana está sentada diante de um outro padre, o DIRETOR DA ESCOLA, 70 anos. Nervosa, exaltada, ela transpira pelo calor tanto quanto pela excitação. Ao lado dela, DOMINGAS também transpira, com um leque na mão – que não abana a si mesma, mas a patroa. Enxerga, através da janela, NO PÁTIO, algumas cabras que pastam.

                    ZANA
          Por pouco não morreu, irmão! Não é verdade, Domingas?

                    DOMINGAS
          Sim, senhora.

                    ZANA
          Meu Caçula era muito doente quando nasceu. Só Deus sabe o que
          passei... Eu e Deus!

                    DIRETOR
          Compreendo.

                    ZANA
          Meu filho só quis se defender, provar que é um homem!

                    DIRETOR
          Um homem violento, dona Zana.

                    ZANA
          Esse professor também errou! Até um ministro de Deus pode errar,
          não é?

                    DIRETOR
          Sim, é verdade.

Zana faz uma pausa, exausta, já sem argumentos. Domingas abana mais, embora ela mesma já esteja um tanto pálida.

                    DIRETOR (CONT'D)
        Entendo a tua indignação. Entendo também o ímpeto de teu filho,
        mas não posso fazer mais nada.

O diretor abre uma gaveta e retira dela dois papéis.

                    DIRETOR (CONT'D)
                    Assine, por favor.

Lá fora, o sino bate e um tumulto de vozes invade o PÁTIO. Zana olha através da janela, vê os alunos que passam correndo alegres, rumo à saída. As cabras não parecem se abalar. Ela suspira e finalmente volta sua atenção para o diretor. Retoma o discurso, agora com mais calma e menos exaltação.

                         ZANA
                Somos bons cristãos, não somos?

                        DIRETOR
                    Jamais duvidei disso.

                         ZANA
        Quantos órfãos do internato comem às nossas custas? E as roupas que mandamos para as índias das missões? Isso não vale nada, irmão?

Domingas, esquecida do leque, está mais tensa e mais pálida.

                        DIRETOR
            A justiça dos homens vale para todos, dona Zana.

                         ZANA
            E a de Deus, irmão? Ele também olha por nós!

O padre empurra para ela os papéis, insistente.

                        DIRETOR
        Esta é a ata da expulsão do teu filho. E este, o boletim médico do professor.

Zana nem olha. Guarda os papéis na bolsa e se levanta.

                         ZANA
                      Vamos, Domingas.

Zana sai, abruptamente. Domingas levanta com dificuldade. E então percebemos sua gravidez, agora bastante avançada. Ela faz uma mesura para o diretor e sai atrás.

10. INT. HOSPITAL – NOITE

Bolislau está adormecido – o rosto deformado, cheio de curativos, quase irreconhecível. Sentado diante do leito, em silêncio e na penumbra, está Yaqub.

Ouve-se o som de um bolero, na voz um tanto desafinada de uma mulher.

11. INT. ACAPULCO NIGHT CLUB – NOITE

Omar está bêbado, ainda usando a farda do colégio, cercado por amigos. Num palco pequenino, uma CANTORA vulgar entoa o bolero que embala alguns casais de prostitutas e seus clientes.

> OMAR
> O desgraçado do polonês nunca mais vai comer na vida! Talvez uma sopinha, que não precisa de dente pra mastigar!

> AMIGO
> Tu também não precisas de dentes, só bebes!

> OMAR
> Danço também, não sabes?

Ele puxa uma PROSTITUTA, começa a dançar com ela. Mas está trôpego demais pra isso. Ri muito e, ainda dançando, pega mais um copo, quase cai, morre de rir.

A música acaba de repente, as luzes se apagam e todos assoviam. Quando se acendem de novo, revelam Omar às gargalhadas – já arrancou a blusa da prostituta, está com seus seios na mão.

> PROSTITUTA
> Vamos lá pra dentro, Omar.

> OMAR
> Pra quê? Deixa todo mundo ver como és bonita!

Ela tenta se cobrir, mas ele, às gargalhadas, não deixa. Mete a cara nos peitos dela – e as luzes piscam e se apagam mais uma vez.

12. EXT. RUA DOS BARÉS – NOITE

Venta e relampeja, e as luzes da rua piscam algumas vezes, ameaçando mais um blecaute. Zana e Domingas seguem caladas, de braços dados. Agora é Zana quem ampara Domingas e sua barriga imensa.

> NAEL (V.O.)
> Foi naquela noite, abafada e inesquecível, que Zana disse pela primeira vez uma frase que no futuro repetiria tal e qual uma prece.

> ZANA
> A esperança e a amargura... São tão parecidas, Domingas!

Mas Domingas não ouve – embora silencie, está com dor, o início das dores do parto. Começa a chover e Zana tenta acelerar os passos, mas Domingas não consegue.

> ZANA (CONT'D)
> Estás bem, Domingas?

Ela não responde, mas sua expressão de dor diz que não.

> ZANA (CONT'D)
> Vamos, eu te ajudo.

E elas seguem, Zana tentando ajudá-la a andar.

13. INT. HOSPITAL – NOITE

A chuva cai forte do lado de fora. Bolislau abre os olhos. Percebe Yaqub, se emociona. E então começa a falar com dificuldade, pausadamente.

> PADRE BOLISLAU
> Yaqub... Tu és melhor que essa cidade ... Se ficares aqui serás derrotado... derrotado pela província... E devorado pelo teu irmão...

Yaqub não coloca a emoção que sente em palavras.

14. EXT. RUA DOS BARÉS/SOBRADO – NOITE

Chove muito, e o sobrado está quase totalmente às escuras. Zana e Domingas vão entrando, a última já muito curvada, andando com dificuldade e amparada por Zana.

15. INT. SOBRADO/QUARTO DE DOMINGAS – NOITE

Zana, tensa, deita Domingas na cama. Halim e Rânia junto delas, com um candeeiro.

ZANA
É a hora dela...

HALIM
Chamo alguém?

ZANA
Que pergunta, Halim! Achas que vou fazer o parto sozinha?

DOMINGAS
Eu consigo, dona Zana... Desculpa...

Halim sai. Domingas levanta da cama.

ZANA
Sossega, Domingas, tens que deitar!

DOMINGAS
Não aguento, dona Zana...

RÂNIA
Não é melhor levar ela lá pra cima/

ZANA
Por Deus, vai buscar a parteira, Halim!

Domingas fica de cócoras no chão do quarto, Zana não sabe o que fazer, entre surpresa e horrorizada.

ZANA (CONT'D)
Sai daqui, Rânia! Traz um lençol, toalha, água quente, o que for, vai!

16. EXT. ACAPULCO NIGHT CLUB – NOITE

Na fachada do bordel, um coqueiro luminoso de neon, em forma de leque, acende e apaga repetidas vezes sob a chuva. Omar sai pela porta, trôpego. Segue pela rua cambaleando, iluminado pelos relâmpagos.

17. INT. SOBRADO/QUARTO DE DOMINGAS – NOITE

Zana, sem jeito, apenas molha o rosto de Domingas que, de cócoras, faz quase tudo sozinha, em silêncio.

18. EXT. RUA DOS BARÉS/SOBRADO – NOITE

A rua agora está completamente às escuras. Omar caminha sob a chuva, trôpego. Se aproxima do sobrado, iluminado apenas por velas e candeeiros. Ele para embaixo da janela e começa a gritar: é uma serenata grotesca.

> OMAR
> O Bolislau, o padre parrudão... foi ele quem viu as estrelas no céu, e nem estava de noite! Não é um milagre, mama? Ver estrelas brilhando à luz do dia?

Halim se aproxima pela rua, sem a parteira, encharcado.

> OMAR (CONT'D)
> O mestre do teu filho querido, papa! O que só tem cabeça, lembras? Pois acertei em cheio o polonês!

Omar rasga a farda, vai se despindo, regredindo, até que se deita no chão. Fica apenas de cueca, gargalhando dentro de uma poça d'água.
Halim entra em casa, sem dizer palavra. Os brados e gargalhadas de Omar se misturam ao choro de um bebê.

19. INT. SOBRADO/QUARTO DE DOMINGAS – NOITE

NAEL, o bebê, é amparado por Domingas e por Zana, que se emociona. Mas está dividida, pois ouve ao longe os gritos de Omar chamando-a.
Ela afaga Domingas e sai do quarto.

20. EXT. RUA DOS BARÉS/SOBRADO – NOITE

Omar está jogado no chão, seminu, junto à farda pisoteada. A chuva forte desaba sobre ele – que continua rindo, ébrio, infantilizado. Zana se aproxima e acolhe o filho imenso.

> ZANA
> Sossega, vou cuidar de ti.

Omar resmunga algo, ela vai levando-o, seminu, para dentro de casa.

> NAEL (V.O.)
> Eu não sabia nada de mim, como vim ao mundo.

21. INT. SOBRADO/QUARTO DE DOMINGAS – NOITE

Domingas acolhe Nael, emocionada.

> NAEL (V.O.) (CONT'D)
> Minha infância, sem nenhum sinal da origem.

22. EXT. RIO NEGRO/IGAPÓ – DIA

<u>ANOS 60</u>. A copa de uma árvore imensa e frondosa aos poucos se desloca, deixando ver o céu. Ela tomba na água com força. O estrondo ecoa na mata e, aos poucos, dá lugar a um silêncio profundo. Então o barco de Halim aparece, abrindo caminho na floresta inundada.

> NAEL (V.O.) (CONT'D)
> Como uma criança esquecida dentro de um barco num rio deserto,
> até que uma das margens a acolhe.

O barco se aproxima. É Nael quem está ao leme.

[INTERVALO 1]

23. INT. SOBRADO/COZINHA – DIA

<u>ANOS 40.</u> Domingas amassa o pão, concentrada, mas o choro de bebê interrompe. Domingas limpa as mãos e sai.

[NOTA CENAS 10 A 21] Aqui, como em outros momentos do roteiro, o tempo e as ações da narrativa foram concentrados. No livro, o nascimento de Nael e a bebedeira de Omar, após sua expulsão do colégio, acontecem em momentos diferentes – embora seja verossímil, do ponto de vista cronológico, que tivessem acontecido na mesma noite. Assim, além da intensificação do ritmo, criou-se também a rima entre as duas mães que acolhem seus filhos, e o contraste entre o recém-nascido e Omar – imenso, mas infantilizado.

                    NAEL (V.O.)
Cunhantã mirrada, meio escrava, meio ama: as refeições da família e o brilho da casa dependiam dela. A minha história também depende dela, Domingas.

24. I/E. SOBRADO/QUARTO DO CASAL, QUINTAL – DIA

À sombra da seringueira, Domingas amamenta Nael. Da janela do QUARTO DO CASAL, Zana a observa – e é observada por Halim.

                    ZANA
        E pensar que tu não querias sombras pela casa.

                    HALIM
            Não é uma sombra, é uma criança.

                    ZANA
Também não querias crianças. E agora, vamos aturar mais um filho de ninguém?

                    HALIM
            Ele é alguém, Zana. É filho da casa.

25. INT. IGREJA NOSSA SENHORA DOS REMÉDIOS – DIA

O PADRE ZORAIER está no altar diante de Domingas, que tem o bebê nos braços. Ao lado dela, e sob olhar de evidente má vontade do padre, está Halim.

                    PADRE
            Como vai se chamar o menino?

                    HALIM
                (a Domingas)
                    Nael?

                    DOMINGAS
            É um pouco esquisito, seu Halim.

                    HALIM
                Era o nome do meu pai.

Domingas olha para Halim, titubeante.

                    PADRE
                    E então?

                    DOMINGAS
                    (decide-se)
        Nael, padre. Meu filho vai se chamar Nael.

                    HALIM
                    (sorri)
              Prometo que vou zelar por ele.

O padre olha para Halim – desconfiado, severo.

                    PADRE
        Zele também para que seja um seguidor de Jesus, para que viva
        como um verdadeiro filho de Deus.

Halim suspira discretamente e assente. O padre molha a testa do bebê com água benta.

                    PADRE (CONT'D)
        Eu te batizo, Nael, em nome do pai, do filho...

                    NAEL (V.O.)
        Adiei a pergunta sobre o meu nascimento, sobre o meu pai. Sempre
        adiaria, talvez por medo. Halim nunca quis falar disso. Devia temer
        também, não sei o quê.

26. EXT. RIO NEGRO/IGAPÓ – DIA

ANOS 60. Troncos boiam na água – ou estão apenas refletidos nelas. Não se percebe bem o que é real e o que é imagem das árvores ainda de pé. O barco de Halim e Nael desponta, também duplicado pelo espelho das águas, o casco empurrando os troncos e atravessando a floresta inundada.
Nael guia o barco enquanto Halim devaneia, bebendo arak.

                    HALIM
                    (sussurra, para si)
              Quem quer a glória tem que pagar caro...

                    NAEL
              Estás falando do quê, seu Halim?

                            HALIM
                 É o arak que fala por mim, rapaz.
                            (oferece)
            Também podes tomar um traguinho, já és um homem.

Nael bebe um gole, faz careta e devolve para Halim, que ri.

                         HALIM (CONT'D)
            Com o tempo vais gostar. O tempo muda tudo, Nael... Não deixa nada
            no lugar.

27. EXT. IGARAPÉ/CIDADE FLUTUANTE – MANHÃ

<u>ANOS 40</u>. Troncos vão sendo agora retirados da água, erguidos por mãos fortes e morenas. A partir delas, casas de madeira vão sendo levantadas dentro do rio – sob a forma de palafitas – ou sobre os troncos – casas flutuantes. E também passarelas que ligam umas às outras. Os construtores, muitos deles mergulhados até a cintura na água do rio, são caboclos, homens do povo.

Aos poucos, uma cidade se ergue dentro e às margens do rio.

                           NAEL (V.O.)
            Manaus cresceu assim: no tumulto de quem chega primeiro.

28. EXT. RUA DOS BARÉS/LOJA DE HALIM – MANHÃ

Halim levanta com força a porta de ferro da loja, que se abre com estrondo. A rua antes sombreada por mangueiras já começa a acordar, agora com menos sombras – árvores foram cortadas para dar lugar a novas construções ou ampliações desordenadas das antigas casas.

                       NAEL (V.O.) (CONT'D)
            Desse tumulto participava Halim, que vendia coisas antes de qualquer um.

[NOTA CENA 26] O Tempo é tema e personagem de *Dois irmãos*. Muitas das notas escritas em cadernos, fichas e versões anteriores do roteiro são sobre o tempo e a memória – elementos da narrativa do livro determinantes também para a construção da série.
[Imagem p. 339]

29. INT. LOJA DE HALIM – DIA

Entra e sai de gente humilde carregando compras. Halim se reveza entre o balcão e os fundos da loja, de onde traz produtos para os fregueses. Um ventilador tenta dar conta do calor e das moscas.

À venda, redes e malhadeiras, varas de pescar, fumo, produtos de limpeza, vassouras, lanternas, lamparinas, velas, sacos de mantimentos, garrafas de arak e cachaça, iscas, temperos de todo tipo.

RÂNIA, diante do caixa, recebe dinheiro, faz contas e negocia com TALIB, que não tira dela os olhos gulosos. NAHDA e ZAHIA entram, chamando a atenção de todos os homens, menos do pai, que se surpreende ao levar um beliscão de cada lado – as filhas percebem o olhar dele para Rânia e tomam a frente da negociação.

> NAEL (V.O.) (CONT'D)
> Vendia sem prosperar muito, mas atento à ameaça da decadência.

Multiplicam-se os fregueses da loja, e também suas vozes que se misturam, indistintas.

30. EXT. RUA DOS BARÉS – DIA/NOITE

Na rua, o burburinho de vozes é ainda mais presente, um falatório incessante. O número de carregadores, ambulantes, pedestres e carros é visivelmente maior – a rua se transforma.

O Índio, agora cego, oferece flores no meio do tumulto. Já não é mais o único a ter uma banca de vendas por ali. As vozes dos mascates, vendedores de frutas, pregadores e peixeiros se misturam à conversa miúda dos vizinhos nas calçadas e janelas.

Domingas, com o bebê no colo, escolhe um peixe no tabuleiro de ADAMOR, agora um entre muitos peixeiros.

> NAEL (V.O.) (CONT'D)
> Atento também às palavras que correm de boca em boca, de porta em porta. Vozes ricocheteando aqui e ali.

31. I/E. TABERNA DE TALIB – NOITE

Dados são lançados repetidas vezes sobre os tabuleiros de gamão, apoiados sobre mesinhas. Nas paredes, pinturas de paisagens do Líbano. Halim, CID TANNUS, Talib e ABBAS comem macaxeira frita e bebem arak, servidos por Zahia, sempre brejeira. Nahda está atrás do balcão. Alguns homens do povo bebem pinga, acompanhando o desenrolar do jogo. Entre eles, POCU. Halim joga com Talib, mas está atento também ao jogo de Tannus e Abbas.

> HALIM
> Ô, Tannus, assim tu vais perder feio...

> CID TANNUS
> Que nada, o poeta aqui entende mais de rimas que de dados.

> ABBAS
> (para Halim)
> Cuida do teu jogo, paisano. Estás falando demais!

> HALIM
> Então não sabes que falar é meu ofício, Abbas? Não sou poeta como tu, mas o comércio também é uma troca de palavras. Estou mentindo?

Pocu, de olho no jogo, não resiste:

> POCU
> O problema é que tem gente por aí que não vende nem faz poesia, mas fala mais do que deve.

> HALIM
> Já entendi que também queres soltar a língua, Pocu. Vá em frente.

Pocu puxa uma cadeira, senta ao lado dele.

> POCU
> Conheces um vagabundo metido à valentão, um tal de Azaz?

32. EXT. CASARÃO ABANDONADO – NOITE

AZAZ, 20/30 anos, alto e forte, bem parrudo, roupa justa e navalha no bolso, mete o pé numa porta, arrombando-a. Lidera uma gangue de cinco rapazes, que entram atrás dele na casa.

> NAEL (V.O.)
> Azaz não tinha endereço: arrombava casarões abandonados onde passava temporadas como falso proprietário. Pior: era difamador maldoso, comadre de fim de tarde, quando a voz se envenena e a maldade apaga o juízo.

33. EXT. PORTO DA ESCADARIA – DIA

Azaz fala numa roda de pescadores e barqueiros e é ouvido com atenção. Pocu está entre eles.

Meninos com traços índios também trabalham, por perto, empurrando carrinhos de legumes ou carregando trançados com peixes e sementes.

> AZAZ
> No maior chamego com as índias, estou dizendo!

> POCU
> De que índia estás falando, Azaz?

> AZAZ
> A empregada dele, precisa mais? Não, não precisa, não é? Mas tem mais...

Ele aponta os meninos que passam.

> AZAZ (CONT'D)
> Uma porção desses curumins aí pede à benção ao maometano.

> PESCADOR
> Quem diria, o seu Halim...

> PESCADOR 2
> Nós achando que ele só fisgava peixe pequeno e o danado tá é pescando sereia por aí!

34. INT. TABERNA DE TALIB – NOITE

Halim fecha o tabuleiro de gamão. Não acha mais graça, menos ainda no ajuntamento de gente que se formou em torno deles.

> HALIM
> Quer dizer que esse Azaz não tem endereço?

> POCU
> Não tem, não, seu Halim. Vive por aí, sem destino, de galho em galho.

> TALIB
> São só palavras, Halim!

                           CID TANNUS
                   Sim, e palavras o vento leva embora.

                              HALIM
               Palavras maldosas, o vento espalha por aqui mesmo.

Ele guarda os dados, deixa umas notas sobre a mesa.

                           HALIM (CONT'D)
            Pois que espalhe as minhas também. Digam ao Azaz que vá no do-
            mingo até a Praça dos Remédios, três da tarde. Que vá sozinho. E de
            mãos limpas.

Ele sai, carregando o tabuleiro.

                            NAEL (V.O.)
            Quem não admira um duelo? Houve até plateia, a praça se transfor-
            mou numa imensa e verde arena oval.

35. EXT. PRAÇA NOSSA SENHORA DOS REMÉDIOS – DIA

A plateia de curiosos se amontoa em torno da praça, sob o calor abrasador. Muitos suam, abanam-se, atentos à rua – a essa hora praticamente deserta. Quase ninguém fala, e os que o fazem é só com murmúrios.
    O sino da igreja quebra o silêncio, com três badaladas. E então o tempo se arrasta mais, o calor parece aumentar.
    Azaz aparece, caminhando tranquilamente pela rua, com um sorriso desdenhoso nos lábios. Posta-se no meio da praça e olha em volta, como um gavião inquieto.
    E – passagem de tempo – a camisa, antes seca, aos poucos se encharca de suor, assim como seu rosto. Azaz finalmente ri, sarcástico:

                              AZAZ
             E então, onde está o pai dos curumins? Desistiu de posar de santo?

Algumas risadas na plateia o acompanham, e Azaz vai dando seus passos para fora da arena – mas então a sombra de Halim desponta. Ele vem acompanhado dos amigos: Pocu e seus companheiros de pesca e de mercado, Talib, Abbas e Cid Tannus.
    Azaz se cala. Ele e Halim estão finalmente posicionados um diante do outro – há uma enorme diferença de tamanho e, supõe-se, de força entre os dois. Halim parece pequeno demais frente ao falastrão. E, para piorar, uma lâmina brilha ao sol: Azaz está empunhando uma navalha.

                        NAEL (V.O.)
        Ninguém se intrometeu. Em duelos assim, só Deus é mediador.

Mas Halim não se intimida nem recua. A plateia silencia, só ouvimos a respiração dos dois oponentes.

Sem tirar os olhos do inimigo, Halim saca uma corrente de ferro que traz escondida na cintura. Num só golpe, sacode a corrente, que serpenteia no ar, ameaçadora.

Azaz amarela. Atira a navalha no chão.

                            AZAZ
                     Vamos largar as armas.

Halim abaixa-se, pega a navalha, examina a lâmina:

                           HALIM
            Afiada. Perfeita pra cortar tua língua venenosa...

Azaz gela, a tensão percorre a plateia. Mas Halim joga a navalha de volta no chão.

                        HALIM (CONT'D)
              Mas prefiro te ouvir me pedindo perdão.

Halim vai na direção de Azaz, brandindo a corrente. Amedrontado, o gigante se abaixa, tenta escapar dos golpes e da fúria de Halim, mas recebe um golpe certeiro. Cai no chão. Halim faz uma pausa, respiração acelerada.

Sangrando, Azaz se arrasta para pegar a navalha. Se levanta com certa dificuldade, mas Halim aguarda. E quando ele se apruma, novo golpe de corrente. Azaz reage, joga-se sobre Halim com a navalha em riste. E os dois se engalfinham no chão da praça.

No céu, o sol brilha forte. No chão, o sangue dos dois oponentes se espalha.

                        NAEL (V.O.)
                  Assim diziam, assim ainda dizem.

36. EXT. PRAÇA NOSSA SENHORA DOS REMÉDIOS/
RUA DOS BARÉS – TARDE

Halim, ferido e sangrando, dispensa com um gesto a companhia do grupo de amigos. Sozinho, arrastando a corrente ensanguentada, caminha trôpego – porém altivo – na direção de casa. Deixa marcas de sangue em seu caminho.

NAEL (V.O.) (CONT'D)
Só Halim calava sobre o duelo. Deixava a historinha correr de boca em boca, alheio às novas versões, em que ele e o inimigo renasciam como heróis ou covardes.

37. INT. SOBRADO/SALA – DIA

Os passos sangrentos adentram a casa, deixando marcas no assoalho. Um choro insistente de bebê vem dos fundos.

NAEL (V.O.) (CONT'D)
Versões fantasiadas pelo tempo e suas vozes.

38. INT. SOBRADO/QUARTO DE DOMINGAS – DIA

Domingas balança Nael na rede, tentando acalmá-lo. Ouve as vozes que vêm da sala, fica atenta a elas.

ZANA (O.S.)
Por Deus, Halim! Quem te feriu desse jeito?

Silêncio como resposta. Domingas pega Nael no colo, ele se cala.

ZANA (O.S.) (CONT'D)
Fala, Halim, quem fez isso contigo?!

HALIM (O.S.)
Um mentiroso.

39. INT. SOBRADO/ALPENDRE, COZINHA, SALA – DIA

Domingas vem caminhando pé ante pé, com o bebê nos braços.

ZANA (O.S.)
Mentiroso? Do que estás falando?

HALIM (o.S.)
Um mandrião andou por aí dizendo que eu tinha filhos com várias índias.

Já perto da SALA, ela se mantém a certa distância: vê sem ser vista.

                             ZANA
              Filhos com as índias? Que história é essa, Halim?

Halim arranca a camisa ensanguentada, deixando à mostra as costas feridas.

                             HALIM
              Se não fosse uma calúnia tu achas que eu ia enfrentar um gigante
              daqueles?

Ela cala por uns momentos, ainda desconfiada. Mas finalmente toca o marido, cuidadosa.

                             ZANA
                  Está feio. Podes pegar uma infecção.

                             HALIM
              A navalha estava limpa. A sujeira vinha era da boca do desgraçado,
              do palavrório venenoso que andou espalhando por aí.

Ele sobe as escadas, levando a corrente. Zana, sem se virar para Domingas e já subindo atrás de Halim, revela que sabe que ela está ali:

                             ZANA
              Domingas, deixa teu bebê com o Yaqub e vem me ajudar.

40. INT. SOBRADO/QUARTO DO YAQUB – DIA

Sobre a mesa, muitos livros de cálculos, cadernos escritos, folhas de rascunho. Yaqub está com o bebê no colo, mas sem muito jeito, não sabe bem o que fazer com ele. Coloca Nael sobre a cama, ele chora, Yaqub pega-o de volta. De fora, chegam os gemidos de Halim.

41. INT. SOBRADO/QUARTO DO CASAL – DIA

Zana limpa cuidadosamente o ferimento de Halim. Domingas auxilia, segurando uma cuia com infusão onde a patroa molha as compressas.

                             NAEL (V.O.)
              Os curumins, supostos filhos de Halim, não apareceram, e a grande
              batalha de sua vida foi mesmo com os gêmeos.

42. INT. SOBRADO/QUARTO DO CASAL – NOITE

Halim abre os olhos. Está com as costas enfaixadas, sente dor. Do corredor, vem o estardalhaço de uma discussão. Ele se senta na cama com dificuldade – está ferido mas, mais que tudo, exausto.

> OMAR (O.S.)
> Te achas melhor do que eu, não é? Pois és um belo de um puxa-saco!

> RÂNIA (O.S.)
> Pelo amor de Deus, Omar!

> ZANA (O.S.)
> Deixa teu irmão em paz!

43. INT. SOBRADO/CORREDOR – NOITE

Os gêmeos no prenúncio de mais um duelo. De um lado, Yaqub de pijamas; do outro, Omar bêbado, sujo e amarrotado da farra noturna. Entre eles, Zana e Rânia tentam impedir mais uma briga. Omar segue gritando, mas Yaqub não diz palavra, nem desvia os olhos do irmão descontrolado.

> OMAR
> Puxa-saco de padre, tu também merecias um soco nessa tua cara de santo! Mas eu sei que tu não és santo coisa nenhuma, ouviu? És um covarde! Um covarde!!!

> HALIM
> Agora vão brigar comigo.

Halim está parado na porta do quarto. Ferido, o olhar de animal raivoso, segurando a corrente ainda suja do sangue do duelo anterior.

> HALIM (CONT'D)
> Isso mesmo! Os dois marmanjos contra o pai, vamos ver se são homens!

Ele brande a corrente, que bate com força no chão.

[INTERVALO 2]

44. INT. SOBRADO/CORREDOR – NOITE

Zana entra na frente, toma a corrente dele. Mas Halim não arreda pé, continua encarando os filhos, ofegante.

>ZANA
>Mas é claro que eles são homens, não precisam brigar para provar isso!

>RÂNIA
>Nem tu, baba!

>HALIM
>Então, Omar, onde está tua valentia?

>OMAR
>(provoca)
>Queres mesmo ver, baba?

Rânia tenta arrastá-lo para o quarto.

>RÂNIA
>Chega, Omar! Estás bêbado!

>HALIM
>Tu és um bicho... Um bicho covarde.

>ZANA
>Vem, Halim, precisas deitar, dormir em paz...

>HALIM
>Eu estaria em paz se tivesse meia dúzia de curumins soltos por aí!

Enquanto todos permanecem no conflito, Yaqub se afasta e entra no quarto, em silêncio. A porta se fecha atrás dele.

>NAEL (V.O.)
>Yaqub revelou-se um mestre do equilíbrio quando as partes se tensionam.

45. EXT. SOBRADO/QUINTAL – DIA

ANOS 30. Yaqub observa o pai que tenta subir na árvore atrás de Omar – que ri e provoca, lá no alto.

Yaqub então desiste e vai descendo até botar os pés no chão. Volta os olhos para o alto, onde o embate entre o pai e o irmão prossegue. Mas logo o olhar é atraído para a copa da árvore, para as folhas que vão caindo.

>NAEL (V.O.) (CONT'D)
>Não reagiu na juventude, quando um caco de vidro cortou-lhe a face esquerda. Tampouco conformou-se com a cicatriz no rosto como quem aceita passivamente um traço do destino.

46. EXT. SOBRADO/QUINTAL – DIA

Yaqub está deitado à sombra da seringueira, as folhas continuam caindo sobre ele. Um pássaro sobrevoa.

>NAEL (V.O.) (CONT'D)
>Ele se retraía no momento certo. E às vezes, ao sair do casulo, surpreendia.

47. EXT. RIO NEGRO/CASA FLUTUANTE – AMANHECER

ANOS 60. Pássaros sobrevoam o rio, a floresta e o barco de Halim e Nael. Uma CASA FLUTUANTE desponta.

>HALIM
>Vamos perguntar aqui.

Há uma MULHER e um BEBÊ sentado no chão junto às galinhas que ciscam. O barco encosta, Halim vai até a proa com uma fotografia na mão.

>HALIM (CONT'D)
>Dia.
>(mostra foto)
>Sabes se ele passou por esses lados?

Ela olha, faz que não, devolve a foto.

>HALIM (CONT'D)
>Ele e mais uma mulher...

> MULHER
> Nunca vi não, senhor.

> HALIM
> Obrigado.

Ele volta para o barco.

> HALIM (CONT'D)
> Por aqui também não passou, o desgraçado voa alto.

Nael assume o leme, eles seguem.

48. EXT. SOBRADO/QUINTAL – DIA

<u>ANOS 30</u>. Omar chega ao topo da árvore, de onde se descortina uma vista panorâmica da vizinhança. Mas agora vemos o que ele vê:
  NA CASA DE TALIB, Zahia e Nahda, pré-adolescentes, dão comida na boca do pai.
  NO CASARÃO REINOSO, ABELARDO está dentro da jaula, tentando dar comida aos macacos, sem conseguir controlar os animais. ESTELITA aparece de robe e grita com Abelardo, o inútil. Tenta resolver, entra na jaula também, mas sua peruca cai, e ela grita por CALISTO, que vem socorrer;
  NUMA CASA SIMPLES NOS FUNDOS, uma MULHER lava os cabelos no tanque, sem blusa. Omar atira uma semente nela, que se assusta e se cobre. Mas então vê que é Omar e provoca, mostrando os seios. Ele morre de rir.

> NAEL (V.O.)
> O Caçula, expulso pelos padres, encontrou abrigo numa outra escola.

49. EXT. LICEU RUI BARBOSA/PRAÇA/CAFÉ MOCAMBO – NOITE

<u>ANOS 40.</u> Abre-se um grande portão. No alto, o nome da escola: Liceu Rui Barbosa.

> NAEL (V.O.) (CONT'D)
> O nome era pomposo, mas o apelido, bem menos edificante: o galinheiro dos vândalos.

Omar sai, misturado a muitos outros alunos: não há mais fardas nem pompa. Entre eles, o professor de francês: ANTENOR LAVAL, 40/45 anos, que é o centro das atenções. Voz de barítono, é evidentemente um dândi, um excêntrico na forma de se vestir, de falar, de pensar.

                    NAEL (V.O.) (CONT'D)
No Liceu reinava a liberdade. Ninguém ali era razoável, ou *très raisonnable*, como dizia Antenor Laval, o mestre de francês.

Todos se espalham na PRAÇA, onde também há uma taverna, o CAFÉ MOCAMBO. Passa por eles uma BELA MOÇA, vestindo um uniforme da escola normal. Laval repara nela, ostensivamente, e não perde a chance:

                    LAVAL
Escuta, diva, a minha prece: és mais bela do que Vênus sobre o mundo erguida!

Ela sorri, envaidecida, e os alunos riem escandalosamente – Omar, mais que todos. Laval bem sabe o sucesso que faz.

                    LAVAL (CONT'D)
Não sou eu que digo, meus caros! Um verso de um grande simbolista ou romântico vale mais do que uma tonelada de retórica – dessa minha inútil e miserável retórica!

                    OMAR
Esse é Baudelaire, não é?

                    LAVAL
Sim, grande poeta! Mas Rimbaud ainda é maior. Ouça...

Ele acelera o passo e cruza novamente o caminho da moça:

                    LAVAL (CONT'D)
Farsa, farsa contínua! Minha inocência me faria chorar! A vida é a farsa que todos têm que representar!

Agora ela faz cara de quem não entendeu e desvia dele, incomodada. Laval e Omar seguem juntos, rindo...

50. EXT. MATAGAL – NOITE

...e agora caminham rápido, quase correndo, em meio ao mato alto. Laval e Omar, mestre e discípulo: Omar carrega um candeeiro e Laval, uma garrafa – que passa de um para o outro durante o percurso. Os dois riem muito, ébrios e teatrais, recitando Rimbaud.

OMAR
Minha vida foi somente doces loucuras, é lamentável!

LAVAL
Bah! Façamos todas as caretas imagináveis!

OMAR
Decididamente, estamos fora do mundo. Já não há ruídos. Desapareceu-me o tato!

Eles gritam, como que perdidos:

LAVAL
Ah! meu castelo, minha Saxônia, meu bosque de salgueiros. As tardes, as manhãs, as noites, os dias! Estou exausto! Morro, de cansaço...

Omar ilumina em torno, tentando ver algo:

OMAR
Exijo. Exijo! Um golpe de tridente, uma gota de fogo...

E finalmente aparecem DUAS PROSTITUTAS que os aguardam: uma delas, a mais bonita, pequena e graciosa, é a PERUANA DE IQUITOS.

LAVAL
(comemora)
Ah, sair de novo para a vida!

Omar levanta o candeeiro, percorre com a luz o corpo e o rosto da Peruana, encantado:

OMAR
E esse veneno... esse beijo mil vezes maldito!

Mas Laval toma a iniciativa, puxa-a para si primeiro. A peruana corresponde, coquete. E fala com a companheira com sotaque espanhol.

PERUANA
Bem que tu disseste: são loucos!

A Peruana abraça Laval, a Omar resta a outra – ao menos por enquanto. Deitam-se os quatro no mato, sob o céu muito estrelado e ao som de risadas e de grilos.

LAVAL
É o fogo que se levanta com o seu condenado!

As risadas vão silenciando enquanto uma luz rósea finalmente aparece no horizonte.

51. EXT. RIO NEGRO – AMANHECER

<u>ANOS 60</u>. O brilho tímido do dia sobre o Negro ainda adormecido. O barco de Halim e Nael é o único que movimenta as águas. Halim dorme, Nael guia o barco.

> NAEL (V.O.)
> Um dia Yaqub me contou: gostava das horas silenciosas em que esperava o sol nascer.

52. EXT. CIDADE FLUTUANTE – AMANHECER

Silêncio também na pequena cidade de palafitas que cresce às margens do rio, uma cidade já incorporada à paisagem. O barco de Halim e Nael também passa por ali.

> NAEL (V.O.) (CONT'D)
> Gostava de acompanhar a mudança de cor da vegetação que emergia da noite e se iluminava, lentamente.

53. EXT. RUA DOS BARÉS/SOBRADO – AMANHECER

<u>ANOS 40/50</u>. Yaqub está debruçado na janela, observando o nascer do dia e, ao longe, a silhueta da floresta. Observa também os passos de Omar que se aproxima pela rua, mais uma vez trôpego. Ele entra no sobrado e bate a porta com força.

54. INT. SOBRADO/SALA, ALPENDRE – AMANHECER

Zana, na penumbra tal e qual um fantasma, aguarda sentada, no sofá. Omar entra, cambaleante. Ela levanta, o ampara. E vai levando-o escada acima.

55. INT. SOBRADO/SALA – DIA

Zana termina de abotoar a farda de Yaqub – uma farda de gala, luxuosa, cheia de galões e estrelas douradas. Ela recua um pouco, olha para ele com emoção e admiração.

                             ZANA
            Kaamil... Não está perfeito, esse meu espadachim?

                             YAQUB
                         Falta a espada.

                             ZANA
               Tens razão, que cabeça! Domingas, por favor...

Domingas vem de dentro, a espada nas mãos, quase temerosa. Entrega para ele. Yaqub empunha uma espada, reluzente. Rânia, encantada, o afaga – com carinho, mas também com sensualidade.

                             RÂNIA
              Vais atrair muitos olhares na avenida, meu irmão.

                             ZANA
                        A começar pelos nossos.

A imagem do espadachim multiplica-se no grande espelho da sala. Reflete também a mãe e seu olhar de admiração. E, num canto do espelho, Omar aparece também. Vindo do alpendre, observa o irmão e sua postura imponente, que destoa da sua própria aparência, a ressaca impressa no rosto. Mas ele logo desaparece do espelho, e ouvimos uma porta que bate. Omar já se foi.

56. EXT. AVENIDA NO CENTRO DE MANAUS – DIA

Sob o sol escaldante, rufam os tambores e ecoam os metais da banda do exército. Yaqub, com sua farda luxuosa, se destaca em meio aos outros alunos. Empunhando a espada reluzente, segue à frente dos músicos e soldados. Há assobios e aplausos, e um bando de MOÇAS JOVENS que atira flores sobre ele. Mas Yaqub continua em seu caminho, pisoteando as flores, sem olhar para os lados. Não parece notar nem a presença da família.
    Zana, Rânia e Domingas (com NAEL, 2/3 anos, no colo), chapéus de palha na cabeça, ao contrário: fazem esforço para serem vistos. Zana grita o nome do filho e acena, em vão.
    Muito compenetrado, Yaqub empunha a espada.

                            NAEL (V.O.)
        Yaqub voltara a Manaus, mas era pouco mais que uma sombra habi-
        tando um lugar. Lugar onde Omar nunca seria um anônimo.

À distância, montado em sua bicicleta, Omar assiste a passagem do irmão. Mas não sustenta muito tempo o olhar – logo mira uma CABOCLA GRACIOSA que também ignora o espadachim. Olha pra ele, sorri.

57. EXT. RUAS DE MANAUS – DIA

Omar carrega a cabocla na bicicleta. Bebe de uma garrafa enquanto pedala, depois passa para a garota, que bebe também. Seguem os dois, rindo, equilibrando-se, divertindo-se.

>NAEL (V.O.) (CONT'D)
>Ele não precisava de sucesso nem de dinheiro para ser o que era, ou para fazer o que fez. E como fez!

58. INT. SOBRADO/SALA – NOITE/AMANHECER

A escuridão aos poucos vai sendo quebrada pelo nascer do dia, cuja luz que aos poucos revela Omar abraçado à cabocla. Estão ambos nus, dormindo no sofá, cercados por garrafas, copos, restos de comida, cascas de frutas e cinzas do narguilé misturados à bíblia e ao álbum de retratos. A sala, revirada, não lembra em nada a de uma casa de família.

Do alto da escada, Halim observa o caos.

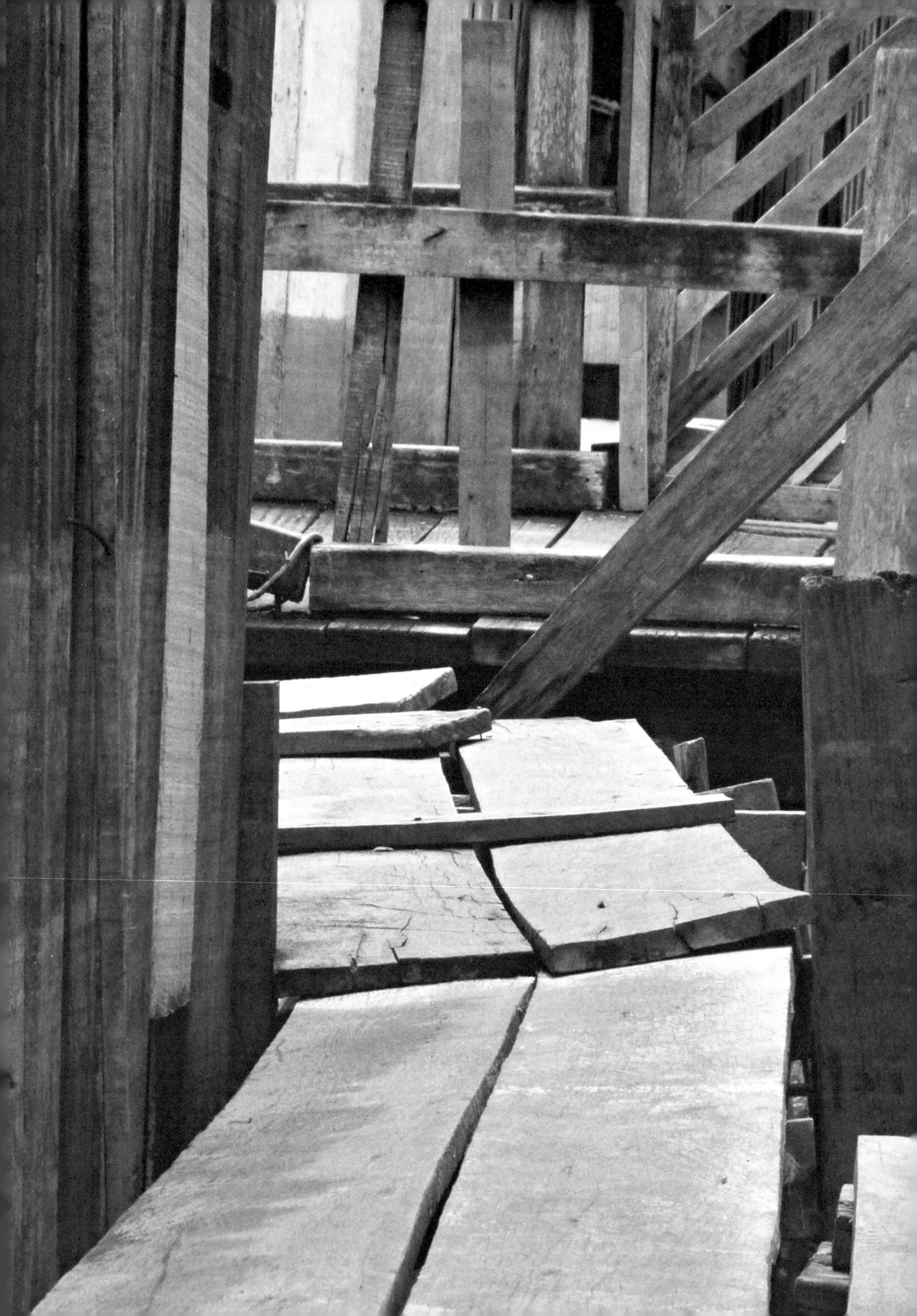

--- DOIS IRMÃOS ---

EPISÓDIO 5

1. INT. SOBRADO/SALA – AMANHECER

ANOS 40. A luz é tênue, mas suficiente para revelar as marcas deixadas na sala. Há roupas espalhadas, garrafas de arak, copos e pratos sujos, um narguilé emborcado. Sobre o tapete, o álbum de fotografias da família e uma bíblia suja, coberta por caroços, cascas e frutas parcialmente comidas. No meio da desordem, há dois corpos nus, entrelaçados: OMAR e a CABOCLA jovem e bonita, de corpo perfeito.

Omar dorme, sob efeito da bebedeira. Não percebe os passos que descem os degraus, lenta e silenciosamente. A moça, entretanto, percebe. Abre os olhos e vê HALIM já no meio da escada, a corrente de ferro na mão. Assusta-se, levanta correndo, procura as roupas.

Halim não se move mais, espera que ela se vista às pressas e se vá, batendo a porta. Então ele desce o resto dos degraus e vai na direção de Omar, que ainda dorme. Larga a corrente, pega o Caçula pelos cabelos, levanta-o e, sem dar tempo ao filho para raciocinar, dá um tapa fortíssimo em seu rosto.

Omar cai no chão, o rosto marcado de vermelho e já inchando. Mal se deu conta do que aconteceu. Halim então o arrasta, acorrenta-o ao corrimão da escada e fecha com um cadeado de ferro. Ofegante, sai de casa.

Omar, agora consciente, tenta se desvencilhar com trancos, chutes e pontapés.

> OMAR
> Me solta! Quem tu pensas que é?

RÂNIA e ZANA, atraídas pelo ruído, descem a escada, espantadas.

> ZANA
> Mas o que é isso?

> OMAR
> O seu marido! E agora fugiu, o covarde!

Zana abaixa-se junto ao filho, nota a face ferida, o braço preso pela corrente e por um cadeado impossível de ser quebrado.

DOMINGAS também aparece, vinda dos fundos. Repara na sala revirada e começa a catar os restos da noitada de Omar.

> ZANA
> Rânia, vai buscar a arnica. E tu, Domingas, larga isso e vai atrás do Halim!

Rânia sobe correndo e, no alto da escada, cruza com YAQUB, que também se aproxima, atraído pelo tumulto e já vestido com o uniforme da escola.

Domingas sai para a rua e Omar continua se debatendo, cada vez mais furioso.

>   ZANA (CONT'D)
>   Por Deus, Omar, assim tu te machucas mais!

Mas ele não se acalma. Yaqub desce as escadas, passa pelo irmão acorrentado e sai de casa sem dizer palavra. O dia já está claro.

2. INT. SOBRADO/SALA – NOITE

Já está escuro de novo, Omar ainda acorrentado à escada, o braço ferido de tanto se debater. Zana passa unguento no rosto do filho, Domingas entra trazendo o penico e o coloca diante dele, que urina ali dentro, com alívio.
    NAEL, 3 anos, brinca por perto com um pião de tucumã. O brinquedo emite seu assovio característico, que se mistura ao assovio do vento...

>   NAEL (V.O.)
>   Halim passou duas noites fora de casa. Bastava um maçarico para
>   libertar o Caçula, mas ninguém pensou nisso.

3. EXT. RUA DOS BARÉS/SOBRADO – DIA

O pião de Nael continua girando sobre a calçada, enquanto Domingas varre as folhas secas.
    Halim vem caminhando pela rua, abatido. Passa por Domingas e Nael sem dizer nada e entra na casa.

4. INT. SOBRADO/SALA – DIA

Halim adentra a sala e encara Zana, que dá comida na boca do filho. Em silêncio, se aproxima de Omar e abre o cadeado.
    Omar levanta, devagar. Os dois se medem, raivosos, olhos nos olhos.

>   ZANA
>   (tensa)
>   Por Deus, vão duelar agora?

Então Omar dá as costas ao pai e sobe a escada.

5. EXT. RUA DOS BARÉS/SOBRADO – ANOITECER

O pião de Nael gira e assovia. O vento sopra, espalhando as folhas que Domingas juntou.

6. EXT. PORTO DA ESCADARIA – DIA/NOITE

O mesmo vento agita o rio, que engole a areia.

7. INT. SOBRADO/SALA – NOITE

Na parede, junto às outras fotografias, há agora o retrato de Yaqub vestido de espadachim. Omar passa por ela e continua subindo os degraus, os passos vacilantes.

>OMAR
>Mama!

8. EXT. PORTO DA ESCADARIA – NOITE/DIA

A água bate na amurada com a cheia. O rio quase transbordando.

9. INT. SOBRADO/SALA – AMANHECER

Omar mais uma vez na escada. Passos agora trôpegos – efeito do álcool.

>OMAR
>Mama!

10. EXT. PORTO DA ESCADARIA – DIA/NOITE

O rio recua deixando a areia à mostra, mais uma vez.

11. INT. SOBRADO/SALA – NOITE

Omar tenta subir as escadas com dificuldade, até que tropeça, e cai.

12. INT. SOBRADO/SALA – NOITE

<u>ANOS 50</u>. Omar está caído ao pé da escada. Zana sai da penumbra, se aproxima e o ampara.

> ZANA
> Por que, filho? Por que fazes isso contigo, meu Caçula?

13. EXT. RIO NEGRO – NOITE

<u>ANOS 60</u>. Um canto lamentoso ecoa, e um candeeiro oscila na proa do barco que navega na escuridão. Halim e Nael continuam sua busca.

> HALIM
> A gente nunca consegue ver a mãe da lua, mas a danada enxerga tudo.

> NAEL
> Até no escuro?

> HALIM
> Ela enxerga até de olho fechado.

Na pausa silenciosa, só o lamento da ave ecoa.

> HALIM (CONT'D)
> E ouve só como se lamenta, a mãe da lua... Ninguém se lamenta mais que uma mãe.

> NAEL
> Ave fantasma, também não chamam assim?

> HALIM
> (assente)
> Por causa do mau agouro. A sorte parece que não tá do nosso lado, rapaz.

[NOTA CENA 12] Na terceira e última versão do roteiro, a pedido da direção, aqui foi inserida uma grande passagem de tempo onde se prevê também a mudança de elenco. Em versões anteriores, isso acontecia um pouco depois na história – entre as cenas 33 e 38 – já com Yaqub morando em São Paulo.

14. EXT. SOBRADO/QUINTAL – NOITE

<u>ANOS 30</u>. Em meio à escuridão, um feixe de lenha pega fogo, e a fogueira cresce. Diante dela, os gêmeos meninos. Um deles (Omar), temeroso. O outro (Yaqub), encantado. Se aproxima perigosamente do fogo, pega um graveto, empurra com ele um pedaço de lenha e vê as fagulhas que sobem.

> NAEL (V.O.)
> Halim não chegou a ver o pior, a desgraça que estava por acontecer. Não viu, mas sempre acreditou em presságios.

15. INT. SOBRADO/SALA, SALA DE JANTAR – NOITE

<u>ANOS 50</u>. Passos vagarosos mas firmes se aproximam da mesa onde jantam a família e vizinhos, diante de um outro banquete – uma festa de Natal. Mas agora a situação se inverte: Omar está na mesa e é Yaqub quem chega atrasado.

Ele adentra a sala. Roupa alinhada e postura elegante que contrastam com o desalinho de Omar.

> HALIM
> Até que enfim, meu filho!

> ZANA
> (admirada)
> Esse é mesmo o nosso filho, não aquele pastor que voltou do Líbano!

Mas Yaqub, inesperadamente, fala, cortando-a. E surpreende.

> YAQUB
> Vou para o Sul.

Há um tempo de silêncio antes da primeira réplica.

> RÂNIA
> Para o Sul? Mas como?

> YAQUB
> Para São Paulo.

> HALIM
> (surpreso)
> Mas que notícia!

> ZANA
> (ainda sorrindo)
> Não brinques assim, Yaqub...

> ESTELITA
> Tem mesmo futuro, esse gêmeo!

Zana não compartilha da empolgação crescente à volta dela, que também não contamina nem Omar, nem Domingas.

> ZANA
> O lugar dele é aqui, sempre foi.

> YAQUB
> Já comprei a passagem.

E então cessam todas as vozes. Resta um silêncio tenso, entremeado por ruídos que apenas o tensionam mais.

> NAEL (V.O.)
> Yaqub falou à queima-roupa, como quem transforma em gesto uma ideia ruminada até a exaustão. Ninguém desconfiava de seus planos.

Ao longe, no porto, um barco apita.

16. INT. SOBRADO/SALA DE JANTAR – DIA

Omar está de cabeça baixa diante do prato intocado. Outros pratos já usados, restos da família, permanecem na mesa. Uma mosca zumbe e esvoaça sobre ele, que só se move para espantá-la, irritado.

17. INT. SOBRADO/BANHEIRO – DIA

Diante do espelho, Zana penteia os cabelos. Abatida, tenta alguma maquiagem para disfarçar. Até que desiste do próprio rosto.

18. INT. SOBRADO/QUARTO DE YAQUB – DIA

Domingas arruma a mala de Yaqub – tira e põe as roupas, tentando encaixar ali também livros, farinha de mandioca, castanhas. Zana se aproxima, mas para na porta. Os olhos pousam na mala do filho.

19. INT. SOBRADO/ALPENDRE – DIA

Rânia e Yaqub, já pronto para a viagem, estão juntos na rede. Ela sussura no ouvido dele – algo que não ouvimos. E então há um som estridente, destoante: a campainha.

20. INT. SOBRADO/SALA DE JANTAR – DIA

Omar ainda imóvel diante do prato. A campainha toca mais uma vez, ele continua sem se mover. E então há um terceiro chamado, mais forte. Omar finalmente se levanta.

21. INT. SOBRADO/QUARTO DE YAQUB – DIA

Zana ajuda Domingas com a mala, tira algumas roupas que não cabem, impedindo que a mala feche. Mas está atenta também aos ruídos que chegam do andar de baixo: a porta que se abre e as vozes indistintas de Omar e de uma mulher, num bate-boca.

>   ZANA
>   (grita)
>   Quem é, Omar?

Não há resposta, apenas a porta que bate com força. E, em seguida, mais uma vez a campainha.

>   ZANA (CONT'D)
>   Vai ver o que está acontecendo, Domingas.

Domingas abandona a mala e sai.

22. INT. SOBRADO/SALA – DIA

Não há sinal de Omar. Domingas abre a porta. Diante dela, uma mulher alta, loira e bonita, vestida com saia curta e decote que revelam boa parte de seu corpo: é LÍVIA.

>   DOMINGAS
>   (desconfiada)
>   Pois não?

> LÍVIA
> O Yaqub... ele está?

Domingas já entendeu, e não gostou. Não se move.

> DOMINGAS
> Vai viajar daqui a pouco.

> LÍVIA
> Podes dizer que a Lívia está aqui?

> DOMINGAS
> (finge)
> Lívia de onde?

> LÍVIA
> Sou sobrinha da Estelita.

> ZANA (O.S.)
> A querida veio se despedir do meu galã?

Zana está no alto da escada, encarando Lívia. Mas antes que ela responda ou recue, Yaqub se aproxima, vindo dos fundos da casa. Rânia atrás dele, também tensa. Só Yaqub está feliz com a visita – sorri e estende a mão.

> YAQUB
> Vem.

> LÍVIA
> Licença.

Domingas sai da frente, Lívia entra. Segue com Yaqub para os fundos, os dois aos risinhos.
 Ficam as três mulheres da casa, e nenhuma delas parece saber para onde se mover. Zana é quem decide.

> ZANA
> Vai, Domingas!

Ela obedece: segue para os fundos, atrás do casal.

23. EXT. SOBRADO/QUINTAL – DIA

Passarinhos sobrevoam. O vento sopra, uma brisa fraca que faz com que pétalas cor-de-rosa se desprendam dos galhos do jambeiro. Yaqub está deitado sob a árvore, e Lívia se debruça sobre ele. Os dois se beijam, se enroscam sobre as folhas secas. Ele acaricia a barriga e os seios dela, o desejo dos dois vai crescendo, o rosto afogueando.

> NAEL (V.O.)
> Ninguém ouvira falar dela desde a tarde em que o Caçula rasgara o rosto do irmão. Zana atribuía a cicatriz ao demônio da sedução daquela menina aloirada.

A certa distância, atrás de uma moita, Domingas espia os dois, ao mesmo tempo envergonhada e sedenta. E Zana espia mais de longe, da janela do quarto.

24. I/E. SOBRADO/QUARTO DO CASAL, QUINTAL – DIA

Zana observa o casal que se enrosca lá embaixo, os dois parcialmente ocultos pela copa da árvore.

> ZANA
> Não entendo como uma osga pôde enfeitiçar meu filho! Essa guerra que não tem fim, foi tudo culpa dessa Lívia! E agora me aparece assim, no dia em que ele vai embora?

Halim a abraça por trás. Vê o que ela vê, mas de forma bem diferente.

> HALIM
> Nosso leito de folhas... Lembras?

Ela se volta para ele, mas em seus olhos não há nenhuma volúpia ou felicidade, apenas amargura.

> ZANA
> Filho que parte pela segunda vez não volta mais, Halim!

> HALIM
> Tens razão. Ele não vai voltar.

> ZANA
> E falas isso assim, com essa calma?

                    HALIM
        Como querias que eu falasse? Com desespero?

                    ZANA
            Sim, é um desespero! Dói!

Halim fecha a janela.

                    HALIM
        Ouve, Zana... O nosso Yaqub tem cabeça, tem um belo futuro pela frente em São Paulo!

Zana ouve, mas nada fala. Ouve também as risadas de Lívia e Yaqub, lá embaixo. Num rompante, abre novamente a janela.

                    HALIM (CONT'D)
              Não adianta, não é?

Halim desiste, se afasta. Zana continua observando o casal, que finalmente se levanta e assim se torna mais visível. Eles se beijam ainda por um tempo e então Yaqub abre uma brecha na cerca que os separa do quintal dos Reinoso. Se beijam, e Lívia sai.
Yaqub se ajeita, retira as folhas grudadas à roupa amassada, e entra na casa.

25. I/E. RUA DOS BARÉS/SOBRADO, SALA – DIA

Ali estão, para a despedida: Zana, Halim, Domingas, Rânia e NAEL (por volta de 7 anos).
Yaqub está pronto para a viagem, mas o rosto ainda afogueado, a roupa amarrotada e os pedaços de folhas entrelaçados aos cabelos denunciam onde estava há poucos minutos. Zana o acaricia, retirando as folhas.

                    ZANA
        Não é possível que não nos deixe nem ir até o aeroporto!

                    YAQUB
                Prefiro assim.

Halim lhe entrega um envelope.

                    HALIM
        Vou mandar mais pelo correio, um pouquinho por mês.

                    YAQUB
                    (devolve)
Laa, baba. Não vou precisar de nada. Dessa vez quem quer ir embora sou eu.

                    ZANA
        Não vais ter tempo pra trabalhar, teus estudos...

                    YAQUB
                Nem um centavo.

Ele pega a mala, Rânia cochicha algo em seu ouvido. Yaqub ri, beija a irmã com carinho. Depois troca os quatro beijos com o pai e abraça Domingas demoradamente.
    E Zana, que espera, finalmente o abraça com uma ânsia que Yaqub visivelmente não tem.

                    ZANA
    Nem pense em me deixar sem notícias, aqui nesse fim de mundo.

                    HALIM
        Quem disse que o mundo acaba em algum lugar?

Omar chega pedalando, veloz demais. Larga a bicicleta abruptamente na entrada da casa.
    Yaqub desvencilha-se dos braços da mãe, que ainda tenta segurar sua mão o quanto pode. Não por muito tempo. Agora, numa inversão de sua partida para o Líbano, é Yaqub quem larga a mão de Zana. Ela ainda resiste um pouco antes de soltar o filho, mas as mãos finalmente se afastam.
    Yaqub caminha com a mala, sem olhar para trás.

                    [INTERVALO 1]

26. EXT. RUA DOS BARÉS/SOBRADO – DIA

Yaqub se afasta, mala na mão. Zana não tira os olhos dele, até que Omar entra em casa, batendo a porta atrás de si.

                    NAEL (V.O.)
    Ele, o Caçula, ia permanecer ali, ia reinar em casa, nas ruas, na cidade,
    mas o outro tivera a coragem de partir...

Então Zana se volta para o Caçula – é a primeira a entrar na casa, atrás dele. Halim e Rânia, tensa e silenciosamente, se encaminham para lá também.

Domingas, ainda tristonha, resigna-se e começa a varrer a calçada, mais uma vez. Nael ajuda a juntar as folhas.

27. INT. SOBRADO/ALPENDRE – DIA

A rede vermelha balança no alpendre, e o balanço é acompanhado por um rangido. A mão (de Omar) deposita no chão, embaixo dela, uma garrafa quase cheia.

> NAEL (V.O.) (CONT'D)
> ...O destemido, o indômito na infância, estava murcho, ferido.

28. INT. SOBRADO/COZINHA – NOITE

Domingas remexe as brasas no fogão a lenha, pega alguns pedaços de carvão em brasa com uma forquilha ou outro instrumento, vai colocando num pote. Então percebe a presença de Nael vestido com roupas enormes, masculinas – as roupas que Yaqub deixou. Domingas sorri, se ilumina de ternura.

> DOMINGAS
> Um dia vais ser grande como o Yaqub, bonito como ele!

> HALIM (O.S.)
> Domingas! A brasa!

E ela volta rápida aos afazeres.

> NAEL (V.O.)
> Cresci ouvindo Zana ler as cartas que chegavam de São Paulo.

29. INT. SOBRADO/SALA – NOITE

Domingas coloca as brasas no narguilé de Halim. Talib, mais atento à comida do que à carta, come sem parar. Estão ali também Rânia, Nahda e Zahia.

> NAEL (V.O.) (CONT'D)
> Ela fazia da leitura um ritual, lia como se lê um salmo ou uma surata.

Envolto em fumaça, Halim traga seu narguilé enquanto Zana lê, emocionada.

                    ZANA
"Aluguei um quarto na pensão Veneza, bem no centro de São Paulo. Chove muito nesta época do ano…"

30. INT. PENSÃO EM SÃO PAULO/QUARTO DE YAQUB – NOITE

O ambiente é simples, quase espartano. Através da janela, a presença da chuva que cai. Encolhido na cama estreita, Yaqub puxa o cobertor que evidentemente não o aquece tanto quando deveria.

                    ZANA (O.S.)
"…mas o frio e a chuva não arrefecem o ânimo dos paulistas para o trabalho. Nem o meu ânimo para os estudos."

31. INT. SOBRADO/SALA – DIA

Zana faz uma pausa na leitura.

                    ZANA
Ah, coitadinho do meu Yaqub! A babugem que deve estar comendo, sozinho nessa pensão!

                    TALIB
Deve estar sentindo mesmo saudades desses quitutes.

                    RÂNIA
O que mais ele diz?

Mas Zana apenas olha para o papel, subitamente silenciosa.

                    NAEL (V.O.)
Às vezes, ela parecia escutar a voz do filho distante.

E começamos, nós também, a ouvi-la:

                    YAQUB (O.S.)
"Agora não moro mais numa aldeia, mas numa metrópole. Só há uma coisa que me lembra Manaus: a imensa seringueira na Praça da República."

32. INT. SOBRADO/SALA – DIA

A foto de Yaqub diante de uma seringueira está pregada na parede, ao lado dele mesmo, Yaqub, vestido de espadachim.

33. INT. PENSÃO EM SÃO PAULO/ESCADAS, CORREDOR, QUARTO DE YAQUB – DIA

Yaqub, carregado de livros, desce correndo as escadas, ainda vestindo o casaco às pressas.

> YAQUB (O.S.)
> "O trabalho e os estudos começam a dar frutos..."

34. INT. SOBRADO/ALPENDRE – NOITE

No chão, uma garrafa pela metade. E a rede que balança, devagar, rangendo com o peso de seu ocupante.

> YAQUB (O.S.)
> "...acabo de ingressar na Universidade de São Paulo"...

35. INT. SOBRADO/SALA – DIA

A família e vizinhos mais uma vez reunidos para a leitura de uma carta – e agora Estelita e Abelardo também estão presentes. NAEL, um pouco maior (10 anos), já ajuda Domingas na lida com a comida. É Zana quem, mais uma vez, tem a carta nas mãos.

> ZANA
> Nosso filho, Halim! Na universidade!

Halim vai até ela, quer ver a carta com os próprios olhos:

> HALIM
> "Em brimeiro lugar, babai!" E ainda faz graça! Eu disse que ele tinha cabeça, Zana!

Ela beija a carta.

> ZANA
> Meu filho paulista...

HALIM
Eu sempre disse!

RÂNIA
E ele, o que mais o meu irmão diz?

36. EXT. SOBRADO/ALPENDRE – NOITE

A rede, agora desbotada, balança oscilando com o peso de Omar. Emite o ruído característico, cada vez mais presente. No chão, a garrafa quase vazia, e formigas que a circundam.

YAQUB (O.S.)
"Engenheiro politécnico, um calculista de estruturas!"

37. INT. SOBRADO/SALA – NOITE

Outra leitura, Zana mais uma vez com a carta.

ZANA
(estupefata)
Um doutor.... O meu Yaqub!

Ela olha para o papel, quase sem acreditar no que lê. Estelita tem nas mãos uma fotografia: Yaqub com farda do exército.

ESTELITA
Está mesmo muito diferente daquele montanhês que voltou do Líbano!

Zana toma a foto nas mãos, sorridente.

ZANA
O montanhês é filho do Halim, o meu é esse: doutor e oficial do exército!

HALIM
Cabeça, Zana! Yaqub tem de sobra o que falta no outro!

Halim pita seu narguilé, a fumaça o envolve.

                    NAEL (V.O.)
    E então o tempo abreviou as cartas, dois ou três parágrafos curtos,
    ou apenas um.

38. INT. SOBRADO/SALA – NOITE

As várias fotos de Yaqub alinhadas na parede formam uma linha do tempo em que ele parece cada vez mais altivo e distante.

                    NAEL (V.O.) (CONT'D)
    Mas no fim de cada linha havia uma flecha apontando um destino
    glorioso, e o casamento fazia parte desse destino.

39. EXT. RUA DOS BARÉS/SOBRADO – DIA

Zana busca a correspondência na caixa de correio. Nenhuma carta, mas há ali um telegrama.

40. INT. SOBRADO/SALA – NOITE

Omar está na rede, bêbado. À luz precária de uma vela, Zana segura a boca do filho, Domigas derrama água de uma bilha, mas Omar cospe, engasga, e não desiste de falar e rir com sarcasmo.

                    OMAR
    O doutor, aquele que só tem cabeça! Casado, mama! Sem noivado,
    sem festa, sem convidar ninguém!

Ela é atingida pelo golpe, mas não fala nada. Tampouco Domingas, cujos olhos são eloquentes.

                    OMAR (CONT'D)
    Quem diria, hein? Logo ele, o filho exemplar! E não diz nem o nome
    da esposa! Como pôde fazer isso contigo, mama?

Um foco de luz se aproxima, iluminando o rosto transtornado de Omar.

                    ZANA
    Podes deixar aqui, Nael.

NAEL, que traz o candeeiro, é agora um jovem, quase homem. Zana presta atenção a outro detalhe.

>   ZANA (CONT'D)
>   Essa roupa… era do Yaqub, não?

Nael, sem graça, faz que sim. Ela parece confusa, não muito feliz.

>   ZANA (CONT'D)
>   Ficou bem em ti.

41. EXT. CIDADE FLUTUANTE/BAR SEREIA DO RIO – NOITE

ANOS 60. Velas e candeeiros se espalham nas varandas e janelas das casas precárias, suspensas em palafitas. A essa hora já há pouco movimento de barcos na água e de moradores nas passarelas, mas dentro das casas movimentam-se as silhuetas de uma noite doméstica, cotidiana.
    O barco de Nael e Halim adentra o pequeno povoado na margem de um igarapé e avança devagar pelo trecho estreito de água escura.

>   HALIM
>   É da nossa natureza, Nael. Fazer o quê? Sonhamos tanto, planejamos
>   tanto…

Ele observa os moradores dentro de suas casas e os caboclos que bebem e riem dentro de um BAR.

>   HALIM (CONT'D)
>   Todos esses aí, estão planejando a vida, sonhando também. Até o
>   maluco do Omar também deve estar sonhando com alguma coisa,
>   em algum lugar.

>   NAEL
>   E o senhor?

>   HALIM
>   Com um tabuleiro de gamão e uns goles de arak eu sonho alto, Nael.

>   NAEL
>   Vamos encostar?

Ele sorri, melancólico.

                        HALIM
                    Pra que a pressa, não é?

Eles manobram e atracam diante do bar flutuante.

42. EXT. SOBRADO/QUINTAL – DIA

ANOS 50. Domingas estende lençóis no varal. Cena bucólica, não fossem os gritos desesperados do cordeiro pendurado adiante, num galho da grande árvore. Nael, um tanto titubeante, olha para o bicho que se debate diante de Halim, com um facão na mão.

                        HALIM
                    Se tiveres pena, ele sofre mais.

É através do lençol de Domingas que vemos o movimento da primeira facada: decidida, certeira.

Os gritos desesperados do cordeiro parecem tomar conta do mundo, e Domingas parece ter sido atingida também.

As facadas continuam, os gritos vão cessando. O sangue do cordeiro pinga sobre a folhagem.

43. EXT. SOBRADO/QUINTAL – ANOITECER

O cordeiro está assando, pendurado sobre o fogo, que segue engolindo a lenha – e também o telegrama, que é atirado ali.

Zana está diante da fogueira. Muda e tensa, observa o envelope remetido por Yaqub que vai sendo consumido pelas chamas.

                        NAEL (V.O.)
                    Zana fingiu não se interessar pelo nome da mulher de Yaqub e cercou ainda mais o Caçula, que ela atraía para si como um imenso ímã atrai limalhas.

Omar se aproxima por trás e a abraça, sedutor.

                        OMAR
                    Feliz aniversário, rainha.

Ela logo se recompõe. Sorri, dá as costas para o fogo e beija Omar languidamente. O telegrama virou cinzas.

44. EXT. SOBRADO/QUINTAL – NOITE

ANOS 30. Os gêmeos e a fogueira. Yaqub sempre mais próximo do fogo que o irmão – puxa as brasas perigosamente para perto de si. As pontas dos gravetos estão vermelhas, incandescentes, e eles brincam de girá-los, desenhando círculos de brasa no ar que desaparecem rapidamente, como mágica.

Mas logo as varinhas mágicas viram espadas, e Yaqub e Omar simulam uma batalha perigosa, a ponta em brasa resvalando na pele.

      NAEL (V.O.)
Era parte do ritual, todos os anos: os gritos do cordeiro, o sangue, o carvão em brasa.

45. INT. SOBRADO/SALA – NOITE

ANOS 50. Nael e Domingas colocam o cordeiro assado sobre a mesa, onde está posto um verdadeiro banquete. Halim finca velas sobre o bolo.

Alguns convidados já se espalham por ali. Talib e as filhas arrumam os instrumentos musicais: alaúde, darbuk. Mas apesar do movimento, Nael só presta atenção ao andar de cima.

      NAEL (V.O.) (CONT'D)
Noites em que eu sentia o cheiro de jasmim de Rânia antes mesmo
de escutar seus passos.

Ouvem-se passos marcados no assoalho do andar de cima até que Rânia finalmente aponta na escada. Está uma linda mulher, mais arrumada do que nunca: decote profundo, braços nus, batom vermelho sangue. Mas a flor no cabelo é igual a que usou aos 15 anos.

Ela sorri e desce as escadas devagar, sabe o efeito que provoca – inclusive em Talib, que engole em seco ao vê-la. É o primeiro a recebê-la, beijá-la no rosto, nas mãos e nos braços, até que NAHDA o impeça de continuar. E então é a vez de um outro RAPAZ, de terno, gravata e buquê de flores na mão, tomar à frente. Rânia recebe as flores sorridente – mas distante.

      RÂNIA
Obrigada.

Ela se afasta dele com as flores na mão e segue em direção a Nael, que há tempos já não presta atenção em mais nada. Ela beija-o com lábios pintados de vermelho e estende o buquê de flores.

      RÂNIA (CONT'D)
Coloca num vaso, por favor?

46. INT. SOBRADO/SALA – VÁRIAS NOITES

Mais um pretendente entrega flores, e outro, e mais outro – CINCO RAPAZES em sequência que não têm vez com Rânia: Nael sempre acaba com as flores na mão.

> NAEL (V.O.)
> Ela iludia todos os pretendentes, um a um, ano após ano, nas noites festivas em que a mãe envelhecia.

47. INT. SOBRADO/SALA – NOITE

Voltamos à noite da CENA 45: Nael continua acompanhando Rânia com o olhar, siderado – mas não é o único.

> TALIB
> Eu trocava minhas duas filhas pela tua. A menina é um colosso, Halim.

> HALIM
> Como poderia não ser? Os anos não roubam a beleza da mãe dela.

Refletida no grande espelho, Zana finalmente desponta na escada também. Está exuberante, consegue ser ainda mais bela que a filha. Talib faz um acorde no alaúde.

> TALIB
> Belíssima!

Zana desce as escadas, a música e os tambores de Talib crescem em volume e intensidade. Enlaçada por Halim, ela brilha de felicidade.
Dançam, e Rânia acaba aceitando o convite do rapaz de gravata. Dança colada a ele, sensual, mas ao fim da música abandona-o na pista. Zana percebe, e se aproxima dela, sorrindo.

> ZANA
> Vais jogar a sorte pela janela, mais uma vez?

> RÂNIA
> A senhora sabe bem. Não é esse idiota que eu queria.

E segue, lânguida, desfilando entre os convidados. Zana disfarça a derrota e segue, fazendo o mesmo.

NAEL (V.O.)
Ambas faziam tudo para reinar nas noites de festa. Mas na noite da Mulher Prateada elas não reinaram sozinhas.

Então as luzes se apagam e restam as velas acesas e candeeiros, aqui e ali. Os tambores anunciam a mudança de ritmo, o alaúde de Talib acompanha. A atenção de todos se volta para as irmãs Talib, Zahia e Nahda, que entram dançando a dança do ventre. Por algum tempo, as duas irmãs executam gestos sensuais e ensaiados ao ritmo dos tambores de Talib e para deleite dos presentes. Deleite, mas não delírio – este virá depois.
Enlaçada por Halim, Zana procura algo com os olhos.

ZANA
Sabes onde se meteu o Omar?

HALIM
Não devias estar preocupada com isso.

Mas os olhos dela continuam inquietos, vagando pela sala.
Gritos, palmas e assovios se misturam ao som do alaúde e ao compasso da batucada. As irmãs Talib enrijecem o corpo numa pausa inesperada no batuque quando um VULTO DE MULHER se aproxima na escuridão, dançando como uma deusa.
As palmas dos presentes e o som de seus sapatos ritmados sobre o assoalho marcam os passos dela – pés descalços que caminham sinuosos em direção ao centro da sala. E então um foco de luz se acende sobre o rosto da mulher, belíssima e inteiramente vestida de prateado: DÁLIA, 20/25. Ela está numa espécie de transe, assim como os homens ao seu redor.
O foco de luz aos poucos se aproxima, e é Omar que se acerca de Dália, com uma lanterna. Ele vai revelando com a luz o corpo da dançarina, um corpo prateado e enlouquecido pelo ritmo dos tambores e das palmas.

[INTERVALO 2]

48. INT. SOBRADO/SALA – NOITE

Os homens presentes – entre eles Halim, Talib, o pretendente de Rânia, Abelardo Reinoso e Nael – não conseguem tirar os olhos de Omar, que dança com sua Mulher Prateada.
Rânia nota que não é mais o centro das atenções – já não há mais brilho nela, nem sorrisos. Sem que ninguém a impeça, sobe as escadas em direção ao quarto.

                    NAEL (V.O.)
    Aturdidos com os giros sensuais daquele corpo, nós invejamos o Caçula. Mas ele cometia o erro de trair a mulher que nunca o havia traído.

Zana apenas observa a dança de Omar e Dália – movimenta vagarosamente um leque que evidentemente não lhe traz nenhum refresco. A dança do Caçula se encerra com um beijo teatral.

                    OMAR
        Aplausos para Dália, a mulher prateada!

O tambor de Talib acompanha as palmas entusiasmadas da plateia, enquanto Dália faz uma reverência. É logo enlaçada por Omar, e começam a dançar num outro ritmo, mais lento. Os corpos seguem colados, indiferentes ao banquete, aos convidados em torno, à música e a tudo que acontece em volta. Mas estão sendo observados – um olhar que percorre os mínimos detalhes dos dois corpos entrelaçados: os pés que se movimentam harmoniosamente, as pernas longas e bem torneadas da mulher, as mãos de unhas longas que acariciam as costas de Omar, os lábios carnudos que sorriem sem esforço. Cada detalhe é visto pelos olhos de Zana, que come tâmaras vagarosamente, junto à mesa de doces. Zahia também se serve, e vê o que Zana vê.

                    ZAHIA
        Uma mulher e tanto, hein, dona Zana?

                    ZANA
        De quem estás falando, querida?

                    ZAHIA
    Dizem que passam a noite toda assim, lá no Acapulco.

                    ZANA
    Uma mulher e tanto, no Acapulco? Nossa, Zahia, como tu menosprezas o meu Caçula!

Zahia dá de ombros:

                    ZAHIA
        Os homens aqui gostaram dela.

Halim acende as velas vermelhas sobre o bolo.

                    HALIM
        Vem, Zana! Vamos cantar os parabéns!

Mas Zana ou não ouve ou não se interessa: continua observando o casal. Ignorado, meio amuado, Halim lança um último olhar para a mulher e sobe as escadas.

As velas vermelhas acesas sobre o bolo – só agora percebemos – formam a palavra "Zana" mas, como ninguém as apaga, vão derretendo aos poucos, enquanto os convidados se retiram.

49. INT. SOBRADO/SALA – MOMENTOS DEPOIS

As velas estão derretidas sobre o bolo intocado. Todos se foram: apenas Omar e Dália ainda dançam, mesmo sem música, grudados um no outro.

O único som que os embala, ainda que involuntariamente, é o rangido da cadeira de balanço onde está Zana. Das sombras, ela observa o movimento dos dois, o leque agora imóvel nas mãos.

Domingas e Nael recolhem louças sujas, atentos aos movimentos dos patrões e da dançarina.

>DOMINGAS
>(a Zana)
>Melhor a senhora descansar.

>ZANA
>Tu vais, Domingas. Está tarde, amanhã arrumamos tudo.

Domingas vai saindo mas repara em Nael, que continua espiando, curioso.

>DOMINGAS
>Vem, Nael. Vou te fazer um prato.

Ela se afasta, ele vai atrás – muito a contragosto. O casal continua sua dança, com movimentos cada vez mais lentos e menos parecidos com uma dança. Omar começa a despir Dália, parece não se dar conta da presença da mãe. Então Zana larga o leque, se levanta e acende as luzes.

>ZANA
>A querida pode me dar uma mãozinha aqui?

O casal finalmente se dá conta de que ela existe.

>DÁLIA
>Claro...

Elas trocam um sorriso desconfortável. Zana começa a limpar a mesa do bolo, Dália a segue. Omar observa-as, curioso.

50. INT. SOBRADO/COZINHA, ALPENDRE – NOITE

Zana e Dália entram e saem com pratos e copos na mão, cruzando uma com a outra.

Deitado na rede vermelha do alpendre, Omar bebe vinho enquanto observa-as indo e vindo.

Nael come os restos da ceia – silencioso e atento à tensão que cresce a cada passo das duas mulheres. Vê quando Zana, ao cruzar com Dália, segura-a pelo braço com força, as unhas longas e afiadas cravadas na pele da rival. E cochicha algo em seu ouvido. Dália deixa cair uma pilha de pratos no chão.

Omar se assusta com o movimento e levanta a tempo de ver Dália, que puxa o braço e olha para Zana, indignada.

> DÁLIA
> Vamos ver, senhora! Vamos ver!

Dália sai, quase correndo. A porta da sala bate com força. Omar olha para Zana, atordoado, e vai atrás da dançarina.

> NAEL (V.O.)
> Não se sabe o Zana disse para Dália, a mulher prateada, a que jamais seria esposa de seu filho, rival derrotada de antemão.

Zana abaixa-se calmamente para catar os cacos de louça no chão. Nael vem ajudá-la. Zana sorri para ele.

> NAEL (V.O.) (CONT'D)
> Omar ficou vários dias sem aparecer em casa. Mas o paradeiro da dançarina, Zana logo descobriu.

51. I/E. VILA SATURNINO/CASEBRE DE DÁLIA – DIA

Nael caminha pelo vilarejo muito pobre, cuja miséria contrasta com a riqueza da natureza – um tapete formado por flores de jambeiro forra o chão por onde ele passa. O rosa-choque das flores é a única cor que se destaca no subúrbio cinzento: por ali há carcaças de carroça e aros de bicicleta enferrujados e empilhados em meio aos casebres que se equilibram com muita precariedade.

Papel na mão, Nael busca o endereço. Até que, diante de uma das casas, a mais miserável, ele vê a bela Dália – agora de short e camiseta, sem maquiagem, mas muito bela ainda assim. Está sentada no chão, concentrada, desenredando carretéis de linha colorida. De dentro da casa vem o ruído da máquina de costura.

Nael se aproxima devagar, meio sem jeito. Repara nas linhas coloridas espalhadas entre e sobre as pernas morenas de Dália. Repara também nos seios dela, parcialmente visíveis através da camiseta. Dália finalmente percebe seus passos.

NAEL
Bom dia...

De cara feia, ela se levanta e entra na casa – sem saber que um novelo se desenrola atrás dela, seguido pelos olhos de Nael. Olhos que alcançam agora o interior da casa de tabiques onde uma SENHORA com ar cansado trabalha na máquina de costura.

Ele titubeia, mas finalmente segue o fio do novelo, avança e chega até a soleira da porta. Dália o espia de longe, desconfiada. E a senhora levanta os olhos.

SENHORA
Sim?

NAEL
Eu vim... Vim a mando da dona Zana.

SENHORA
Dália, tem costura de alguma Zana pra entregar?

DÁLIA
Não.

Nael, titubeante, avança mais um pouco e entra na casa.

NAEL
Não é costura, não...

Ele estende um envelope para a senhora. Dália continua espiando de longe.

SENHORA
É o que, então?

NAEL
A dona Zana é muito generosa, e... ela quer ajudar.

SENHORA
Ajudar? Por quê?

Dália percebe o novelo e os olhos de Nael que por vezes resvalam sobre seu corpo. Enrola a linha, rapidamente.

                           DÁLIA
                    A dona Zana quer que eu suma.

                          SENHORA
                 Sumir pra onde, menina? Que história é esta?

                           NAEL
                      Não é pra sumir, não...

                           DÁLIA
                        É pra que então?

A senhora finalmente abre o envelope.

                          SENHORA
            Isso é muito dinheiro. O que tu andaste aprontando, menina?

                           DÁLIA
                        Não aceita, tia!

Nael está vexado demais para falar qualquer coisa. A senhora olha para o dinheiro, conta as cédulas. E finalmente guarda no bolso.

                         NAEL (V.O.)
              No marasmo de Manaus, dinheiro dado era maná enviado do céu.

52. EXT. CASEBRE DE DÁLIA/VILA SATURNINO – FIM DE TARDE

Nael sai da casa e caminha em meio aos escombros da vila miserável, onde o chão coberto de flores rosadas ainda recebe um resto de sol.

                     NAEL (V.O.) (CONT'D)
           Dália sumiu do Acapulco, da casa da Vila Saturnino, da cidade. Só
           não soubemos se sumiu desse mundo, e isso nem Omar soube. Ou,
           se soube, nada disse quando finalmente reapareceu.

53. EXT. SOBRADO/SALA – NOITE

Chove do lado de fora e ouvimos a melodia de um piano, que não se sabe bem de onde vem. Zana, olhos fechados, reza diante da imagem da Nossa Senhora do Líbano, mas a oração é interrompida bruscamente pelo ruído da porta que se abre.

Pés descalços avançam casa adentro, deixando pegadas enlameadas. Omar está encharcado, sem camisa, muito bêbado. Zana o observa atravessar a sala cambaleando em direção ao alpendre.

54. INT. SOBRADO/COZINHA, ALPENDRE – NOITE

Omar atravessa a cozinha, onde Domingas remexe a comida no fogo e Nael alimenta de lenha o fogão. Todos se surpreendem com sua chegada, mas Omar não parece ver ninguém. A música do piano cessa.

Zana vem atrás, mas dessa vez apenas o observa – a distância. Omar se joga na rede. Domingas larga a panela e já prepara a bilha com água, mas Zana a detém com um gesto e o olhar impositivo.

> ZANA
> Hoje não.

Rânia também entra, trazendo uma toalha.

> RÂNIA
> Ele vai se gripar, *mama*.

Zana dá as costas, altiva, e entra de novo em casa, deixando Omar sozinho, o corpo trêmulo. Ele tosse, geme, chama.

[NOTA CENA 52] Esta cena é mais um exemplo de fidelidade ao original literário, mas que ainda assim não dispensa a criação de diálogos e a exploração de elementos visuais apenas sugeridos no texto original, como o carretel de linha colorida. Aqui, ele se torna também uma espécie de fio de Ariadne, seguido por Nael.

TRECHO DO LIVRO: "(...) Era a última casinha da vila, situada num pequeno descampado cheio de carcaças de carroça e aros de bicicleta enferrujados. As flores vermelhas dos jambeiros cobriam um caminho de terra que ligava a rua à vila. Dália morava com duas tias, uma costureira, a outra doceira, e as três viviam à beira da penúria. Dava dó ver o estado da casa: uma promessa de cortiço, com os tabiques empenados multiplicando quartinhos e saletas. Eu as visitei a mando de Zana. Mesmo à luz do dia, sem a maquiagem e a fantasia prateada, Dália era bela. Estava de short e camiseta, sentada no chão, um monte de carretéis coloridos entre as coxas morenas. Quando me viu, ficou séria, espetou a agulha na manga da camiseta puída e saiu da saleta. Ainda cheguei a ver de perto os seios que o tecido esgarçado não escondia. Minha missão era infame, mas a ida do Caçula a São Paulo, sua ausência mesmo temporária me seria vantajosa, traria um pouco de paz. Ofereci às tias de Dália o dinheiro enviado por Zana. Relutaram, mas encomendas de doces e vestidos rareavam àquela época. A outra extremidade do Brasil crescia vertiginosamente, como Yaqub queria. No marasmo de Manaus, dinheiro dado era maná enviado do céu. As tias aceitaram a oferta e talvez tenham trocado as telhas quebradas e os caibros podres da cobertura. Assim, aliviei-lhes o inverno chuvoso, acalmei o coração de uma mãe e ainda colhi uns cobres de gorjeta."

55. INT. SOBRADO/QUARTO DO CASAL – NOITE

Deitada na cama, Zana ouve a tosse e os gritos de Omar, que chama por ela, por Rânia, por Domingas. Halim se revira ao lado, cobre os ouvidos com o travesseiro.

56. INT. SOBRADO/QUARTO DE DOMINGAS, ALPENDRE – NOITE

Domingas e Nael também não dormem com os gritos. Através das frestas na janela, Nael observa o Caçula, que se remexe na rede e levanta trôpego, derrubando louças e panelas.

57. INT. SOBRADO/SALA – NOITE

Omar caminha, trôpego e febril, em direção à escada, onde os retratos de Yaqub impõem presença. Ele derruba um vaso de porcelana e, depois de subir uns poucos degraus, desiste, se senta.

> OMAR
> (grita)
> Mama!!!!

Mas ninguém aparece. Omar fica ali sozinho, chorando e gemendo. Gemidos que aos poucos vão cessando.

58. INT. SOBRADO/SALA – AMANHECER

A primeira luz do dia revela Omar imóvel e em silêncio, ainda encolhido na escada. Zana afinal aparece, vai até ele. Senta nos degraus, acaricia o filho, beija seus cabelos, seus olhos.

> ZANA
> Meu Caçula... Tudo isso por causa de uma dançarina vulgar? Aquela serpente ia te levar para o inferno, querido...

Sôfrego, Omar se aconchega a ela como se fosse um bebê. A imagem de uma pietá muito tardia.

> ZANA (CONT'D)
> Não te preocupes, teu irmão vai te ajudar.

E então o elo se rompe. Omar afasta a cabeça do colo da mãe. Olha para ela, atordoado.

                    OMAR
              Meu irmão?!

                    ZANA
        Vais passar um tempo em São Paulo, minha vida.

                    OMAR
                  (chocado)
              Do que estás falando?

Da parede, todos os "Yaqubs" enfileirados parecem observar Zana acariciando o Caçula.

                  NAEL (V.O.)
        Halim e Zana pensavam que o filho doutor ia corrigir Omar, mas a
        ida do Caçula a São Paulo não estava na mira do calculista.

59. INT. PRÉDIO DE LUXO EM SÃO PAULO/ELEVADOR – DIA

Yaqub, de terno, gravata, cabelo impecável e maleta de couro na mão, avança prédio adentro. É de fato outro homem.
Ele entra no elevador, a porta pantográfica se fecha.

              NAEL (V.O.) (CONT'D)
        O enxadrista que no sexto lance decidia a partida e assobiava sem
        vontade, antevendo o rei acuado.

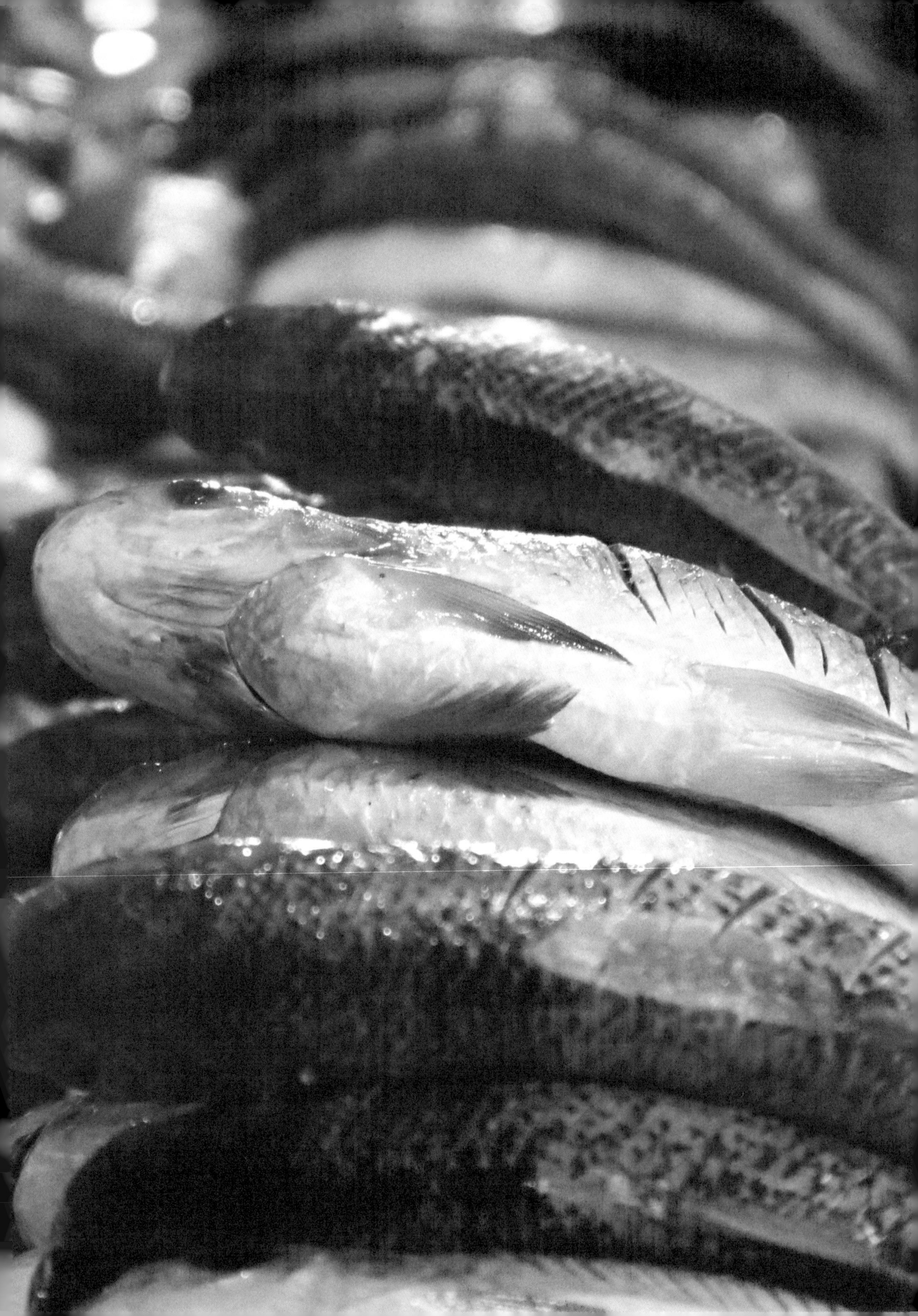

--- DOIS IRMÃOS ---

EPISÓDIO 6

1. INT. SOBRADO/SALA – AMANHECER

<u>ANOS 50</u>. ZANA, sentada na escada onde antes estava com Omar, agora está sozinha, o colo vazio. E ouvimos o barulho de coisas quebrando no andar de cima.

>NAEL (V.O.)
>Halim e Zana pensavam que a vida dura na cidade grande daria jeito em Omar. Em sua carta, a mãe implorou, fez de tudo para convencer o filho doutor a hospedar o filho farrista. Mas Yaqub negou abrigo ao irmão.

2. INT. SOBRADO/QUARTO DE OMAR – AMANHECER

OMAR, enraivecido e com o remo de madeira nas mãos, faz uma verdadeira devastação. Revira o quarto, atira coisas ao chão.

>YAQUB (O.S.)
>"O desamparo engrandece, é no que eu acredito."

3. INT. SOBRADO/QUARTO DO CASAL – AMANHECER

HALIM acorda com os ruídos.

>YAQUB (O.S.) (CONT'D)
>"Posso arranjar um quarto de pensão e uma boa escola, mas na minha casa ele não fica."

4. INT. SOBRADO/CORREDOR – AMANHECER

RÂNIA, de camisola, abre a porta do quarto, assustada.

>YAQUB (O.S.) (CONT'D)
>"Só o sofrimento, o trabalho e a solidão podem ensinar alguma coisa ao Omar."

5. INT. SOBRADO/QUARTO DE DOMINGAS – AMANHECER

DOMINGAS e NAEL acordam. Ela abre a janela.

6. INT. SOBRADO/SALA – AMANHECER

Sentada na escada, Zana permanece imóvel. O ruído vai diminuindo aos poucos – as últimas peças se quebram no andar de cima. E, enfim, o silêncio.

7. INT. SOBRADO/QUARTO DE OMAR – AMANHECER

Omar, exausto e ofegante, se deita no chão, entre os escombros.

8. INT. SOBRADO/QUARTO DO CASAL – AMANHECER

Halim fecha os olhos, aliviado.

9. EXT. AEROPORTO/SAGUÃO, PISTA DE POUSO – DIA

Com passos rápidos e pesados, Omar caminha em direção à porta que dá para a pista de pouso, carregando uma mala. Zana, Halim e Rânia seguem atrás, a mãe ainda tentando acompanhar a velocidade do filho.

Omar se aproxima da entrada do embarque, entrega o bilhete a um atendente. Zana segura-o antes que se vá.

> ZANA
> Essa viagem não é um castigo, meu filho. Em São Paulo vais ter um quarto, uma escola, tarefas para cumprir... E se não der certo...

> OMAR
> Estou indo, mama. Como tu queres.

Ele adentra a pista, deixando-a para trás. Halim e Rânia chegam em seguida, mas Omar não esperou por eles, nem por ninguém. Zana, angustiada, rosto colado no vidro, observa o filho que se afasta e entra no avião, junto aos outros passageiros...

10. EXT. AEROPORTO/SAGUÃO, PISTA DE POUSO – MOMENTOS DEPOIS

...e, sem se mover, assiste ao avião que decola e desaparece de vista.

11. INT. SOBRADO/QUARTO DE OMAR – DIA

Domingas e Nael arrumam o quarto revirado. Catam os cacos do que Omar quebrou em seu ataque de fúria, jogam fora os objetos quebrados e inúteis.

No armário aberto, quase não há mais roupas. Em meio às garrafas e copos quebrados, há cinzeiros, um sutiã, um toco de batom, sementes de guaraná, baganas de cigarro – e também o remo de madeira.

Domingas pega o remo. Observa, curiosa e detalhadamente, quase como se procurasse algo. Muitos nomes estão entalhados ali. O de Lívia, já antigo, é apenas um entre dezenas de nomes femininos. O de Dália se destaca: é o mais recente, um pouco maior do que os outros.

Domingas finalmente guarda o remo atrás do armário, e começa a cobrir os móveis com lençóis. Cobre também as fotos que restaram intactas em porta-retratos na estante: Omar e suas mulheres seminuas – está agarrado a elas em bailes, carnavais, praias, bordéis. O lençol imaculado encobre tudo.

12. INT. SOBRADO/COZINHA – DIA

Uma panela de água que ferve, transformando-se em vapor.

> NAEL (V.O.)
> Às vezes, as palavras desapareciam.

13. EXT. SOBRADO/SALA – DIA

<u>ANOS 30</u>. A janela está embaçada. Dentro da casa, YAQUB e OMAR brincam de desenhar com os dedos no vidro: pequenos barcos.

> NAEL (V.O.) (CONT'D)
> O silêncio: intervalo necessário para recuperar uma voz ou uma imagem.

14. INT. SOBRADO/QUARTO DO CASAL – DIA

<u>ANOS 50</u>. Halim salpica flores na cama, sobre os lençóis. Diante dele, Zana solta os cabelos, que se espalham nas costas e sobre os ombros.

Pés, mãos e bocas: o amor sensualíssimo de Zana e Halim, que se amam sobre as flores. [PODEMOS ALTERNAR NESTA SEQUÊNCIA IMAGENS DO CASAL JOVEM E JÁ MADURO, NUMA MISTURA PROPOSITAL].

NAEL (V.O.) (CONT'D)
Passagens da vida devoradas pelo tempo.

15. EXT. RIO NEGRO/PRAIA – DIA

Os pés do casal pisam a areia branca que margeia a água negra. Zana, sorridente como há muito não se vê. Halim, feliz em dobro. Os dois brincam de fazer pegadas, ele caminhando sobre os passos dela.

NAEL (V.O.) (CONT'D)
Aos poucos, elas voltaram.

16. INT. LOJA DE HALIM/DEPÓSITO – DIA/NOITE

Halim e Zana se amam sobre os rolos de tecido encalhado, tabaco, iscas, sacos de mantimentos, redes, candeeiros – todo tipo de produto entulhado. Acima deles, uma pequena janela que dá para o rio deixa entrar uma brisa mansa e o burburinho do porto, a poucos metros dali.

NAEL (V.O.) (CONT'D)
Membranas do passado rompidas por súbitas imagens.

17. EXT. RIO NEGRO – AMANHECER

<u>ANOS 60</u>. Halim tem os olhos pousados no horizonte enquanto o barco avança, solitário na imensidão do Negro.

HALIM
Ah, rapaz, longe do filho, era a minha mulher, a mulher que eu queria... o cheiro dela nas nossas noites mais assanhadas!
(ri)
Algaravias do desejo. Era como dizia o Abbas.

Diante deles desponta uma nuvem de fumaça muito densa, que parece não ter fim. Nael se assusta.

NAEL
Não é melhor voltar, seu Halim?

HALIM
Já te disse que o tempo não tem volta, rapaz.

Halim assume o comando e desliga o motor. Pega um remo, entrega o outro a NAEL.

>   HALIM (CONT'D)
>   Nem volta, nem conserto.

Eles remam, rostos cansados que aos poucos desaparecem na fumaça.

18. INT. SOBRADO/SALA – DIA

<u>ANOS 50</u>. Um pano limpa a janela. É Nael quem esfrega com força.

19. INT. SOBRADO/QUARTO DO CASAL – DIA

Domingas retira o lençol da cama, sacode no ar, e flores se espalham no chão. Nael, que a ajuda na faxina, cata e varre as flores murchas.

>   NAEL (V.O.)
>   Foram seis meses de quietude na casa, de alívio para Halim. Eu pensei que a ida do Caçula a São Paulo também seria vantajosa pra mim, traria um pouco de paz.

20. EXT. SOBRADO/ALPENDRE – DIA

Água é jogada no chão que Nael esfrega, com vigor. E ouvimos os comandos da família, um vozerio contínuo e perturbador.

>   ZANA (O.S.)
>   A santa está imunda, Nael. Tu achas que pode ser, uma santa encardida? É capaz de nem fazer mais milagres, coitada!

21. INT. SOBRADO/SALA – DIA

Domingas limpa o grande espelho veneziano e espana a santa de gesso.

[NOTA CENA 17] Assim como no "tempo da infância", o "tempo dos narradores" também foi construído a partir da relação dos personagens com a natureza. Para isso, foram essenciais, além da pesquisa, as diversas viagens à Amazônia.
[Imagens 337-38, 340, 352]

> RÂNIA (O.S.)
> Se não tiver na loja, busca na taberna do Talib.

> HALIM (O.S.)
> Podes me trazer o narguilé, querido?

22. EXT. SOBRADO/QUINTAL – NOITE

Nael coloca lenha no fogão...

> ZANA (O.S.)
> Estou de saída, não esqueças a água no fogo!

23. EXT. RUA DOS BARÉS/SOBRADO – DIA

...e esfrega os azulejos portugueses na fachada da casa.

> RÂNIA (O.S.)
> Duas caixas é suficiente.

24. EXT. CIDADE FLUTUANTE – DIA

Carregando sacolas, Nael anda apressado sobre as passarelas que ligam uma palafita à outra. O ambiente, antes quase pitoresco, é agora visivelmente caótico. Há mais gente circulando nas passarelas, mais barcos, mais ambulantes, mais mercadorias esperando para serem compradas – isso inclui porcos e galinhas amarrados aos barcos ou confinados em gaiolas amontoadas.

Cachorros magros circulam livremente e moscas esvoaçam sobre a carne que Nael compra de uma ÍNDIA miserável. E ele segue ágil, apressado, com mais sacolas do que braços.

> ZANA (O.S.)
> Nael!

25. INT. SOBRADO/FUNDOS – DIA

Domingas mergulha o lençol na água, esfrega com força.

> RÂNIA (O.S.)
> Domingas!!!

26. EXT. SOBRADO/QUINTAL – DIA

Os lençóis no varal balançam com o vento. Nael corre para recolher as roupas.

>   HALIM (O.S.)
>   É um minutinho só...

>   RÂNIA (O.S.)
>   Trouxe o que eu pedi?

27. INT. SOBRADO/ALPENDRE, COZINHA – NOITE

Nael limpa em torno da rede de Omar, que ali deixou suas marcas: garrafas, copos, formigas, livros espalhados. Ele pega um dos livros, olha. E outro. Interessa-se.
　　Mas outras vozes continuam ecoando – agora o da briga escandalosa de ESTELITA e ABELARDO.

>   ABELARDO (O.S.)
>   Estelita, já te disse que não tenho nada com isso!

>   ESTELITA (O.S.)
>   Não quero mais saber do que dizes, ou deixas de dizer!

Mas o chamado de Zana interrompe.

>   ZANA
>   Nael, deixa esse livro e vai lá espiar, anda.

Ele sai do transe, como quem não entendeu.

>   ZANA (CONT'D)
>   Anda, menino, os Reinoso!

Nael larga o livro.

>   NAEL (V.O.)
>   Quando as casas da rua explodiam de gritos, ela me mandava zare-
>   lhar pela vizinhança. Eu cascavilhava tudo, roía os ossos apodreci-
>   dos dos vizinhos.

Nael se encaminha para a fresta na cerca que os separa do casarão e, agora, também do CORTIÇO que cresceu ao lado.

28. EXT. CASARÃO DOS REINOSO/JARDIM – NOITE

CALISTO dá comida aos macacos que gritam, excitados. Estelita arrasta Abelardo em direção à jaula.

> ESTELITA
> Vais mofar aí dentro!

> ABELARDO
> Isso não! Isso não!

> ESTELITA
> Se falassem, meus macacos é que iam dizer essas palavras. Tu és uma péssima companhia! Abre, Calisto!

Calisto abre a gaiola e Estelita joga Abelardo lá dentro.

> ESTELITA (CONT'D)
> Este aqui não merece ração.

> ABELARDO
> Assim já é demais, Estelita! É demais, não pode ser!

> ESTELITA
> Já é, Abelardo! Já é!

Ela tranca a porta. Abelardo recua para um canto da jaula, é cercado pelos macacos.
No cortiço ao lado, CRIANÇAS riem, espiando a cena – como Nael, que faz o mesmo, espiando através da cerca.

29. INT. SOBRADO/COZINHA – NOITE

Domingas desliga o fogo, despeja a água fervente numa bacia.

> DOMINGAS
> Leva pra cima de uma vez, anda.

Nael pega a bacia e sai andando sobrado adentro, com o conteúdo fumegante.

30. INT. SOBRADO/CORREDOR – NOITE

Nael caminha devagar com a bacia fumegante nas mãos. Conforme anda, vai derramando um pouco de água pelo chão – uma trilha involuntária.

Passa pelo quarto de Rânia, a porta entreaberta pela primeira vez. Ele espia a certa distância, percebe o movimento através da fresta. Se aproxima, e lá dentro está Rânia, seminua, se aprontando para dormir.

Ele se detém, não resiste. Fica olhando para ela, mas o encantamento faz com que derrame mais um pouco de água, dessa vez sobre a própria pele. A queimadura o devolve à vida real, e ele recua.

Recua, mas fica ali com a bacia, no meio do corredor, sem saber bem para onde ir. E então ouve os gemidos de Zana e Halim. Mais uma vez, é irresistível.

Ele olha em volta, checa se não está sendo visto, e então se aproxima da porta do quarto do casal. Os gemidos aumentam de volume. Nael está boquiaberto, a água vai se derramando no chão sem que ele perceba nem se queime.

Então ele tem novo sobressalto: é Rânia que o flagra, sorridente e já vestida. Nael finalmente sente o calor da água que transborda.

                        NAEL
            Onde é que eu boto a água?

                        RÂNIA
                        (ri)
                 Sobrou alguma?

[NOTA CENAS 29 E 30] A sequência de Nael carregando a bacia d'água une dois elementos importantes e bem explorados no livro: o trabalho doméstico a que ele é submetido e o desejo reprimido por Rânia, filha dos patrões. Foi preciso, porém, criar no roteiro uma ação concreta que explicitasse, ao mesmo tempo, imposição e desejo, tornando dramático o que era literário.

TRECHOS DO LIVRO: "Quando não estava na escola, trabalhava em casa, ajudava na faxina, limpava o quintal, ensacava as folhas secas e consertava a cerca dos fundos. Saía a qualquer hora para fazer compras, tentava poupar minha mãe, que também não parava um minuto. Era um corre-corre sem fim. Zana inventava mil tarefas por dia, não podia ver um cisco, um inseto nas paredes."

"Fazia tudo às pressas, e até hoje me vejo correndo manhã à noite, louco para descansar, sentar no meu quarto, longe das vozes, das ameaças, das ordens."

"Rânia causava arrepios no meu corpo quase adolescente. Eu tinha gana de beijar e morder aqueles braços. Esperava com ânsia o abraço apertado, o único do ano. A espera era uma tortura. Eu ficava quieto, mas um fogaréu me queimava por dentro. Então a sonsa se acercava de mim, me dava um acocho e eu sentia os peitos dela apertando meu nariz. Sentia o cheiro de jasmim e passava o resto da noite estonteado pelo odor. Quando ela se afastava, alisava meu queixo como se eu tivesse uma barbicha e me beijava os olhos com os lábios cheios de saliva, e eu saía correndo para o meu quarto."

Ele olha pra ela, constrangido, sem entender. E então nota a água empoçada a seus pés.

> RÂNIA (CONT'D)
> No banheiro. Mas cuidado pra não se queimar.

> NAEL (V.O.)
> Eles me vigiavam, percebiam a minha presença? Talvez não se incomodassem, nem tivessem vergonha. Deviam rir de mim, o filho de ninguém!

Rânia se afasta, risonha. Entra no quarto e bate a porta. Logo começamos a ouvir o som delicado de um piano, que invade a cena seguinte.

31. INT. SOBRADO/QUARTO DE DOMINGAS – NOITE

Gotas d'água pingam num balde – uma goteira que traz um pouco da chuva que cai lá fora para dentro do cubículo. Nael está deitado na rede, na penumbra. Sentada na cama, Domingas amola uma pequena faca, o rosto espelhando a exaustão que sente.

> NAEL
> Nunca vais me dizer?

> DOMINGAS
> Por que não esqueces isso, Nael?

> NAEL
> Todo mundo tem um pai.

Ela silencia, desvia os olhos dos dele. Volta a esculpir um pássaro no pedaço de madeira. Nael percebe que foi longe demais. Depois de um tempo, quebra o silêncio.

> NAEL (CONT'D)
> Qual é esse?

> DOMINGAS
> Uirapuru. O que canta mais bonito. Os outros pássaros até se calam pra ouvir.

> NAEL
> Nunca vi um.

                           DOMINGAS
            Ninguém vê. Até ouvir é difícil, ele só canta muito de vez em quando.

                              NAEL
                            Já ouviste?

                           DOMINGAS
                            Uma vez só.

                              NAEL
                          E ele apareceu?

Ela faz que não, resignada.

                           DOMINGAS
            Vive escondido. Desde o dia que um pajé quis botar um uirapuru na
            gaiola, o danado fugiu pra nunca mais.

                              NAEL
                        Eu queria ser que nem ele.

Ela olha pra ele, intrigada.

                          NAEL(CONT'D)
                          Pra voar por aí.

Domingas demora a dar a réplica. Mas os olhos dela, mortiços, negam as próprias palavras.

[NOTA CENA 31] A intenção da cena é manter a essência do original literário: a revelação do conflito de Domingas e do olhar de Nael, que começa a compreender a mãe, seus medos e sonhos. Para tal, era preciso recriar a situação dramaticamente, agregando outros elementos. Ao trecho narrado no livro, por exemplo, juntaram-se os pássaros que Domingas esculpe e o mito do Uirapuru. Foram também recriados os diálogos: no livro, a mãe diz a Nael que é "louca para ser livre" mas, ao transformar a frase em diálogo dramático, a cena soava artificial. Era preciso que ela dissesse essencialmente o mesmo, mas de outra forma, com outras palavras.

TRECHO DO LIVRO: "Domingas, a cunhantã mirrada, meio escrava, meio ama, 'louca para ser livre', como ela me disse certa vez, cansada, derrotada, entregue ao feitiço da família, não muito diferente das outras empregadas da vizinhança, alfabetizadas, educadas pelas religiões das missões, mas todas vivendo nos fundos da casa, muito perto da cerca ou do muro, onde dormiam com seus sonhos de liberdade.

'Louca para ser livre.' Palavras mortas. Ninguém se liberta só com palavras. Ela ficou aqui na casa, sonhando com uma liberdade sempre adiada."

                    DOMINGAS
                Um dia a gente vai.

                    NAEL (V.O.)
            Palavras mortas. Ninguém se liberta só com palavras.

Nael abre o livro de Omar, começa a ler.

32. EXT. LICEU RUI BARBOSA/PÁTIO – ANOITECER

Nael, camisa branca e calça verde, o uniforme do liceu, atravessa o portão e adentra o pátio do Galinheiro dos Vândalos, em meio a muitos alunos.

                    NAEL (V.O.) (CONT'D)
            Mas eu ia conseguir minha alforria: o diploma do Galinheiro dos
            Vândalos.

33. INT. LICEU RUI BARBOSA/CORREDOR – NOITE

Nael, sem jeito, caminha em meio ao vai e vem de alunos burgueses que não conhece. Invisível para eles, atravessa o corredor.

34. INT. LICEU RUI BARBOSA/SALA DE AULA – NOITE

Entre os alunos, Nael ouve siderado o professor ANTENOR LAVAL, que, já um pouco ébrio, lê um poema de Rimbaud. Nas mãos de Laval, um livro amassado pelo uso obsessivo; no rosto, uma empolgação genuína.

                    LAVAL
                "De novo me invade.
                Quem? – A Eternidade.
                    É o mar que se vai
                    Como o sol que cai.
                    Alma sentinela,
                    Ensina-me o jogo
                    Da noite que gela
                    E do dia em fogo..."

As luzes piscam e finalmente apagam, o blackout é total. Os alunos assobiam, Nael entra na dança, ri também.

                    LAVAL (CONT'D)
          Silêncio! No escuro a poesia de Rimbaud é ainda mais poderosa!

Laval acende um fósforo, que lhe ilumina o rosto.

                    LAVAL (CONT'D)
                       Duvidam?

35. INT. LICEU RUI BARBOSA/CORREDOR – NOITE

Várias velas e candeeiros vão sendo acesos e carregados pelos alunos numa espécie de procissão – que Nael acompanha, encantado. Laval vai à frente recitando, em êxtase.

                         LAVAL
                   "De outra nenhuma,
                     Brasas de cetim,
                    O Dever se esfuma
                     Sem dizer: enfim.
                    Lá não há esperança
                      E não há futuro.
                   Ciência e paciência,
                      Suplício seguro.
                    De novo me invade.
                   Quem? – A Eternidade.
                    É o mar que se vai
                    Como o sol que cai!"

                       NAEL (V.O.)
          A nova capital já tinha sido inaugurada, mas no Norte muitas noites
          ainda eram escuras.

36. EXT. RUA DOS BARÉS/SOBRADO – NOITE

Nael caminha sozinho em direção ao sobrado. A rua está às escuras, iluminada apenas por candeeiros e velas dentro das casas ou nas janelas.

                    NAEL (V.O.) (CONT'D)
          A euforia, que vinha de um Brasil tão distante, chegava a Manaus
          como um sopro amornado. E o futuro, ou a ideia de um futuro promissor, dissolvia-se no mormaço amazônico.

E ouvimos o assobio característico de Omar.

37. INT. SOBRADO/SALA – NOITE

A sala às escuras, Nael acende um candeeiro. A luz é fraca, mas revela a mala de Omar pousada junto à escada.

Do andar de cima vem o assobio – e também os passos pesados, decididos. É Omar quem desce as escadas e dá de cara com Nael, que não consegue disfarçar o espanto.

> OMAR
> Não tem mais ninguém em casa?

> NAEL
> Só a minha mãe. Foram todos jantar na casa do seu Talib.

> OMAR
> (ri)
> O que foi, Nael? Parece que viste assombração! Ou tu é que és o fantasma, my friend?

Ele ri, dá um tapinha amigável nas costas de Nael e sai de casa cantarolando uma música em inglês (Sugestão: Elvis, "I'll be home again".)

38. EXT. SOBRADO/RUA DOS BARÉS – DIA

<u>ANOS 30</u>. Omar, menino, abre a porta e sai correndo para a chuva. Yaqub observa da janela da sala. Tentado, mas sem coragem.

No andar de cima, Zana chega ao balcão do quarto e grita por Omar, mas ele ignora. Feliz, esfuziante, arranca os sapatos que o incomodam e segue sem eles, pisando nas poças d'água em direção ao rio.

> NAEL (V.O.)
> Omar logo abandonou a ideia do futuro na metrópole. Vivia no presente, ignorava tudo que não lhe desse um prazer intenso, de caçador de aventuras sem fim.

39. EXT. RIO NEGRO – DIA

<u>ANOS 60</u>. O barco navega vagarosamente, a visibilidade é precária. Halim e Nael com os olhos vermelhos, incômodo provocado pela fumaça que ainda os cerca.

> HALIM
> A Zana pensou que o nosso filho...

Halim interrompe a fala, para também de remar. Tira do bolso uma garrafinha de arak, abre, dá um gole profundo.

> HALIM (CONT'D)
> Eu também pensei.... Estava crente que o Omar tinha estudado um semestre inteiro num ótimo colégio em São Paulo... Passei meses acreditando, rapaz.

Depois passa a falar em árabe, se cala e bebe mais. Se dá conta de que Nael ouve sem entender. Sorri, melancólico.

> HALIM (CONT'D)
> Desculpe, a gente não escolhe a língua da velhice. Mas tu podes aprender umas palavrinhas, querido.

Ele volta ao remo e ao árabe, que se mistura ao francês rebuscado de um poema de Rimbaud.

> LAVAL (O.S.)
> "C'est le repos éclairé, ni fièvre, ni langueur, sur le lit ou sur le pré./ C'est l'ami ni ardent ni faible. L'ami..."

40. INT. LICEU RUI BARBOSA/SALA DE AULA – NOITE

<u>ANOS 50/60</u>. Antenor Laval termina de escrever o poema no quadro com uma caligrafia rebuscada, enquanto recita em francês.

> LAVAL
> "...C'est l'aimée ni tourmentante ni tourmentée. L'aimée./ L'air et le monde point cherchés. La vie./ – Était-ce donc ceci?/ – Et le rêve fraîchit."

[NOTA CENAS 37 A 39] As viagens de Yaqub e Omar são tratadas de forma semelhante no livro e no roteiro: leitores e futuros espectadores permanecem em Manaus, sempre próximos do narrador, e o que vem de longe só aparece a partir de elementos como cartas ou relatos. Desse modo, ao se distanciar da família e da cidade, Yaqub e Omar também se distanciam de nós. No caso de Yaqub, a ausência tão presente passa a ser a força maior do personagem – até que ele mesmo volte à cidade, com todo o impacto que isso provoca.

Na filmagem e montagem final da série, porém, por opção do diretor, foram inseridas cenas em São Paulo não previstas no roteiro. O acréscimo deslocou o ponto de vista e manteve Yaqub próximo do espectador, independente do narrador, gerando outro tipo de força dramática.
O mesmo se deu com a passagem de Omar pelo sul do Brasil, que aqui só é mostrada mais tarde. Na filmagem e na montagem final, as cenas foram ampliadas e, em parte, reveladas antes.

Ele atira o giz para o alto.

                LAVAL (CONT'D)
          Agora é com vocês, meus caros.

Nael está em meio aos alunos, todos um tanto tímidos – alguns riem, ninguém responde.

                LAVAL (CONT'D)
Ora, ora! Ninguém? Não é possível que não consigam pensar em versos!

                ALUNO 1
          O senhor é que é poeta, professor.

                LAVAL
Poeta, não, meu jovem! Não, mil vezes não! Poeta é ele, Rimbaud. Sou apenas um humilde servo da poesia. E como bom devoto, me curvo diante dela.

Ele faz uma mesura, provocando mais risadas.

                LAVAL (CONT'D)
"É o repouso iluminado, nem febre, nem langor, sobre o leito ou sobre o prado..."

E retoma o poema, circulando entre os alunos.

                LAVAL (CONT'D)
Agora continuem: "*C'est l'ami ni ardent ni faible. L'ami.*" Vamos, arrisquem-se!

Nael levanta, tímido.

                NAEL
     É o amigo... nem ardente nem fraco?

                LAVAL
Mais oui, mon vieux! L'ami! O amigo, nem ardente nem fraco: o amigo!

Eles seguem traduzindo – Laval aponta ora para um, ora para outro e os alunos correspondem, agora mais confiantes.

                          LAVAL (CONT'D)
          "É a amada, nem atormentante nem atormentada... A amada!"

                             ALUNO 2
                "O ar e o mundo que não buscamos. A vida."

                             ALUNO 3
                          "O caso era esse?"

Laval encara os alunos para o desfecho dramático:

                              LAVAL
                         "E o sonho arrefece."

Todos aplaudem a performance.

41. EXT. PRAÇA DAS ACÁCIAS/ LICEU RUI BARBOSA, CAFÉ MOCAMBO – NOITE

Nael sai da aula, em meio aos outros alunos que cercam e seguem Laval. Na frente da escola, no CAFÉ MOCAMBO, Omar espera pelo mestre com uma garrafa de rum. Se abraçam, calorosos – e então Omar se dá conta da presença de Nael.

                              OMAR
            Então conheces o filho da minha empregada... Sabes que roubou
            meus livros? Até o Baudelaire?

                              LAVAL
            Nael é ótimo aluno. Tem o que tu não tens, Omar: juízo!

                              OMAR
            Não duvido. Também tenho o que ele não tem.

                              LAVAL
                              Insânia?

Riem os dois. Omar levanta o copo em direção a Nael.

                              OMAR
                       Tomas um trago, Nael?

                              NAEL
                           Não, obrigado.

                    LAVAL
        Amanhã, não esqueças: "L'orgie parisiènne!"

Nael se afasta rapidamente, eles ficam ali falando e rindo, cúmplices, dividindo a garrafa de rum.

                    NAEL (V.O.)
        Domingas temia que o meu destino confluísse para o de Omar, como
        dois rios turbulentos.

42. EXT. RIO NEGRO/IGARAPÉ – DIA

<u>ANOS 30</u>. Omar corre sob a chuva e se joga no rio. As águas estão agitadas, há correnteza, mas ele não tem medo.

                    NAEL (V.O.) (CONT'D)
        Águas sem nenhum remanso.

43. EXT. PORTO DA ESCADARIA – ANOITECER

<u>ANOS 60</u>. Há um intenso vai e vem de gente na beira do rio. Nael caminha cheio de sacolas na mão até que, exausto, pousa as compras no chão. Diante dele, o rio e os barcos atracados, canoas e catraias iluminadas.

Em meio aos passantes, ele nota a presença de Omar acompanhado por um homem bem vestido, alto e loiro, pele muito branca, pinta e sotaque de estrangeiro: WYCKHAM, 30/40 anos. Os dois carregam maletas de couro e, concentrados na conversa, passam por Nael sem notar sua presença.

Embarcam num motor onde a silhueta de outras pessoas já se movimenta, entre elas a de uma MULHER IMENSA – mais adiante a veremos, a PAU-MULATO, 30 anos. Mas por enquanto ela é apenas isto: um contorno que faz antever seu tamanho, seu jeito de se mover, sua feminilidade.

O motor avança rio adentro, e a noite cai.

44. INT. SOBRADO/QUARTO DE OMAR – DIA

Assoviando, Omar fecha sua maleta de couro e se arruma para sair: dá um nó na gravata, borrifa perfume importado sobre o terno de linho branco, lustra o sapato de cromo. Está vestido como nunca antes.

Uma buzina toca lá embaixo, na rua. Ele olha pela janela e faz sinal de que já vai. Pega a maleta e então cruza com Zana, que o observa da porta.

>   ZANA
>   Vais sair sem comer?

>   OMAR
>   Estou atrasado, mama.

>   ZANA
>   Atrasado pra quê? É segredo?

>   OMAR
>   Negócios. Mas segredo e negócio não é tudo uma coisa só?

Ele a beija e desce apressado, assobiando.

45. EXT. SOBRADO/RUA DOS BARÉS – DIA

Um OLDSMOBILE CONVERSÍVEL, prateado, está estacionado na porta do sobrado. O carro é um gigante desajeitado, uma carcaça antiga ornada com peças mais modernas, mas mesmo assim impressiona. Ao volante, está Wyckham.

Omar vem da casa com sua maleta, cumprimenta o gringo e embarca. O carro parte, abrindo caminho na rua movimentada.

Há um zum-zum-zum entre os vizinhos que passam e assistem: Talib, Zahia e Nahda, Estelita e Abelardo com seus macacos na coleira.

>   NAEL (V.O.)
>   Até o último momento ninguém soube o que estava acontecendo. Ninguém, nem mesmo Halim. Zana, sim, foi a primeira a perceber.

46. INT. SOBRADO/QUARTO DE OMAR – DIA

Da janela, Zana observa o carro estrangeiro que parte. Depois, desconfiada, vai até a cômoda, cheira o perfume estrangeiro. Dentro de uma gaveta encontra um passaporte, mas o nome não é de Omar – é de Yaqub. Ela observa um tempo, intrigada. Então guarda de volta e fecha a gaveta.

Vai ao guarda-roupa, remexe, encontra mais dois ternos de linho pendurados, algumas camisas e gravatas novas, todas com etiquetas em inglês: "Made in England."

>   NAEL (V.O.) (CONT'D)
>   Ela cascavilhou, intuiu, deu uma de arquiteta às avessas, desfez os recantos construídos. E a construção, inacabada, prometia ser monumental.

[INTERVALO 1]

47. INT. SOBRADO/SALA – NOITE

Omar entra, assoviando. Mas não está trôpego, nem bêbado. Segue em direção ao alpendre sem chamar pela mãe ou sequer notar sua presença.

Zana, que esperava o filho nas sombras, apenas observa, inquieta.

48. I/E. SOBRADO/ALPENDRE, QUARTO DE DOMINGAS, QUINTAL – NOITE

A rede vermelha está vazia, inerte. Debaixo dela não há mais garrafas, nem livros. É uma noite sem gritaria – apenas o assobio de Omar quebra o silêncio. Seguindo o som, o encontramos deitado sobre um galho da grande árvore no quintal enluarado.

No quarto de Domingas, Nael estuda numa escrivaninha improvisada – e o observa da janela. Assim como Zana, emoldurada na janela do quarto de cima – atenta, tensa, apesar da paz que reina.

49. INT. SOBRADO/BANHEIRO – DIA

O rosto de Zana é refletido na água da bacia em que ela se prepara para lavar o rosto. Omar aparece atrás, também refletido: aproximou-se.

> OMAR
> Bom dia, rainha.

Dá um beijo carinhoso na mãe, que corresponde com um sorriso – está bonito, barbeado e sorridente, o ar atipicamente saudável. Penteia e engoma o cabelo, o que o deixa ainda mais parecido com Yaqub.

> ZANA
> Tão cedo, meu filho?

> OMAR
> (ri)
> Ora, ora... Agora que faço o que queres tu reclamas?

> ZANA
> E o que é que eu quero?

>OMAR
>
>Que eu trabalhe! Ou estou enganado?

>ZANA
>
>Onde?

>OMAR
>
>Um banco estrangeiro. Sou o braço direito do gerente.

Uma buzina toca lá fora.

>OMAR (CONT'D)
>
>Pontualidade britânica, viste? É a mais pura verdade.

Ele beija-a mais uma vez e sai. O rosto tenso de Zana reflete-se na água. Ela coloca novamente as mãos na bacia, agitando a superfície – a imagem de seu rosto se distorce.

>NAEL (V.O.)
>
>O homem metamorfoseado em anjo assombrou sua mãe. E o anjo, em lugar de apaziguá-la, transtornou-a.

50. EXT. RIO NEGRO/IGARAPÉ – DIA

<u>ANOS 30</u>. A superfície da água do rio agitada pela chuva. Um gêmeo (Omar, supomos) boia na superfície, feliz. E então o outro gêmeo (Yaqub, talvez) irrompe, assustando o irmão.

>NAEL (V.O.) (CONT'D)
>
>Tudo parecia o avesso dele, nada parecia ser ele.

51. EXT. RUA DOS BARÉS/LOJA DE HALIM – DIA

<u>ANOS 60</u>. O Oldsmobile passa pela rua em direção ao sobrado – Wyckham ao volante e Omar ao seu lado. Os dois riem, cabelos ao vento.
Na porta da loja, Zahia e Estelita observam o carro. Rânia arruma mercadorias e Zana sai da loja com Nael atrás, carregando uma caixa pesada.

>ESTELITA
>
>Que rapagão o teu filho hein, Zana? Nem parece aquele desleixado!
>Se não for feitiço de mulher, corto o meu pescoço.

> ZANA
>
> Desse feitiço o pobre do Abelardo entende bem, tu sabes. Mas o Omar não: está muito bem assim, sozinho.

> ZAHIA
>
> Pode até estar, mas do jeito que anda por aí logo vai ser fisgado por um monte de noivas.

> ZANA
>
> Minha filha é quem precisa de noivo.

Rânia suspira e entra de volta na loja.

> ZANA (CONT'D)
>
> Aliás, tu também, Zahia. Quantos aninhos vais fazer?

> ZAHIA
>
> Quem sabe meu noivo não mora na tua casa?

> ZANA
>
> O Halim é velho demais e o filho da Domingas é novo demais pra ti. Além disso só quer saber de estudar.

> ZAHIA
>
> Será? Ele adora meter os olhos no meu decote.

Ela sorri para Nael, que se mantém à parte, envergonhado, com a caixa pesada nos braços. Ele segue Zana em direção ao Oldsmobile, que encosta na porta do sobrado.

52. EXT. RUA DOS BARÉS/SOBRADO – DIA

O carro está parado, Omar despede-se de Wyckham. Mas Zana chega antes que o gringo se vá – Nael atrás dela, com a caixa.

> ZANA
>
> Não vai me apresentar seu gerente, Omar?

> OMAR
> (sem jeito, disfarçando)
> Lorde Wyckham; my mother, Zana.

WYCKHAM
Lovely lady!

Ele beija a mão dela, galante, os gestos ensaiados, refinados – talvez delicados demais. O figurino também é impecável – linho branco imaculado, abotoaduras de ouro.

ZANA
O que ele disse?

WYCKHAM
(com sotaque forte)
Que a senhora é adorável.

ZANA
(sorri)
Melhor assim. Não queres almoçar conosco, Lorde...?

OMAR
(tenso)
Wyckham, mama.

ZANA
A Domingas fez picadinho de tartaruga.

WYCKHAM
(não entende)
What?

OMAR
(desconfortável)
Turtle meat.

WYCKHAM
Thank you for inviting, but this is too much...
(com sotaque)
Muito exótico para mim.

ZANA
É uma iguaria, Lorde.
(a Nael)
Avisa a sua mãe que temos um convidado para o almoço.
Faço questão.

53. INT. SOBRADO/SALA – DIA

O almoço está no fim, a família em torno de Wyckham – que faz um gesto impedindo que Domingas o sirva de mais comida. Ele e Omar estão inquietos.

        ZANA
      Não gostou, Lorde?

        HALIM
   Nem todos têm estômago pras nossas iguarias, Zana.

       WYCKHAM
    It's delicious, but my stomach... Sorry.

        OMAR
  Don't apologize, my mother is always like this. Let's go?

Eles levantam, inquietos.

        ZANA
   O inglês também tem medo de provar o tabule?

        OMAR
   Reunião no banco, mama. Não podemos atrasar.

        ZANA
    Claro, a pontualidade britânica.

       WYCKHAM
       Exactly!

Wyckham faz mesura de lorde.

      WYCKHAM (CONT'D)
     Thank you... Muito obrigado!

E saem os dois.

54. EXT. LAND ROVER/RUAS DE MANAUS – DIA

Zana, em seu jipe, segue o Oldsmobile com Wyckham e Omar. Os dois seguem rindo, falantes, sem notar que estão sendo seguidos.

NAEL (V.O.)
O Caçula ludibriou todo mundo. Quem não acreditou naquela aparência poderosa, nos horários britânicos e no próprio britânico?

55. EXT. ESTRADA DE TERRA – DIA

Zana continua alguns metros atrás do conversível, que adentra uma estradinha menor.

56. EXT. BEIRA DO RIO/ARMAZÉM – FIM DE TARDE

O Oldsmobile encosta diante de um barracão improvisado às margens do rio, próximo a um pequeno trapiche.

Zana estaciona a certa distância, sem ser vista. Mas vê quando Omar e Wyckham desembarcam e entram no barracão.

Um motor se aproxima pelo rio e atraca no trapiche (é o mesmo barco em que vimos Omar e Wyckham embarcarem antes). Boa parte da embarcação está coberta por uma lona.

DOIS HOMENS saem da parte coberta do barco e um deles levanta a lona revelando muitas caixas. O outro desembarca e segue até o galpão.

Momentos depois, o mesmo homem sai de lá com Omar, e vão juntos até o barco. Omar olha as caixas, dá ordens que Zana não ouve, mas intui.

Os homens começam a carregar as caixas para o galpão. Omar volta para dentro.

57. EXT. BEIRA DO RIO/ARMAZÉM – NOITE

A noite caiu. O barco, já vazio: nenhuma caixa e nenhum sinal de gente.

Há pouquíssima luz – apenas a que vem da entrada do barracão. Lá dentro há luz e uma conversa animada, entremeada por risos e também por uma voz feminina.

Zana, dentro do carro, abre mais a janela, aguça os ouvidos. Os sons se tornam mais nítidos, e então ela vê, embora com pouca nitidez:

Omar sai do galpão com os dois homens, Wyckham e a mesma mulher muito alta e imponente, a Pau-Mulato. São apenas vultos, mas ela novamente se destaca: os cabelos e pernas longos, os movimentos femininos, a gargalhada alta. Omar a abraça.

NAEL (V.O.)
Depois de Dália, Zana pensou que o Caçula ia desistir de amar alguém. Não desistiu, não era tão fraco assim.

Wyckham, Omar e a mulher despedem-se dos homens e embarcam no conversível, que parte.

> NAEL (V.O.) (CONT'D)
> Mas Zana também não era fraca: foi a primeira a perceber que podia perder o filho. E duelou com garra na batalha final.

Os dois homens seguem devagar para o barco, entram, acendem um candeeiro. E então, antes da partida, se assustam com a chegada de Zana.

> ZANA
> Boa noite, estou um pouco perdida... podem me ajudar?

[INTERVALO 2]

58. INT. SOBRADO/QUARTO DE OMAR – DIA

Omar acorda, devagar. Boceja, feliz. Mas quando se move, estranha: há caixas de presente aos pés de sua cama.

> NAEL (V.O.)
> Com paciência, Zana armou a malhadeira. Armou também a rede, a teia de contrabando em que se envolvera Omar.

Intrigado, ele abre uma delas: há caramelos ingleses e chocolate suíço. Na outra, um tênis americano. Ele continua abrindo as caixas, cada vez mais atônito: camisas inglesas, gravatas, uma câmera fotográfica japonesa, caneta importada. Omar fica imóvel, desconfiado, cercado de presentes.

59. INT. SOBRADO/QUARTO DE OMAR – DIA

Omar, de paletó, coloca roupas numa mala. Zana está inquieta a seu lado.

> ZANA
> Para onde vais? Que viagem repentina é essa?

> OMAR
> Negócios, mama.

> ZANA
> Negócios, negócios! Essa viagem é puro fingimento!

Ele fecha a mala e olha pra ela, decidido:

>OMAR
>Agora é a minha vez de viver.

Ele vai saindo, ela se interpõe.

>ZANA
>Estás indo embora, não é?

Ele desvia dela e segue em frente.

60. INT. SOBRADO/SALA – DIA

Omar desce as escadas, Zana vem atrás.

>ZANA
>Sei direitinho quem é a mulher! Ela vai te sugar, te enfeitiçar, são todas iguais!

>OMAR
>É uma viagem pra longe, só isso.

>ZANA
>Pra longe de mim!

Halim entra em casa carregando caixas da loja.

>HALIM
>De que lugar tão distante estão falando, posso saber?

>OMAR
>Um lugar distante do senhor também, dessa casa, de todos!

Omar vai até a porta.

>OMAR (CONT'D)
>E não venham atrás de mim, não adianta!

Ele sai, bate a porta. Zana se encaminha para ir atrás, mas Halim a segura.

>HALIM
>Não ouviu o que ele disse, Zana?

Ela se solta, abrupta.

> ZANA
> Nunca foste um pai pra ele, não é? Nunca!

> HALIM
> Não adianta, não ouves!

> ZANA
> Ele fugiu por causa do teu egoísmo... Isso mesmo, não faças essa cara!

Ela sai porta afora, atrás do filho.

61. EXT. RUA DOS BARÉS – DIA

Omar caminha pela rua movimentada em direção ao porto, a mala na mão. Em meio ao burburinho, alguns metros atrás dele, encontramos Zana misturada ao vai e vem de passantes. Ela caminha, febril, mas logo perde o filho de vista.
   Desorientada e cada vez mais desesperada, ela procura Omar em meio à multidão – sem sucesso.

62. EXT. JIPE/RUAS DE MANAUS – DIA/AMANHECER

Zana dirige devagar, procurando sinais de Omar.

63. EXT. BEIRA DO RIO/ARMAZÉM – ANOITECER

O carro guiado por Zana se aproxima do armazém às escuras. Não há mais luz ali, nem barco algum no trapiche.

64. EXT. RIO NEGRO – ANOITECER

<u>ANOS 60</u>. De pé na proa do barco, Halim. Em meio à fumaça há também flocos negros trazidos pelo vento: fuligem.

> NAEL (V.O.)
> Zana, fora de si, não tinha olhos para Halim. Morava em sua redoma, onde só cabia a imagem de Omar.

E o rosto do patriarca aos poucos vai se iluminando, mas não de felicidade: é o fogo que se alastra na mata. Diante dele, uma árvore queima como uma tocha.

65. INT. SOBRADO/COZINHA – NOITE

<u>ANOS 60</u>. Domingas perfura com a faca algo parecido com uma semente e atravessa no buraco um fio de tucum.

66. INT. SOBRADO/QUARTO DO CASAL – DIA

Diante do espelho, Zana tem o colar preparado por Domingas nas mãos.

      DOMINGAS
  É olho de boto... Só pendurar no pescoço e o Caçula vem beijar a senhora, com muito amor.

Zana pega o colar e o observa, desconfiada.

67. INT. SOBRADO/SALA – NOITE

Zana e Domingas rezam juntas. Nas mãos de Zana, um terço. No pescoço, o olho de boto.

      NAEL (V.O.)
  Elas rezaram, fizeram promessas, acenderam as velas, os olhos, a alma, mas o tempo passava e Omar não voltava para casa.

68. INT. SOBRADO/QUARTO DO CASAL – NOITE

Zana acorda, assustada.

      ZANA
  Omar!

      ZANA (CONT'D)
  Ouviste, Halim?

      HALIM
  O que, meu amor?

Ela já vai saindo, apressada.

      ZANA
  A porta...

Abre a porta do quarto e sai, agitada.

69. INT. SOBRADO/QUARTO DE OMAR – NOITE

Zana acende a luz – mas não há ninguém ali. Apenas as fotos de Omar e suas mulheres seminuas se destacam.

70. INT. SOBRADO/SALA – NOITE

Zana desce as escadas quase correndo, fantasmagórica em sua roupa de dormir.

>ZANA
>Omar? Meu filho?

Mas ali também não há ninguém. Zana, frustrada, senta nos degraus, perto da foto de Yaqub – que mais uma vez parece observá-la. Halim se aproxima.

>HALIM
>Vem, Zana, vamos dormir.

Mas ela não se move, olhos vidrados, ainda vivendo o sonho.

>ZANA
>Ele estava ali, no quarto... Bem na minha frente.

>HALIM
>Por Deus, Zana! Se eu tivesse um lugarzinho no teu sonho teria enxotado o Omar e armado a nossa rede!

>ZANA
>Ainda assim, seria um sonho. O que eu posso fazer?

>HALIM
>Dá um pouco de atenção à Rânia, ao Yaqub...
>(aponta as fotos)
>Olha o que ele conseguiu fazer, sozinho em São Paulo!

>ZANA
>O Yaqub foi embora porque quis.

>HALIM
>O Omar também quis! Ele já é um homem, não faz sentido morar em casa com os pais, se estragando com bebidas e putas!

>ZANA
>Olha como tu falas, Halim...

                    HALIM
        Mas é isso mesmo, se estragando! Se ficasse aqui, o Omar ia adoecer,
        apodrecer. E tu também!

Mas ela emudece. Desvia dele e vai para o altar.

                    HALIM (CONT'D)
        Não podes viver assim, de luto... Nosso filho não morreu!

Zana se ajoelha, o terço nas mãos. Começa a rezar.

                    NAEL (V.O.)
        Suas palavras, sua voz, a entonação de apaixonado: tudo se perdia
        no silêncio da noite.

Pios e outros ruídos de animais noturnos tomam conta da noite. Ao longe, vez ou outra, o apito de um barco aproximando-se ou partindo.

71. INT. SOBRADO/QUARTO DO CASAL – AMANHECER

Zana e Halim estão deitados na cama. Ele sussurra os gazais enquanto passeia a mão sobre o corpo dela, com delicadeza e sensualidade. Mas embora não repudie a carícia e as palavras, os olhos de Zana refletem seu alheamento.

                    NAEL (V.O.) (CONT'D)
        Quantas artimanhas Halim usou para acabar com as rezas, novenas
        e tanta santimônia? Não prometeu mundos e fundos, só uma coisa,
        uma difícil façanha:

Ele desiste dos gazais, das carícias. E fala.

                    HALIM
        Vou trazer o Omar pra casa.

Os olhos de Zana finalmente se acendem.

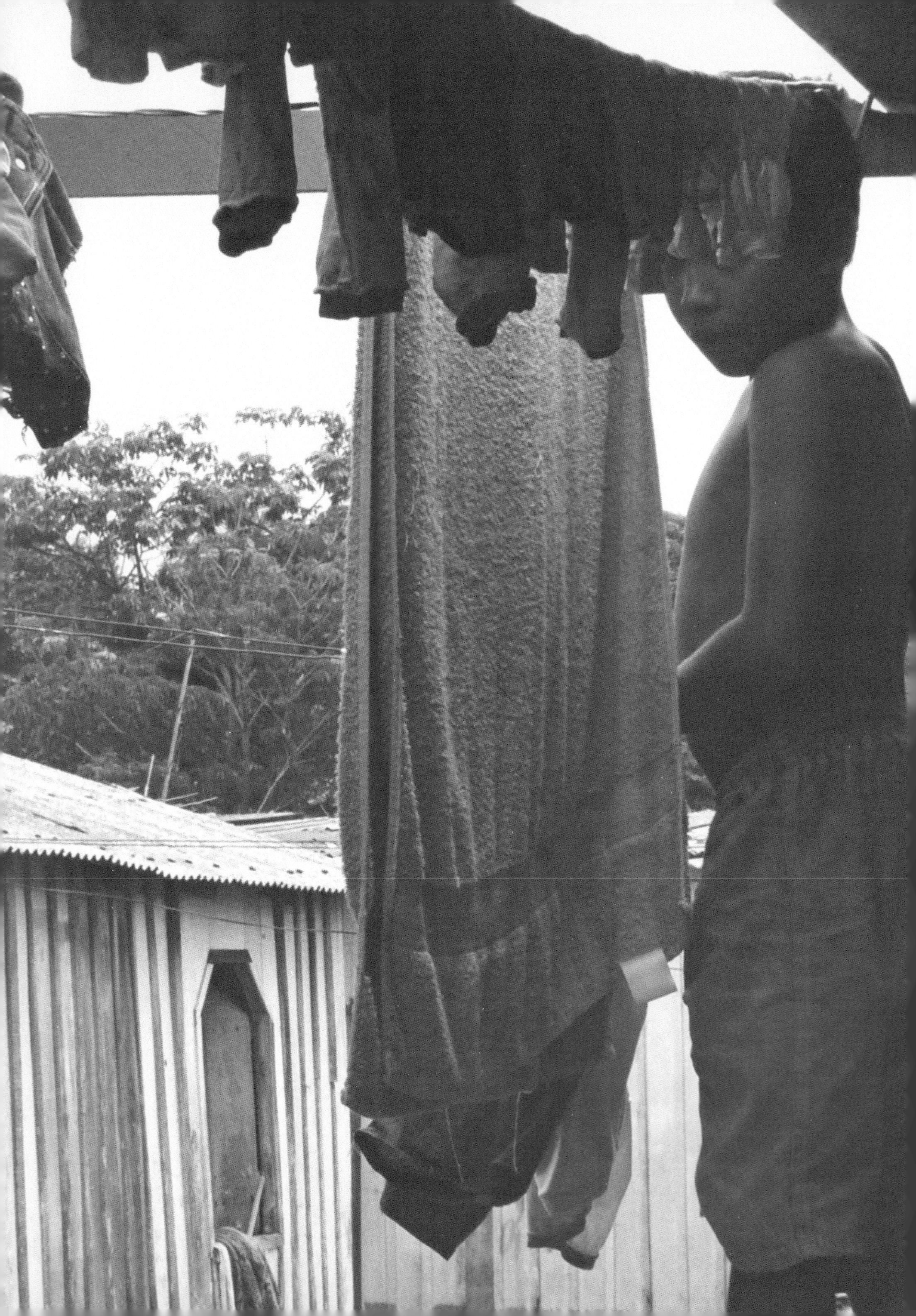

--- DOIS IRMÃOS ---
EPISÓDIO 7

1. INT. SOBRADO/QUARTO DO CASAL – AMANHECER

<u>ANOS 60</u>. HALIM levanta da cama, já começando a se vestir. Está decidido. ZANA finalmente se vira e olha para ele, espantada.

> NAEL (V.O.)
> Nos dias e meses de ausência de Omar, Halim começou a embiocar, a voar baixinho, zonzo de dor. E agiu. Ele precisava fisgar o Omar, ou empurrá-lo com sua sereia para bem longe de casa.

> ZANA
> Mas como, Halim?

> HALIM
> No garrote. Ou ele volta ou some de vez com aquela mulher.

Ele sai do quarto, deixando Zana ali, surpresa.

2. INT. SOBRADO/QUARTO DE DOMINGAS – AMANHECER

Batidas na porta despertam DOMINGAS. Ela abre a porta, e Halim está ali – com o ar abatido.

> DOMINGAS
> Precisas de alguma coisa, seu Halim?

> HALIM
> Do Nael.

NAEL desperta também.

> HALIM (CONT'D)
> Me acompanhas num passeio, rapaz?

3. INT. MERCADO ADOLPHO LISBOA – AMANHECER

Halim e Nael circulam entre os fregueses e vendedores de frutas e temperos que montam suas barracas. Halim cumprimenta e é cumprimentado por muitos, é conhecido por ali. Ele pergunta, mas todos fazem que não, não viram.

4. EXT. PORTO DA ESCADARIA – MANHÃ

O mesmo acontece entre os pescadores e barqueiros que chegam e partem ou que se abrigam do sol sob barracas de lona improvisadas. Há também muitos vendedores ambulantes e seus brinquedos de lata e madeira; pássaros, tartarugas e outros pequenos animais; colares e artesanato indígena.

Halim e Nael continuam perguntando, mas ninguém viu Omar.

5. EXT. CIDADE FLUTUANTE – DIA

Halim e Nael percorrem a pé as passarelas entre palafitas e flutuantes – tábuas estreitas, unidas precariamente. Cruzam com moradores que carregam crianças, botijões de gás ou sacos de mantimentos – verdadeiros equilibristas.

Em torno, na água, trânsito intenso de barcos e canoas.

> NAEL (V.O.)
> Eram tantos os terrenos de ninguém, por toda parte, na cidade e suas beiradas. Uma cidade que não vemos, ou não queremos ver.

6. EXT. CACHOEIRINHA (BAIRRO POPULAR) – ANOITECER

Na rua do bairro labiríntico a precariedade está em tudo: lixo amontoado, cachorros fuçando, uma obra de asfaltamento parada na metade.

O conversível está meio escondido, encostado num beco – mas é grande demais para desaparecer por completo. Alguns curumins sem calçado e sem camisa se juntam em torno do carro, curiosos.

WYCKHAM está diante de Halim – a roupa e a elegância já não são as mesmas, ele está molhado de suor, mas ainda disfarça, tentando fazer pose de inglês. Nael se mantém à parte, apenas observando.

> NAEL (V.O.) (CONT'D)
> E então a maravilha de automóvel, máquina de outro mundo: troncho, mas ainda assim atraente. O conversível deixara rastros, pistas das andanças do lorde inglês.

> HALIM
> Há tempos que não tenho notícias do Omar, eu e a mãe... E sabes como são as mães...

> WYCKHAM
> Yes, of course!
> (com sotaque)
> Mas não se preocupem, ele está melhor que nós, foi para os Estados Unidos.

                                HALIM
                    Estados Unidos? Tão longe assim?

                               WYCKHAM
                Yes, yes! Deve chegar a qualquer hora, de surpresa, sabes como é o
                teu filho...

                                HALIM
                        Algum trabalho para o banco inglês?

                               WYCKHAM
                No, no, better than this! We are... Nós dois... estamos montando um
                supermercado só de importados. Omar foi buscar mercadorias, mas
                tudo certinho, dentro da lei...
                                  (aos curumins)
                             Hey, get out, saiam daí, já!

Wyckham enxota as crianças, que já estão dentro do carro, brincando e rindo. Nael observa-o detidamente.

                                NAEL (V.O.)
                Os gestos, a voz, tudo era dele, menos a profissão. E o nome.

7. INT. TABERNA DO TALIB – NOITE

Dados são jogados sobre a mesa. Os dedos trêmulos que os atiram pertencem a Halim, que está diante do tabuleiro de gamão que divide com CID TANNUS. Ele anda com as peças enquanto Tannus serve uma dose de uísque importado.

Ali perto, arredio e calado, Nael observa os dois. Na parede, pinturas de paisagens libanesas e um ventilador que gira inútil diante do calor forte.

                              CID TANNUS
                Lorde Wyckham, Francisco Keller, Chico Quelé: dá no mesmo, ele é
                que me vendeu esse néctar.

Oferece o uísque a Halim, que toma um gole.

                                HALIM
                          E aquela cara de estrangeiro?

                              CID TANNUS
                Neto de alemães. Enriqueceram aqui, mas logo perderam tudo. Dei-
                xaram de herança aquela cara e o palavrório que atrai as caboclas.
                Atraiu o Omar também.

HALIM
E dele, não sabes nada?

CID TANNUS
Faz tempo que não. Antes, entre um rala-bucho e outro, às vezes a gente se encontrava na noite. Ele nunca te mandou meus recados?

HALIM
Nunca me falou desses encontros, Tannus. Aliás, nunca fala nada comigo. O Omar só tem língua para a mãe.

CID TANNUS
Deve ter também para essa outra mulher, a sócia deles, a giganta.

Ele olha para Nael, que continua calado, só observando.

CID TANNUS (CONT'D)
E esse aí, tem língua?

HALIM
Deixa o garoto em paz, é o Omar que temos que encurralar. Ele e a tal mulher dele.

Agora é Tannus quem joga os dados.

CID TANNUS
Teu filho topa todas. Colhe a orquídea mais rara, mas também arranca a aninga da lama.

HALIM
E essa agora, é orquídea ou aninga?

CID TANNUS
Um tronco de mulateiro, Halim, um colosso! Entendo porque o Omar sumiu com ela.

HALIM
Por mim podiam desaparecer de vez, mas a Zana, tu sabes... Ela também se agiganta quando percebe que vai perder o filho.

CID TANNUS
Parece que nunca andam por aí à luz do dia. Ficam sempre no escuro, os dois sozinhos, ele e a mulher dele, ninguém mais.

                    HALIM
        Como eu sempre quis. Pelo menos dessa vez ele puxou ao pai.

Halim joga os dados, mais uma vez. Mas não está de fato prestando atenção no jogo, e Tannus percebe o erro.

                    CID TANNUS
        Precisas prestar atenção no jogo, meu velho.

8. I/E. RUA DE TERRA/CASA NOTURNA "LUPANAR LILÁS" – NOITE

Em meio às árvores desponta um barracão de madeira de onde emana luz lilás. Há bastante movimento dentro do salão e em seu entorno.
    O Oldsmobile se aproxima e encosta perto da entrada. Há alvoroço e cochichos entre as prostitutas. Algumas seguem na direção do carro, vão cercando-o.
    Tannus, bebendo agarrado a uma cabocla, não vê quem está dentro do carro, mas vê que OMAR, com uma garrafa de rum na mão, se interessou também pelo conversível e pelo movimento em torno dele. Ele segue na mesma direção que as moças e se acerca, espiando.

                    NAEL (V.O.)
        Halim não se importava mais com os tabuleiros e lances de dados.
        Porque o grande jogo, o móvel de sua vida, estava em risco desde que
        o filho conhecera a tal mulher no Lupanar Lilás.

9. I/E. RUA DE TERRA/CASA NOTURNA "LUPANAR LILÁS" – MAIS TARDE

As "meninas" saem aos poucos do conversível e de seu entorno, vão voltando para o lupanar. Wyckham está encostado no carro e, no banco de trás, ainda uma sombra, mas de beleza evidente: a PAU-MULATO. Altiva, ela parece alheia ao movimento e excitação das outras.
    OMAR, guardando ainda certa distância, observa a mulher, curioso e já encantado, a garrafa de rum na metade.
    Wyckham percebe a presença e o olhar dele, vai até lá. Pega a garrafa de rum e joga no matagal, surpreendendo Omar. Dessa vez não fala com sotaque.

                    WYCKHAM
        Rum barato.

Antes que Omar reaja, estende para ele uma garrafa de uísque importado.

                    WYCKHAM (CONT'D)
        Isto sim é um néctar.

OMAR
Importado?

WYCKHAM
Mas é claro, my friend!

Do carro, vem a voz dela:

PAU-MULATO
Vamos, lorde?

WYCKHAM
(a Omar)
Minha sócia. C'mon!

Omar se aproxima do carro, seguindo Wyckham – e a Pau-Mulato revela-se em toda a sua impressionante beleza. Omar entra no carro.

A certa distância, Tannus assiste quando os três saem no conversível e somem no escuro da noite.

10. I/E. CASA NOTURNA "LUPANAR LILÁS" – NOITE

Cid Tannus avança em direção à entrada, conhece bem o lugar e os frequentadores. Trata os homens com camaradagem e as mulheres com safadeza. Halim o segue, Nael atrás, os olhos vidrados nas mulheres seminuas que circulam.

CID TANNUS
Encontrei os três aqui outras vezes. Depois só os dois, Omar e a mulher, mas sempre longe de qualquer lupanar ou casa noturna.

HALIM
Mesmo assim, não custa perguntar.

Na porta, Halim contém Nael.

HALIM (CONT'D)
A Domingas me mata se eu te meter nesse antro.

Halim e Tannus entram no salão iluminado por lâmpadas cobertas por papel de seda lilás. Nael, sem remédio, fica. Da porta, entretanto, espia as bocas e olhos cheios de brilho, uma nádega e outra, muitos pares de pernas nuas.

No SALÃO, Halim circula ao lado de Tannus. Está um tanto deslocado em meio ao charivari das prostitutas e boêmios. Todos fazem que sim, claro que conhecem, mas não – não viram.

11. INT. CASA NOTURNA "VARANDAS DA EVA" – NOITE

Outro bordel, este bem miserável, apenas um teto improvisado sobre tabiques ou toras de madeira. As mulheres que se oferecem também parecem mais pobres e menos vibrantes.

Nael continua do lado de fora e Halim e Tannus circulam com o mesmo empenho, a mesma foto e as mesmas negativas.

12. EXT. ACAPULCO NIGHT CLUB – NOITE

Halim, Tannus e Nael sob o neon do leque que pisca. Nael para na porta, mas Halim muda de ideia, faz sinal para ele vir – e finalmente entram os três.

13. INT. ACAPULCO NIGHT CLUB – NOITE

Luzes piscam sobre Nael, encantado, quase hipnotizado. Há uma CANTORA entoando um bolero (Sugestão: Waldick Soriano), casais que dançam enroscados e muitas mulheres seminuas – mas nem sinal de Omar.

Tannus já se engraça com uma menina, mas Halim parece desolado no meio da pista de dança. Tannus nota, e precisa quase gritar para se fazer ouvir.

> CID TANNUS
> Deixa os dois viverem, Halim! Tomara que teu filho desembeste de vez, que se embriague com a alegria de uma mulher solta!

> HALIM
> É o que eu mais queria, tu sabes disso.

Mas ele continua buscando o filho com os olhos.

> HALIM (CONT'D)
> Estamos andando à toa. O Omar é esperto demais para andar em cima dos próprios passos.

Halim segue em direção à saída. Tannus e Nael, à contragosto, seguem atrás.

> CID TANNUS
> Tu não estás procurando, estás é perseguindo teu filho...

14. INT. CIDADE FLUTUANTE/BAR SEREIA DO RIO – DIA

Lá fora, canoas que vão e que vêm, movimento e burburinho na água, nas casas e passarelas; vozes dos catraieiros, choro de crianças, grunhidos de porcos. Dentro do bar, Halim bebe e fuma com POCU, o comandante. Nael com ele.

> POCU
> Os dois, o caboclo e a cabocla, irmãos de sangue, sim, senhor! Mas vivem acasalados num barco abandonado, encalhado lá pros lados do Rio Preto da Eva...

> HALIM
> E tu mesmo falaste com eles?

> POCU
> Não estou dizendo? Viviam que nem bichos, seu Halim.

> HALIM
> E pelo jeito estavam felizes assim.

Halim vira um copo de arak.

> HALIM (CONT'D)
> Preciso de um barco, Pocu... Lagos, paranás, igapós, onde for. Quero vasculhar tudo.

15. EXT. RIOS NOS ARREDORES DE MANAUS – DIA

Vários barcos navegando, se cruzam sobre águas negras e barrentas (Negro, Solimões, Amazonas).

> NAEL (V.O.)
> Impossível explorar todos os lugares – os milhares de palafitas, as vilas, igarapés, barcos, lagos, ilhas e rios intermináveis. Mas Halim estava disposto a navegar até encontrar o filho.

E encontramos então o barco de Halim e Nael em sua busca – o mesmo, desde o EPISÓDIO 1. O patriarca está na proa e mira o horizonte, o vento contra o rosto. Nael está no leme.

16. EXT. RIOS NOS ARREDORES DE MANAUS – DIA/NOITE

O barco de Halim e Nael navega e os navegantes vão mudando durante a viagem: a pele cada vez mais curtida, a esperança e o ímpeto que aos poucos se perdem.

[ATENÇÃO: USAR TRECHOS DOS EPISÓDIOS ANTERIORES, A BUSCA EM VÁRIOS MOMENTOS E CENÁRIOS DIVERSOS.]

>NAEL (V.O.) (CONT'D)
>Já não sabíamos o dia da semana, do mês. Contornávamos a ilha Marapatá, atravessávamos o paraná do Xiborena até a Ilha Marchantaria. Depois, já no Solimões, entrávamos no Paraná do Careiro, navegando em arco até o Amazonas. Percorremos toda a costa da Terra Nova, do Marimba, do Murumurutuba. Contornamos os lagos, o Joanico, o Parun, o Alencorne, o Imanha, o Marinho, o Acará, o Pagão... Passamos semanas navegando em círculos.

17. EXT. RIO NEGRO – DIA

Em seu barco, Halim e Nael estão visivelmente mais cansados, queimados de sol, as barbas por fazer.

Eles cruzam com o motor de Pocu, que acena para eles. Os dois barcos desaceleram, emparelham.

>POCU
>Boa pescaria, seu Halim?

Ele faz que não, desanimado.

>HALIM
>Esqueceste que estou atrás de peixe grande, Pocu?

>POCU
>O menino não apareceu ainda?

[NOTA CENAS 15 E 16] Chegamos aqui a um momento delicado de construção do roteiro – quando o "tempo dos narradores", sobre o qual já falamos, encontra o tempo dramático, o nosso "presente". Apesar das pistas anteriores, ficam claras agora tanto a linguagem quanto a ação dramática desenvolvida ao longo dos seis episódios. A busca por Omar, empreendida por Nael e Halim, tem como motivação, mais uma vez, o amor do patriarca por Zana. As cenas no barco deixam, portanto, de ser flash-forwards com alguma dose de enigma e, já contextualizadas no presente, logo se tornarão passado e deixarão de existir.

>   HALIM
> Quem dera ainda fosse um menino. Quando são crianças o tempo é generoso, ainda pode ajudar.

18. EXT. RIO NEGRO/IGARAPÉ – ANOITECER

O barco navega em algum lugar por onde já passaram antes. Halim parece, de fato, exausto.

>   HALIM
> Amanhã vamos para os lados de Itacoatiara. Parece que viram o rastro dele lá para aquelas bandas.

Nael desacelera, encosta o barco e desliga o motor.

>   HALIM (CONT'D)
> O que houve, rapaz?

>   NAEL
> O senhor me desculpe, mas já passamos sete vezes por aqui. Tamos queimando combustível à toa.

Halim suspira, tira o arak do bolso, dá um gole profundo. E finalmente fala – com pausas longas, parece mesmo perdido.

>   HALIM
> Estás certo... Talvez seja melhor descer o rio até Parintins. Ele pode estar entocado em alguma daquelas ilhas.

[NOTA CENA 17] Escrever diálogos nunca é simples, e se o autor do roteiro é de uma região diferente daquela onde se passa a história, torna-se um desafio a mais. Pois ainda que os personagens possam ser universais, e ainda que cada um fale de um jeito particular e intransferível, personagens, como pessoas de verdade, são parte do lugar onde vivem – ainda que este possa ser um lugar inventado.

A prosódia pode ser mais ou menos realista, mas, uma vez definida, nos resta ser fiel a ela. A fidelidade aqui é ao português falado no Norte, onde o "tu" é o ponto de partida elementar. Mas ainda que essa convenção estivesse estabelecida desde o princípio, nas versões iniciais do roteiro o "você" aparece no texto sem ser convidado. Felizmente, além de autor do livro, Milton Hatoum foi também um leitor atento da versão audiovisual, alertando para palavras intrusas e sugerindo as mais adequadas. Aqui, por exemplo, me advertiu para o fato de que Pocu não chamaria Omar de "garoto", como estava escrito, e sim de "menino."

                    NAEL
    Tem mais de cem ilhas lá, seu Halim.

Os dois se encaram, num impasse.

                    NAEL (V.O.)
    O vento trazia o cheiro da floresta, não muito distante dali. Talvez
    um dia trouxesse também o cheiro de Omar, do Caçula, um bicho
    acuado.

                    [INTERVALO 1]

19. EXT. RIO NEGRO/PORTO DA ESCADARIA – NOITE

O barco de Halim e Nael se aproxima do trapiche agora mais cheio de barcos, mais caótico. Preparam-se para atracar, mas Halim tem os olhos perdidos no horizonte.
    Nael se movimenta, joga a corda, amarra sozinho. Halim não parece querer, ou poder, se levantar dali.

                    NAEL
    Quer ajuda, seu Halim?

Ele não se move, mas volta a falar.

                    HALIM
    Por mim ele podia viver com essa mulher pra sempre! Com qualquer
    mulher, bonita ou feia, puta ou casta, com qualquer uma ou muitas
    ao mesmo tempo, desde que me deixasse em paz com a minha. Mas
    a Zana... tu sabes, Nael...

Nael oferece o braço e Halim, resignado, aceita – parece agora de fato enfraquecido. Os dois seguem caminhando devagar em direção ao sobrado.

                    NAEL (V.O.)
    Desistiu? Ele esperava, um pouquinho crédulo, como alguém que
    anseia por um pequeno milagre: ver piscar a luzinha do acaso,
    quando já nada se espera. Mas não piscou a luz de nenhuma providência.

20. INT. SOBRADO/QUARTO DO CASAL – NOITE

Halim está abraçado a Zana. A rede os embala lentamente, e da janela aberta entra uma brisa fresca. O ruído da porta da sala abrindo, no andar de baixo, interrompe o idílio. Depois, passos adentram a casa. Zana, atenta, se ergue.

> HALIM
> Vou ver o que é.

> ZANA
> Sossega, eu já volto.

Ela sai. Seus passos ecoam na escada e seguem-se murmúrios no andar de baixo.

21. I/E. SOBRADO/QUARTO DE NAEL, ALPENDRE – NOITE

Domingas ressona. Da rede, Nael observa as sombras que se movem no alpendre, ao som dos mesmos murmúrios: Zana e o que parece ser um HOMEM, embora bem mais baixo que ela.

22. I/E. SOBRADO/QUARTO DO CASAL, ALPENDRE – NOITE

Halim levantou da rede e também observa as sombras através da janela. Lá embaixo, Zana gesticula, mostra algo, um papel, oferece. O outro nega, segue assentindo ao que ela fala.
    E então o vulto se afasta – um andar estranho, meio manco, que desaparece na escuridão. Zana se recompõe e volta para dentro de casa.
    Nael, por sua vez, observa a sombra de Halim, que se afasta da janela.

23. INT. SOBRADO/QUARTO DO CASAL – NOITE

Zana entra.

> HALIM
> Quem era?

> ZANA
> Nada demais, ninguém... A Estelita, pedindo favores.

> HALIM
> A essa hora?

> ZANA
> Sabes como ela é.

Halim não acredita, nem replica. Zana deita-se na cama, em silêncio.

> NAEL (V.O.)
> Nenhuma caçada é anônima. E caçada de mãe é tempestade, revira o mundo, faz vendaval. Alguém soube o que Zana tramava?

24. EXT. SOBRADO/ALPENDRE – DIA

Uma boa quantidade de peixes – dos mais diversos tipos – está jogada dentro do tanque. Estão empilhados um por cima dos outros, moscas sobrevoam. Um jato d'água esguicha sobre eles, Domingas acaba de abrir a torneira.

25. INT. SOBRADO/COZINHA – VÁRIOS MOMENTOS

Peixes sendo fritos, assados, postos e retirados do forno, colocados e retirados da geladeira.

26. INT. SOBRADO/SALA – NOITE

A família à mesa: Halim, Zana, Rânia. Domingas traz um tabuleiro de peixe assado, muito caprichado. Nael ajuda no serviço.

> RÂNIA
> Peixe de novo?

> DOMINGAS
> Ou comemos ou apodrecem.

> RÂNIA
> Este cardápio está saindo muito caro, *mama*.

> HALIM
> Por que, Zana? Pra que tanto peixe?

> ZANA
> Faz bem para os ossos, nossa carcaça está fraca.

Ela encara o marido, ressentida, e se levanta.

> ZANA (CONT'D)
> Eu estou fraca, Halim.

> RÂNIA
> Claro que estás, mama. Não comes mais nada!

> HALIM
> Vamos, Zana. Domingas faz milagres, ainda consegue inventar sabores.

Mas ela se afasta da mesa, deixando a comida abandonada.

> HALIM (CONT'D)
> Por que não comes conosco, Nael?

Ele titubeia.

> HALIM (CONT'D)
> Vamos, rapaz.

Nael senta, meio sem jeito. E come, mais sem jeito ainda.

27. INT. SOBRADO/QUARTO DO CASAL – MANHÃ

Zana e Halim dormem. O grito do Perna de Sapo ecoa na rua, ao longe.

> ADAMOR PERNA DE SAPO
> Peixeirooooooooo!

Zana desperta, aflita. Levanta rápido, começa a se vestir às pressas. Halim estranha.

> HALIM
> O que foi?

> ZANA
> Perdi a hora.

> HALIM
> Hora pra quê?

Mas ela já saiu do quarto. O grito do peixeiro ecoa mais uma vez, agora mais próximo.

28. INT. SOBRADO/SALA – MANHÃ

Zana desce as escadas apressada e dá de cara com Domingas colocando a mesa do café da manhã. A voz de Adamor ressoa, já bem perto.

                    DOMINGAS
          A senhora precisa de alguma coisa?

                    ZANA
          Já volto.

Zana vai saindo, Domingas percebe o propósito.

                    DOMINGAS
         Ainda tem muito peixe na geladeira, dona Zana, do bom e do ruim. Daqui a pouco o seu Adamor vai querer vender até aquela medalha enferrujada dele pra senhora.

                    ZANA
          (interrompe)
          Eu me entendo com ele. Tu cozinhas.

Ela sai. Domingas fica, desconfiada.

29. INT. SOBRADO/QUARTO DO CASAL – NOITE

Halim abre os olhos e, surpreso, vê Zana que se arruma diante do espelho. Ela veste sua melhor roupa, maquia-se.

                    HALIM
          Ainda está escuro, Zana.

Ela sorri para ele, puxa a cortina, olha pra fora – estranhamente serena.

                      ZANA
          Daqui a pouco clareia.

Mas fecha novamente a cortina. Ela beija o marido, se encaminha para a porta.

30. I/E. SOBRADO/QUARTO DE DOMINGAS – NOITE

Batidas na porta, Nael acorda.

                         HALIM (O.S.)
                             Nael?

Ele abre.

                         HALIM (CONT'D)
                         Ainda preciso de ti.

31. EXT. SOBRADO/RUA DOS BARÉS – NOITE

Morcegos sobrevoam a rua deserta e às escuras, emitindo seu guincho característico.

Zana sai do sobrado, muito arrumada e bela, e caminha em direção ao porto.

No meio do caminho, aos pulinhos, um vulto sai das sombras e se junta a ela: Adamor Perna de Sapo.

Mantendo certa distância, sem ser visto, Nael segue atrás dos dois. E Halim assiste, da porta do sobrado.

                          NAEL (V.O.)
     Naquela noite, Halim soube que Omar seria fisgado. Era inevitável.

                          [INTERVALO 2]

32. EXT. PORTO DA ESCADARIA/TRAPICHE – NOITE

A luz é precária – vem de algumas lâmpadas penduradas, as que ainda não queimaram – deixando o local imerso em grandes áreas de sombra. No rio e no trapiche há luz em alguns barcos atracados aqui e ali, mas a maior parte deles também está às escuras.

Pouco movimento, quase nenhum. As barracas dos ambulantes ainda estão desmontadas, os mendigos ainda dormem sobre folhas de papelão ou jornal – apenas alguns poucos pescadores e peixeiros já começaram a labuta.

Adamor, mancando, atravessa o porto em direção ao trapiche. É seguido por Zana – cujo traje elegante destoa da pobreza e da precariedade. Ela segue altiva, já vitoriosa.

                          NAEL (V.O.)
     Mais um sobrevivente: Adamor, o peixeiro, o farejador, o Perna-de-
     -Sapo. Ele não foi atrás do carro nem do barco, preferiu seguir as pistas da sua própria mercadoria.

A medida em que Adamor anda, juntam-se a ele QUATRO HOMENS FORTES, que adentram o trapiche e caminham rente aos barcos ancorados.

Zana segue se mantendo alguns passos atrás dos homens. E Nael, mais alguns atrás dela.

Adiante, há movimento junto a um único barco: peixes são descarregados, retirados da rede. E é para lá que eles se encaminham.

Zana, Adamor e seus comparsas desaparecem da vista de Nael por alguns instantes, por entre os barcos. E então os gritos, o tumulto.

33. EXT. PORTO DA ESCADARIA/TRAPICHE – NOITE/AMANHECER

Nael apressa os passos e, mesmo que mantendo distância para não ser visto, finalmente volta a enxergar Zana, Adamor e seus homens, já junto a um barco que se agita na água sob o peso dos quatro homens, da briga. Uma bandeira do Brasil, colocada na proa, cai na água; a rede recolhida e repleta se solta e cai de volta na água, libertando os peixes que antes se debatiam.

Os homens agarram Omar que, rebelde, tenta se desvencilhar com gritos e pontapés. Roupa esfarrapada, pele tostada de sol, barba crescida, cabeça raspada e careca cheia de feridas: o Caçula está quase irreconhecível.

A Pau-Mulato se refugia dentro da cabine onde há uma rede e, sobre um banquinho bambo, um velho baralho de tarô junto a uma pequena pilha de cédulas e moedas. Tudo se espalha pelo chão quando ela é agarrada à força.

[NOTA CENA 32] Ao adaptar é preciso fazer escolhas – muitas delas, a cada minuto. Isso inclui dar destaque e fazer crescer um personagem ou, ao contrário, eliminá-lo, ainda que seja um ótimo personagem, como o alcaguete Zanuri. Pois, apesar de aparentemente muito diferentes, o funcionário público e o peixeiro Adamor têm funções semelhantes na história: ambos são contratados por Zana para perseguir Omar. Na série, que nos obriga à síntese, um deles deveria desaparecer. Zanuri foi o escolhido, e não é difícil entender por que: enquanto Adamor, o peixeiro farejador, aparece desde o início da história como parte do painel local, Zanuri surge apenas pontualmente, e exercendo a mesma função que Adamor assume mais tarde, com mais sucesso.

TRECHOS DO LIVRO: "Zanuri, funcionário do Tribunal de Justiça, cobrava caro por outro serviço: olheiro de apaixonados. O alcaguete acumulara um punhado de cobre delatando casais que esbanjam risos e arrepios. Mas casais clandestinos, enclausurados, vigiados por um réptil invisível. Zanuri era um assim: camuflado, cobra-papagaio enroscada em folhagem escura".

"A astúcia de Adamor: observar todos os ângulos, todos os cantos da floresta, e também olhar pra cima, em busca de galhos quebrados, copas cortadas, restos de fuselagem. Depois foi só seguir a sinuosa trilha de destroços até encontrar um homem quieto perto da beira do rio: duas olheiras no rosto chupado, os dentes esverdeados de tanto mastigar folhas, uma pistola no colo. Um corpo imóvel e ovos de tracajá espalhados na areia. Adamor riu ao ver a cena. Quase vinte anos depois, tornou a rir ao descobrir o barquinho de Omar escondido entre batelões pesados: um motorzinho mixuruca, desses que atravessam o dia todo a baía do Negro."

                        NAEL (V.O.)
    Eles pensaram que iam passar a vida navegando ao deus-dará, pre-
    vendo destinos promissores em vidas arruinadas. Ambos, Omar e a
    Pau-Mulato, vigiados por uma sombra espessa, poderosa.

Zana assiste à caçada: elegante e impassível.

                        ZANA
    Soltem a mulher. Meu filho vai sozinho pra casa.

Então a trepidação na passarela de madeira anuncia os passos pesados de Omar. Nael acompanha com os olhos o homem que sai do barco e vai crescendo em sua direção: ferido, os olhos assustados, o andar desequilibrado.
    Uma nesga de luz anuncia o amanhecer.

34. EXT. RUA DOS BARÉS/SOBRADO – AMANHECER

Omar, transtornado, segue com passos rápidos e desequilibrados. Ele entra no sobrado. Lá de dentro vem o barulho de algo que se quebra, e dos gritos.

35. INT. SOBRADO/CORREDOR, QUARTOS – AMANHECER

Omar, ensandecido, abre todas as portas, procurando. Não há ninguém.

                        OMAR
    Onde ele está? Onde?

Do quarto do casal, sai com a corrente do pai na mão, e desce as escadas, furioso.

36. INT. SOBRADO/SALA – AMANHECER

Omar, enfurecido, destrói o que está à sua volta. Soca, chuta, arremessa a corrente contra tudo, contra todos: quebra o narguilé de Halim, atira a santa no chão.
    Rânia e Domingas, de camisola, estão acuadas num canto, apavoradas. Omar segue na direção delas, ameaçador.

                        OMAR
    Vacas! As duas!

Elas gritam, assustadas. Nael, que acaba de entrar, se coloca diante delas. Omar o encara, mas Nael segura com força a corrente.

> OMAR (CONT'D)
> E tu és um filho duma égua! Puxa-saco!

Omar cospe na direção dele e Nael fecha o punho, preparando uma reação. Mas Omar muda de alvo: mira nas fotos de Yaqub.

> OMAR (CONT'D)
> E esse aí? Ele é o culpado! Ele e o meu pai... Por onde anda o velho, hein? Está escondido, o covarde? Por que não aparece pra elogiar o engenheiro?

Omar puxa a corrente e arremessa nas fotos de Yaqub. Pisoteia, rasga e destrói as molduras.

> OMAR (CONT'D)
> O gênio, o cabeça da família, o filho exemplar!

E, quando quase tudo está destruído, restando apenas uma foto de Yaqub na parede – em que está vestido de oficial do exército –, Zana entra em casa. Omar vai em sua direção.

> OMAR (CONT'D)
> A senhora também é culpada! Deixaram ele fazer o que queria, até casar com aquela mulher... Lívia! Não sabias, mama? Idiotas! Eles, todos vocês!

Mas ele não mira na mãe e sim em Yaqub vestido de militar – essa foto também se quebra.

A imagem de Zana, impávida, reflete-se no espelho veneziano, e então Omar fecha o punho, atira a corrente no espelho. A imagem da mãe desmancha-se e multiplica-se em mil pedaços, estilhaços que voam pelos ares, como num caleidoscópio. E então, exaurido, Omar se senta no chão, ofegante, a corrente ainda na mão.

O sol que começa a entrar pela janela atinge os cacos de espelho, refletindo para vários lados, como os globos dos clubes noturnos. Mas não há festa ali.

Omar chora, arrasado. E então Zana toma a dianteira. Abaixa-se ao lado do filho, penteia sua barba grisalha com os dedos, acaricia a careca cheia de feridas. E quando fala, a voz suave destoa do que diz.

> ZANA
> Uma charmuta, uma mulher qualquer, meu filho... E ainda agiota, contrabandista, que nem aquele inglês de araque... Que ela passe a vida mofando naquele barco imundo, mas não contigo... Eu nunca vou permitir, ouviste bem? Nunca!

Chorando mais, ele se aconchega a ela. Um imenso bebê envelhecido.

> ZANA (CONT'D)
> Tens tudo aqui em casa, meu amor.

37. I/E. SOBRADO/ALPENDRE – MANHÃ

Zana conduz Omar até seu leito. O peso do filho novamente faz ranger a rede que não é mais vermelha, mas rosada. Ela o embala.

> NAEL (V.O.)
> Essa fidelidade à mãe merecia uma recompensa, e o Caçula foi mimado como nunca.

38. INT. SOBRADO/SALA – MANHÃ

Tudo está destruído. Em meio à desolação, Rânia, chorando, corre escada acima, tranca-se no quarto mais uma vez.

Domingas faz o que se espera dela: abaixa-se para consertar o estrago. Vai juntando os pedaços da Nossa Senhora do Líbano desfigurada enquanto Nael cata os cacos de espelho que refletem o seu próprio rosto.

39. INT. LOJA DE HALIM/DEPÓSITO – NOITE

Halim está sentado numa cadeira de palha, pitando o narguilé. Diante dele, a janelinha de onde avista o rio. Nael, mais uma vez, é seu ouvinte.

Ele envelheceu quase subitamente – é o que se nota pela lentidão maior nos movimentos, pelas longas pausas entre as palavras, pela facilidade para se perder em pensamentos.

> HALIM
> Por Deus, os estilhaços... Eu não sabia de nada, rapaz... Quem ia procurar os dois aqui? Estavam nas minhas ventas!

Pita o narguilé.

> HALIM (CONT'D)
> Ela fez tudo caladinha, quieta igual a uma sombra... Quando o destino de um filho está em jogo, nenhum detetive do mundo consegue mais pistas do que uma mãe.

40. INT. SOBRADO/QUARTO DE DOMINGAS, QUINTAL – DIA

Domingas e Nael tentam juntar os pedaços das fotos rasgadas. Nael concentra-se nas fotos de Yaqub posando de oficial, estudante ou espadachim; Domingas dedica-se a juntar novamente Halim e Zana no casamento, o beijo guloso no altar. Mas não parece haver jeito de reconstruir nenhuma das imagens.

Domingas está desolada, mas então ouve o canto de um pássaro. Subitamente atenta, vai até a porta. De lá, espia as árvores, procurando.

NAEL
Esse, qual é?

DOMINGAS
(sorri)
O uirapuru.

Não vemos o pássaro, mas ela parece ver. E o canto persiste, belíssimo.

41. EXT. RIO NEGRO/ALDEIA INDÍGENA – DIA

Pássaros voam, dão rasantes sobre as águas negras.

Um barco que leva ribeirinhos, seus porcos, galinhas, cestas de frutas e bagagens miseráveis, leva também Domingas e Nael. Ela sorri observando os pássaros – o mais perto de uma expressão feliz que já vimos nela. Mas eles logo dão lugar a outras visões e a felicidade vai fugindo.

Numa das margens desponta uma PEQUENA ALDEIA. Na praia formada pela vazante acontece um ritual – uma festa de casamento. Domingas observa, calada. E, à medida em que o barco se aproxima, fica cada vez mais sombria. Nael percebe.

NAEL
É aqui, não é?

O barco finalmente atraca, alguns ribeirinhos descem, mas Domingas não se move. Nael estende a mão.

NAEL (CONT'D)
Vem, mãe.

Ela titubeia, mas finalmente aceita a mão dele – desembarcam. Domingas dá alguns passos, mas parece perdida. O casamento indígena se impõe, ela não aguenta a emoção... e para. Não consegue dar mais um passo nem disfarçar a voz embargada.

                        DOMINGAS
                    Eu me enganei... desculpa.

Ela volta para o barco, que já está partindo. Acelera os passos, desesperada. Nael corre atrás, sem entender. Conseguem finalmente embarcar, no último minuto.
    A festa e a aldeia vão desparecendo na distância, e uma lágrima solitária escorre pelo rosto de Domingas.

                        NAEL (V.O.)
                    Nunca mais passeamos de barco, aquela viagem foi a única que fiz com a minha mãe. Ela tinha medo de chegar tarde em Manaus. Ou, quem sabe, medo de ficar ali para sempre, enredada em suas lembranças.

42. EXT. RIO NEGRO/PRAIA – DIA

ANOS 30. VOLTAMOS À CENA 1 DO EPISÓDIO 1, agora sob o ponto de vista de Domingas. Da areia, ela olha a família que se diverte no rio: Halim na canoa com Rânia, os gêmeos que se divertem na água e Zana que entra nadando em direção à Halim até que é interrompida pelos meninos. Eles sobem no colo da mãe e logo brigam. Então vem o chamado:

                        ZANA
                    Domingas!

Ela entra na água, a saia comprida dificultando os movimentos. Pega Yaqub no colo e sai com ele agarrado a seu corpo. Há intimidade entre eles, sempre houve.

43. INT. SOBRADO/QUARTO DE DOMINGAS – NOITE

ANOS 60. Domingas insiste, tenta colar as fotos de Yaqub. Aos poucos, uma das imagens se recompõe: o militar fardado toma forma.

44. INT. PORÃO DE ANTENOR LAVAL – NOITE

Laval está debruçado sobre um livro, vários livros, e escreve freneticamente em pedaços precários de papel. Com a roupa amassada e cheia de nódoas, bebe e fuma sem parar, vira as páginas dos livros nervosamente. Está tenso, trêmulo. Tudo em torno dele é caótico – garrafões vazios de vinho misturados a pratos sujos, restos de comida e insetos mortos. E, claro, livros por toda parte, também empilhados junto à rede onde dorme o poeta.

NAEL (V.O.)
Os poemas de Antenor Laval, cheios de palavras raras, insinuavam noites aflitas, mundos soterrados, vidas sem saída ou escape. Antecipavam tempos de medo, que afinal vieram.

45. INT. PORÃO DE ANTENOR LAVAL – DIA

Soldados reviram o porão caótico, pisoteiam livros de poemas, vasculham em busca de algo. Laval não está.

46. EXT. PORTO DA ESCADARIA – DIA

Há caos e correria, cartazes e folhetos pisoteados. O som de gritos e palavras de ordem dos portuários em greve ecoa – uma greve que vai sendo calada à força pelo exército.

As tendas improvisadas dos vendedores ambulantes e peixeiros são arrancadas, pisoteadas.

47. EXT. CIDADE FLUTUANTE – DIA

Militares se espalham sobre as passarelas, assustando os moradores.

48. EXT. RUAS DE MANAUS/RUA DOS BARÉS – DIA

Rodas de caminhões do exército, apinhados de soldados, deixam marcas fundas no barro que se sobrepõe aos paralelepípedos e calçadas. E um tanque do exército avança.

49. EXT. LICEU RUI BARBOSA/PRAÇA DAS ACÁCIAS – DIA

Antenor Laval é arrastado pelos militares. Uma pancada o nocauteia, e o sangue do poeta se espalha na roupa branca.

50. INT. LOJA DE HALIM/DEPÓSITO – NOITE

Troveja, chove. Na escuridão, um relâmpago revela Halim. Sentado diante da pequena janela, em meio aos entulhos e restos de mercadorias, ele olha a chuva que cai.

Ao longe, o ruído da correria, do caos.

51. I/E. CARRO/RUAS DE MANAUS – NOITE

O limpador de para-brisas tenta driblar a chuva forte que cai lá fora. Pouco se vê do lado de fora – mas os relâmpagos e as manchas verdes dos tanques e uniformes se impõem.

> NAEL (V.O.)
> Assim foi para mim, para muitos de nós. Uma cidade acuada, um liceu enlutado, um mestre assassinado.

52. INT. SOBRADO/SALA – NOITE

Goteiras molham o chão. A escuridão é quebrada apenas pela luz dos relâmpagos.

> NAEL (V.O.) (CONT'D)
> E, numa noite de tempestade, um vulto que me lembrou o poeta.

Um vulto está de pé diante da janela, olhando a chuva. Apenas a brasa de seu cigarro, numa piteira, é visível. É a luz de um relâmpago que revela a identidade do visitante: YAQUB. É já um homem maduro. De terno, gravata, cabelo bem penteado, muito sério e contido, não poderia mais ser confundido com Omar.

Um outro relâmpago revela NAEL, que entra na casa, molhado de chuva. É agora também um homem. Yaqub percebe a presença dele.

> YAQUB
> Tu, quem és? Nael?

> NAEL (V.O.) (CONT'D)
> Era Yaqub.

Princesa Jack
SAI TODAS AS SEXTAS FEIRAS P/ MANAUS
RETORNANDO TERÇA FEIRA ÀS 11:00 h.
ESCALA: NHAMUNDÁ FARO E TERRA SANTA
FONE: (92) 91628486 - (93) 91826736.

SÃO FRANCISCO DE
SAINDO 2ª FEIRA PARA
N.OLINDA
BORBA **N. ARIPUANÃ**
PORTOS INTERMEDIÁRI

VENDAS DE PASS

--- DOIS IRMÃOS ---
EPISÓDIO 8

1. EXT. LICEU RUI BARBOSA/PRAÇA DAS ACÁCIAS – DIA

ANOS 60. Chove forte. Vários caminhões do exército e seus soldados cercam a praça. Diante do portão do Liceu, ANTENOR LAVAL é arrastado pelos militares. O professor ainda tenta resistir, escapar, mas usa sobretudo a arma que tem: o verbo.

>   LAVAL
> "Caro Satã, por favor, tende para mim um olhar menos irritado! E enquanto ficais à espera de umas tantas covardiazinhas em atraso..."

Os alunos assistem e vaiam. Mas qualquer um que tente se meter, como OMAR, que chega correndo, é empurrado, espancado.

A resistência de Laval também de pouco adianta. Eles usam mais força, sua pasta cai pelo caminho, espalhando livros e manuscritos no chão molhado. O poeta ainda se debate, e brada, ainda que sua fala seja já entrecortada.

>   LAVAL (CONT'D)
> "Fraqueza ou força: repara bem, é a força!... Não te matarão mais do que se já fosses cadáver!"

Uma pancada forte o nocauteia, e o sangue se espalha rápido na roupa branca.

>   LAVAL (CONT'D)
> "Ah! queimam os pulmões, latejam as têmporas! A noite tomba em meus olhos, em pleno sol! O coração... os membros..."

Ferido, ele é jogado dentro de um carro do exército.

>   LAVAL (CONT'D)
> *Adieu chimères, idéals, erreurs...*

E sua voz desaparece.

Omar, também ferido no confronto, olha, desesperado, para o carro que se afasta levando Laval.

Os manuscritos, espalhados no chão, vão ficando borrados até se tornarem ilegíveis. Fica apenas tinta sem nenhum significado espalhada sobre o papel – que aos poucos também se desmancha.

2. INT. LOJA DE HALIM/DEPÓSITO – NOITE

HALIM continua ali, sozinho sob a luz dos relâmpagos e de um candeeiro. Tem um par de dados na mão, que acaricia lentamente, sentindo as arestas. E finalmente joga-os junto ao tabuleiro de gamão: dois uns.

Halim não obedece, não move as peças. Bebe um gole de arak e volta-se para a janela, de onde assiste ao cair da chuva e ao movimento dos militares na rua.

3. EXT. CASARÃO DOS REINOSO/JARDIM – NOITE

Os MACACOS gritam dentro da gaiola, sob a chuva. E, num canto da jaula, encontramos ABELARDO, encolhido.

4. EXT. PRAÇA DAS ACÁCIAS/LICEU, CAFÉ MOCAMBO, CORETO – NOITE

Continua chovendo. Uma faixa preta é desenrolada na fachada do liceu. A porta do Café Mocambo é fechada com estrondo. Sobre ela, Omar escreve com tinta vermelha: "Que buscam estes cegos quando olham para o céu?"

Depois, de pé no coreto e muito emocionado, Omar recita cercado pelos alunos e ex-alunos de Laval, que empunham tochas acesas.

OMAR
"Dia infeliz! Traguei uma talagada de veneno... A raiva do desespero me leva contra tudo, a natureza, os objetos, eu... tudo quero estraçalhar!... As entranhas queimam, a violência do veneno torce meus membros, me faz disforme, eu morro de sede! Sufoco... Não consigo gritar... É o inferno a eternidade da pena. Eis como o fogo se levanta. Vai demônio, atiça-o!"

E ele ainda consegue falar, apesar da voz embargada.

OMAR (CONT'D)
"O relógio da vida parou neste instante. Já não estou no mundo."

NAEL está entre eles, e pela primeira vez olha para o Caçula com outros olhos. Sentem a mesma dor.

NAEL (V.O.)
A chuva acentuava a tristeza, acendia a revolta. Não pude odiar o Caçula naquela noite. Ele voltou para casa tão alterado que demorou a se dar conta da presença do outro.

5. INT. SOBRADO/SALA – NOITE

Um relâmpago revela a Nossa Senhora do Líbano no altar, amputada. Outro ilumina YAQUB, que fuma, olhando a chuva. E mais um outro revela Nael, que entra na casa.

> NAEL (V.O.) (CONT'D)
> O vulto de Yaqub surge agora diante de mim como se aquela noite distante se intrometesse nesta noite do presente.

Yaqub avança alguns passos na direção dele.

> YAQUB
> Tu, quem és? Nael?

Mas antes que Nael responda, um outro lampejo revela também Omar, que adentra a sala intempestivamente. Imundo, ferido, molhado, ele avança deixando marcas de lama sob seus pés. E então percebe, olha para Yaqub como que surpreso.

Eles se encaram – mas os olhos de Omar parecem vagar. O olhar de Yaqub, ao contrário, é firme: os gêmeos, agora tão diferentes, estão novamente um diante do outro.

> NAEL (V.O.)
> Talvez fosse o momento oportuno para se esfolarem, os dois em carne viva nas nossas ventas.

Yaqub dá um passo à frente – passo lento, mas firme – mirando Omar. Mas ele o ignora. Fragilizado, tossindo muito, desvia os olhos e segue rumo à escada. Sobe, apoiando-se no corrimão, e some no andar de cima.

Yaqub apenas observa a passagem do irmão. Atrás dele, a parede onde não há mais fotografias, apenas manchas – lembranças dos retratos destroçados. E a única que foi recomposta: Yaqub vestido de oficial do exército.

A goteira continua marcando seu próprio ritmo. E de cima ecoa a voz de Omar:

> OMAR (O.S.)
> Mama!!! Domingas!!!

Yaqub finalmente volta-se para Nael.

> YAQUB
> Trouxe uns livros pra ti, Nael.

Ele entrega a ele uma pilha de livros de cálculos.

>NAEL
>Obrigado.

DOMINGAS, que entra atendendo ao chamado do Caçula, candeeiro na mão, mira a luz em Yaqub, incrédula.

>DOMINGAS
>Yaqub?

>YAQUB
>(sorri)
>Quem mais poderia ser?

Ela se joga nos braços dele, abraçam-se com força e envolvimento. Iluminado agora pelo candeeiro, Nael apenas observa.

A tosse e os urros de Omar continuam, sempre chamando por Domingas e pela mãe. Mas Domingas, pela primeira vez, ignora. Continua entregue ao abraço do outro.

A goteira enche o balde, que quase transborda.

6. INT. LOJA DE HALIM/DEPÓSITO – NOITE

Halim, diante da janela, já desistiu dos dados. Há passos na escada, e RÂNIA aparece com um outro candeeiro na mão.

>RÂNIA
>Vamos, baba?

Ele olha para ela como que voltando ao mundo real. Levanta devagar, arrastando os pés no chão empoeirado. Rânia apaga o candeeiro que ali está.

7. INT. SOBRADO/SALA – NOITE

Ainda chove forte do lado de fora. Por vezes ecoam gritos, tiros, sirenes.

Domingas recuou, ZANA agora é quem toma Yaqub nos braços, beija-o nos olhos – mas o abraço dele é rápido, quase fugidio. Domingas passou a acender mais velas, Nael a retirar baldes e secar as poças que se formam.

>ZANA
>Precisas me contar tanta coisa!

                    YAQUB
            Não há tanto assim pra contar.

                    ZANA
            Mas é claro que há! Tantos anos...

Halim entra com Rânia.

                ZANA (CONT'D)
            Olha só quem chegou!

                    RÂNIA
            Que hora escolheste pra vir, meu irmão!

Rânia abraça Yaqub, enlevada. Halim dá os quatro beijos no rosto e o abraça forte, demoradamente, com emoção. Depois recua para olhar para o filho, para sua estampa imponente – quase não o reconhece: de terno, gravata e cabelo engomado, é como se estivesse ali a trabalho.

                    HALIM
            Como conseguiste chegar aqui? Está um tumulto dos diabos no
            centro!

                    ZANA
            Um bom filho sempre acerta o caminho de casa.

Ela acaricia o rosto dele, a cicatriz. Ele, desconfortável, se afasta.

                    HALIM
            A cidade está inundada e, pior, cheia de soldados. Os militares tomaram o governo, tomaram conta de tudo... O que dizem disso lá em São Paulo?

Zana não dá espaço a ele para responder.

                    ZANA
            Por que tua esposa não veio? Não vou conhecer minha nora?

                    YAQUB
            Tu já conheces minha mulher.

Yaqub entrega uma grande sacola.

                    YAQUB (CONT'D)
              Ela mandou. Para ti e para o baba.

Zana espia os presentes com desdém.

                         ZANA
         Tâmaras, pistache, arak? Então ela não sabe que temos tudo isso
         aqui?

Halim se adianta, pega a sacola.

                         HALIM
                 Estes são especiais, Zana.

                         ZANA
         A Lívia agora tem medo do calor? Ou pensa que é melhor do que nós,
         só porque mora no sul?

Yaqub senta-se no sofá. Acende mais uma vez a piteira. No andar de cima, os urros de Omar, sua tosse e sua agonia, são agora bastante audíveis.

                         YAQUB
         O outro filho vai te dar uma nora e tanto, tão exemplar quanto ele.

                         ZANA
                        (altiva)
                        Já volto.

Ela sobe as escadas, sob o olhar de Yaqub.

8. INT. SOBRADO/QUARTO DE OMAR – NOITE

Omar se revira na cama, tosse e chora ao mesmo tempo. Está com a testa sangrando, ainda molhado, transtornado. Zana se aproxima, se surpreende com o estado dele.

                         ZANA
              Mas o que é isso? O que aconteceu?

                         OMAR
         Mataram, mama! Mataram o poeta! A poesia! Assassinos!

Ele chora, desesperado. Zana bota a mão na testa dele.

>   ZANA
> Estás delirando, meu filho.

9. INT. SOBRADO/SALA – NOITE

Rânia está sentada no colo de Yaqub, que acaricia a irmã. Ela se entrega aos afagos, feminina.

>   HALIM
> Uma águia nos negócios. Isso é o que a nossa Rânia se tornou.

>   YAQUB
> Uma bela negociante, então.

>   RÂNIA
> Quero modernizar a loja, Yaqub. Variar as mercadorias, montar uma vitrine bonita... mas quem disse que consigo convencer nosso pai?

Halim dá de ombros, com enfado, e se delicia com as tâmaras.

>   HALIM
> Por Deus, para que serve uma vitrine bonita?

>   YAQUB
> Todo mundo gosta do que é belo.

Ele tira do bolso um colar de pérolas, coloca no pescoço de Rânia.

>   YAQUB (CONT'D)
> E tu, gostas?

>   RÂNIA
> Se eu gosto? Ainda perguntas?

Ela beija o irmão esfuziante, quase como se fossem amantes. Nael já se afastou para a cozinha, mas se mantém atento: observa de longe os corpos dos dois enlaçados no sofá.
Zana desce as escadas.

>   ZANA
> O Omar se feriu por causa daquele poeta doido.

>   HALIM
> O poeta doido tinha um nome, Antenor Laval. E agora está morto.

ZANA
Nosso filho também morre se continuar assim, ainda por cima está com febre. Vou chamar um médico.

Halim olha para ela, ressentido. Não consegue evitar a ironia – ainda que fale mais para si mesmo do que para ser ouvido por ela. E vai devorando as tâmaras.

HALIM
Podes chamar o exército também. Um general, ou até mesmo um soldado raso. Estão bem à mão...

Zana já se foi, em direção à cozinha.

RÂNIA
Não ficaste mesmo com medo das tropas?

[NOTA CENA 9] Quando o projeto ainda não era de uma série para TV, mas um filme de longa-metragem, as três voltas de Yaqub a Manaus funcionavam como pilares da história. Essa opção já previa uma mudança de estrutura em relação ao livro, e foi a que prevaleceu na versão para a televisão.
No romance, há quatro chegadas de Yaqub à cidade: 1) a volta do Líbano; 2) a primeira visita, quando ele já está morando em São Paulo, nos anos 50; 3) a segunda visita, durante a ocupação militar; 4) e, finalmente, a última, próxima ao desfecho da história. A primeira e a última chegadas foram mantidas, mas, em prol da concentração dramática, a segunda e a terceira visitas se transformaram numa só. Assim, alguns elementos da viagem dos anos 1950 foram transferidos e adaptados para os anos 1960.

TRECHOS DO LIVRO DA PRIMEIRA VISITA DE YAQUB: "'Quer dizer que não vou conhecer minha nora?', insistiu a mãe. "Ela está com medo do calor ou pensa que somos bichos?' 'O outro filho vai te dar uma nora e tanto', disse Yaqub, secamente. 'Uma nora tão exemplar quanto ele.' Zana preferiu não responder."

"Muita coisa do que diziam de Yaqub não se ajustou ao que vi e senti. Em casa, diante da família, ele se alterava, ficava desconfiado. Mas perto de mim não vestia uma armadura sólida, como dissera Halim a respeito do filho."

TRECHOS DO LIVRO DA SEGUNDA VISITA DE YAQUB: "Enxerguei as frutas, que logo caíram, sumidas. E, ao olhar para a sala, divisei um vulto alto e esguio, e só pude pensar no poeta, no espectro do poeta Antenor Laval. Era Yaqub."

"O rosto crispado de Yaqub voltou-se para o irmão. Talvez fosse o momento oportuno para se engalfinharem, se esfolarem, os dois em carne viva nas nossas ventas, a minha e a de Domingas. Yaqub balbuciou umas palavras, mas Omar não o encarou: ignorou-o e subiu a escada apoiando-se no corrimão."

"Zana foi a primeira a ver o filho, a primeira a se debruçar sobre e a beijá-lo, mas logo se afastou porque ouviu gemidos que vinham do quarto de Omar. 'Vou ver o que está acontecendo com o teu irmão', disse ela, afobada. 'Halim, olha só quem chegou de surpresa.' O pai reclamava que a cidade estava inundada, que havia correria e confusão no centro, que a Cidade Flutuante estava cercada por militares. 'Eles estão por toda parte', disse, abraçando o filho. 'Até nas árvores dos terrenos baldios a gente vê uma penca de soldados...'"

                               YAQUB
                                (ri)
                       Tem tanta coisa mais pra temer!

                               HALIM
               Eles estão por todo canto, Yaqub. Até nas árvores dos terrenos bal-
               dios a gente vê uma penca de soldados.

                               YAQUB
               Os terrenos do centro pedem mesmo para ser ocupados, baba. Ma-
               naus está pronta pra crescer.

                               HALIM
               Eu peço outra coisa, meu filho... Já cresci tudo o que tinha pra crescer.

Yaqub não suporta. Desvia os olhos dos olhos tristonhos do pai – que volta a comer as tâmaras, mas sem o mesmo gosto.

Um dos baldes espalhados na sala para amparar goteiras está cheio. E transborda.

10. EXT. SOBRADO/QUINTAL – NOITE

A chuva parou, morcegos sobrevoam a casa adormecida. O quintal se transformou num lamaçal. Ao longe: tiros, gritos.

11. INT. SOBRADO/QUARTO DO CASAL – NOITE

Halim dorme tranquilamente. Acorda sobressaltado, toca os lençóis, mas percebe que está sozinho.

12. INT. SOBRADO/QUARTO DE OMAR – NOITE

Zana vela o sono de Omar – sono intranquilo. Ela levanta, limpa o suor do rosto do filho, aplica compressas.

13. INT. SOBRADO/QUARTO DE YAQUB – NOITE/AMANHECER

Há ruído de morcegos sobre o forro do teto. Yaqub tenta se acomodar na sua cama de solteiro, mas não consegue. Levanta.

Abre a janela, sente durante algum tempo o ar da Amazônia. Mas dessa vez a contemplação não é tão longa – ele senta-se à mesa, abre um livro de cálculos de grandes estruturas. E enquanto estuda, amanhece.

14. INT. SOBRADO/QUARTO DE DOMINGAS – MANHÃ

Os livros de matemática que Yaqub deu a Nael estão empilhados sobre a pequena escrivaninha, junto à janela. Há muitos outros livros empilhados – Rimbaud, Baudelaire, Augusto dos Anjos, Manuel Bandeira, Drummond, Machado de Assis e uma edição antiga das Mil e uma noites. A brisa faz com que as páginas esvoacem.

15. INT. SOBRADO/COZINHA – MANHÃ

Bananas douram na frigideira, Domingas já na lida.

16. EXT. SOBRADO/QUINTAL, ALPENDRE – MANHÃ

Nael pisa na lama, enxada na mão. Começa a limpar e alisar a terra.
No ALPENDRE, Yaqub está de pé, observando o trabalho dele. Domingas se aproxima com um prato de bananas fritas.

> DOMINGAS
> Bem douradas, como tu gostas.

> YAQUB
> Ainda sabes do que eu gosto. Mesmo depois de tanto tempo.

Ele acaricia o rosto de Domingas, que sorri, tímida.

> YAQUB (CONT'D)
> O Nael não pode passar a vida limpando o quintal.

> DOMINGAS
> Ele faz outras coisas...

> YAQUB
> Escreve cartas comerciais para a Rânia?

> DOMINGAS
> (assente)
> Ela disse que ele tem jeito com palavra.

                          YAQUB
        Ele merece mais, Domingas, um futuro melhor. O mundo é grande,
        está cheio de oportunidades.

Agora é ela quem acaricia de volta o rosto dele, enternecida.

                          DOMINGAS
            Tu és sabido, Yaqub. Conheces tanta coisa...

...mas ao esbarrar na cicatriz ele se tensiona. Yaqub retira a mão e dá nela um
beijo carinhoso.

                          YAQUB
                    Nem tantas assim.

Nael observa a interação muito íntima entre os dois.

17. EXT. RIO NEGRO/PRAIA ENLAMEADA – DIA

Os pés de Yaqub vão deixando pegadas na lama deixada pela vazante, às margens do rio. Nael o observa, sentado na canoa que os levou até ali. Perto deles há um motor encalhado e cascos de velhas embarcações, emborcadas. Crianças brincam num dos barcos, outras mergulham, fazem farra na água. Yaqub sorri olhando pra elas.

                          YAQUB
         Sabes que em São Paulo também tem praias belíssimas?

                          NAEL
                 Achei que lá só tinha prédio.

                          YAQUB
        Na praia também tem. Duas vezes por mês vou pro litoral, trabalho
        na construção de edifícios por lá.

                          NAEL
                      Na praia?

                          YAQUB
                   É o futuro, Nael.

Yaqub desvira uma das canoas emborcadas, alguns caranguejos e outros pequenos animais da vazante saem dali.

> YAQUB (CONT'D)
> Um dia tu vais me visitar. Vou te levar pra ver o mar.

18. EXT. RIO NEGRO/PERTO DE MANAUS – DIA

Yaqub rema. Tem os olhos perdidos no horizonte, ao contrário de Nael, que mira assustado a lancha do exército que passa por eles com soldados armados e a sirene ligada. E outras já se avistam.

> NAEL (V.O.)
> Era uma promessa, mas eu não via grande coisa no futuro. O mar estava muito longe, e meu pensamento estava cravado ali mesmo, nos dias e noites do presente, nas portas fechadas do liceu, na morte de Laval.

Yaqub percebe a agonia de Nael. Ao longe, vindo da cidade, o barulho como que de trovoadas – mas o céu está limpo. E mais buzinas, gritos, tiros.

> YAQUB
> Estás seguro comigo. Sou oficial da reserva.

Ao fundo e ao longo das próximas cenas, ouve-se a transmissão de rádio da época: vozes do Comando Militar da Amazônia.

19. EXT. CIDADE FLUTUANTE – DIA

Militares afundam suas botas nos charcos formados na base das palafitas. Os moradores tentam se refugiar em suas casas, acuados.

20. EXT. PORTO DA ESCADARIA – DIA

Muitos soldados nas margens do rio. Agora o confronto é ostensivo e mais violento entre o exército armado e grevistas desarmados – os desarmados, claro, estão perdendo. São agarrados, espancados, pisoteados na terra, na lama. Há tiros para o alto, correria. E um tanque do exército que abre caminho violentamente.

21. EXT. RUA DOS BARÉS/LOJA DE HALIM – DIA

Correria na rua, também tomada por militares: Rânia fecha às pressas a porta da loja.

                    NAEL (V.O.) (CONT'D)
          Yaqub não se intimidou com os veículos que cercavam as praças e o
          porto, ou com os homens de verde que ocupavam as ruas e avenidas.

22. EXT. RUA DOS BARÉS – NOITE

Omar se arrasta pela rua, bêbado, tossindo, garrafa na mão. Nunca esteve tão mal, é quase um morto-vivo. Nem os soldados que tomam a rua o consideram uma ameaça, e o ignoram.

                    NAEL (V.O.)
          Nem mesmo um diabo verde o teria intimidado.

23. INT. TEATRO AMAZONAS – NOITE

Yaqub, terno e gravata, impávido e altivo, assiste a uma ópera. Está num camarote, cercado pelo luxo dourado do teatro, satisfeito consigo mesmo, alheio a tudo – inclusive a Nael, que está ao seu lado com uma roupa evidentemente emprestada e deslocado de tudo ali. Ele sua muito, tenta afrouxar a gravata.

                    NAEL (V.O.)
          Tudo dava tão certo na vida dele que o purgatório do dia a dia só pertencia aos outros. E nós éramos os outros.

24. INT. SOBRADO/SALA – NOITE

Zana está de vigília, à espera de Omar. E ele aparece, mais bêbado e trôpego do que nunca, garrafa ainda na mão, mal consegue se mover.

                    NAEL (V.O.)
          Nós e o resto da humanidade.

25. INT. TEATRO AMAZONAS – NOITE

A ópera continua, assim como o mal-estar de Nael. E enfim ele toca Yaqub, que se dá conta de que ele existe. Nael sussurra algo em seu ouvido, levanta... e cai, desmaiado.
    Há algum burburinho em torno, mas a ópera continua.

26. INT. SOBRADO/SALA – NOITE

Zana ampara Omar antes que ele desabe, mas a garrafa se espatifa no chão. Com dificuldade, ela vai levando-o para o alpendre.

27. INT. TEATRO AMAZONAS – NOITE

Nael estirado no chão do camarote, a ópera que não silencia, e Yaqub que tenta acordá-lo.

[INTERVALO 1]

28. INT. TEATRO AMAZONAS – NOITE

Nael abre os olhos, aos poucos enxerga Yaqub acima dele – imagem ainda distorcida, ao som da Ópera.

29. INT. SOBRADO/QUARTO DO CASAL – NOITE

Halim tapa os ouvidos com o travesseiro para não ouvir o choro convulso, entremeado por gritos.

30. INT. SOBRADO/QUARTO DE DOMINGAS – NOITE

Domingas cuida de Nael, febril, delirante, mas silencioso. É da casa que vem o choro, os gritos de Omar e o chamado de Zana. Ela ignora. Renova as compressas, molha na cuia de infusão com folhas.
    Mas Zana continua chamando. Domingas se resigna, mais uma vez. Levanta e sai.

31. INT. SOBRADO/ALPENDRE – NOITE

Zana massageia com infusão de arnica o corpo quase nu, cheio de hematomas. Omar chora, infantilizado, balbuciando palavras só por vezes compreensíveis.

> OMAR
> Minha mulher… Onde ela está, mama? Onde?

                             ZANA
                        Água, Domingas!

Zana abre a boca de Omar, Domingas derrama água lá dentro. Ele cospe, engasga, grita.

                             OMAR
                         Onde, mama?!!

No andar de cima, no quarto do casal, a silhueta de Halim, que se move. Mas logo desaparece.

                             ZANA
                            (tensa)
                          E o Yaqub?

                           DOMINGAS
                     Daqui a pouco tá de pé.

32. INT. SOBRADO/SALA – NOITE

Domingas e Zana, com muita dificuldade, carregam Omar escada acima. Ele tenta gritar, mas nem para isso tem força.

                             OMAR
                   Só tu sabes, mama! Diz... Onde?

33. INT. SOBRADO/QUARTO DE YAQUB – NOITE/AMANHECER

Yaqub lê seu livro de cálculos. Ouve Omar – mas não tira os olhos dos livros.
      E aos poucos o choro noturno cessa, dando vez aos sons da manhã – os de sempre, de motores de barcos que chegam e partem, do sino da igreja, da voz dos ambulantes. Mas agora também há o som de sirenes, um burburinho cada vez maior.

34. INT. SOBRADO/QUARTO DE OMAR – MANHÃ

Omar encolhido, os olhos abertos mas inexpressivos. Zana está adormecida na cadeira de balanço, ao lado do filho.

35. I/E. SOBRADO/QUARTO DE DOMINGAS, ALPENDRE – MANHÃ

Nael levanta-se, enfraquecido. Ele entreabre a janela. Do lado de fora Domingas e Yaqub estão juntos, sentados na rede. Eles se balançam, levemente, conversando algo com intimidade.

36. I/E. RUA DOS BARÉS/LOJA DE HALIM – DIA

Do alto-falante colocado num poste, vem o som da "Voz da Amazônia. Dentro da loja, Yaqub observa as mercadorias à venda, às vezes se detém num produto ou outro com cara de poucos amigos. Rânia está mais arrumada do que costuma estar, o colar de pérolas no pescoço. Ela se movimenta, arrumando as mercadorias.

E, na calçada, os dados rolam sobre um tabuleiro apoiado sobre caixotes. Halim, TANNUS e ABBAS alternam os lances de dados com goles de arak e lufadas de fumaça do narguilé.

Yaqub se detém olhando o pai e seus amigos.

> YAQUB
> Achei que eles tinham sumido no mundo.

> RÂNIA
> O Abbas vive mesmo navegando por aí, quase nunca vem à Manaus. Mas o Tannus volta e meia aparece.

> YAQUB
> E quando aparece, ninguém trabalha...

37. EXT. LOJA DE HALIM/RUA DOS BARÉS – DIA

Tannus e Abbas se afastam rua abaixo, em meio ao burburinho. Na porta da loja, Rânia, Yaqub e Halim, apoiado numa bengala, observam os que se vão.

> YAQUB
> Atrapalham o movimento da loja, baba. São uns urubus na carniça que ficam esperando o lanchinho da tarde. Assim vocês não vão muito longe.

> HALIM
> Pra que ir tão longe assim? E o prazer do jogo, da conversa?

> RÂNIA
> O Yaqub tem razão. Já disse isso ao senhor, mil vezes...

Halim faz um gesto de enfado.

YAQUB
O comércio não se alimenta de prazeres passageiros.

HALIM
E nós, meu filho? O que seria de nós sem esses pequenos prazeres?

Ele entra na loja.

38. INT. LOJA DE HALIM/DEPÓSITO – DIA

Halim se encaminha para a escada, com certa dificuldade. Começa a subir, vagarosamente.

39. INT. LOJA DE HALIM/DEPÓSITO – NOITE

ANOS 30. Não há poeira no chão, agora mais limpo e mais lustroso. O depósito está às escuras, em silêncio, e aparentemente deserto. As mercadorias estocadas, o narguilé de Halim e o tabuleiro de gamão são visíveis à luz da lua.

Nenhum movimento a não ser o da ponta de um rolo de tecido que balança e o da janela que bate e volta com a brisa, até que algo se move por trás da pilha de rolos de tecido: OMAR espia, atento. E, depois, YAQUB se revela. Parecem temerosos, os olhos assustados no escuro. E, então, o barulho de passos que se aproximam. Eles recuam de novo, escondem-se.

São os passos de HALIM, ainda um homem jovem. Ele entra, procura algo. Hesita e sai, os passos vão descendo a escada.

Os meninos então se aproveitam: Yaqub acende o narguilé do pai, traga. Tosse muito. Omar ri, dá a ele um gole de arak. Ele faz careta, põe de lado a garrafa e joga os dados, anda com as peças de gamão. Os dois seguem imitando o pai, divertindo-se.

NAEL (V.O.)
A intimidade com os filhos, isso o Halim nunca teve. Uma parte de sua história, a valentia de uma vida, nada disso ele contou aos gêmeos.

[NOTA CENA 39] Momento raro de cumplicidade entre Yaqub e Omar, a cena no depósito é mais uma sequência da infância dos gêmeos criada para a série. Desde o início da escrita do roteiro houve a busca por elementos e cenários que pudessem ajudar a aprofundar este trecho da história dos irmãos. Nos cadernos de notas, momentos da infância narrados no livro, como o passeio na canoa, já se somam a ideias que deram origem a cenas como esta. [Imagens pp. 337, 341-43]

40. INT. LOJA DE HALIM/DEPÓSITO – NOITE

<u>ANOS 60</u>. Halim traga o narguilé, bebe um gole de arak, olhos perdidos no horizonte. Nael, o confidente, coloca mais brasa no narguilé.

> NAEL (V.O.) (CONT'D)
> Ele me fazia revelações em dias esparsos, aos pedaços, como retalhos de um tecido. Ouvi esses retalhos, e o tecido, que era vistoso e forte, foi se desfibrando até esgarçar.

Halim traga, sopra. A fumaça do narguilé os envolve.

41. INT. SOBRADO/QUARTO DE OMAR – MANHÃ

Omar, muito barbudo, expressão exausta, tem uma navalha na mão. O quarto está revirado, caótico e escuro – a luz que entra é a que teima em atravessar as frestas da janela.
Ele encosta a navalha na têmpora, começa a se barbear. O rosto, escondido, aos poucos vai reaparecendo por trás da barba antes cerrada.
Omar está com o rosto nu, mas não para: raspa o cabelo. Depois os braços, as pernas. Seus pelos cobrem o chão.

42. EXT. SOBRADO/QUINTAL – DIA

A família e os vizinhos em torno da mesa, já na hora do café: Talib, NAHDA, ZAHIA, ESTELITA e ABELARDO, mais Halim, Zana, Yaqub e Rânia. Domingas e Nael servem à mesa.

> ESTELITA
> Ficaste tão pouco!

> NAHDA
> Saudades de casa?

> ABELARDO
> Saudades da Lívia, não é? Nossa sobrinha sempre foi um doce, deve ser uma boa esposa...

Zana fuzila Abelardo com os olhos. Estelita dá um cutucão.

> ABELARDO (CONT'D)
> Estou quieto, Estelita! Estou quieto!

ESTELITA
Quieto? Quem me dera!

YAQUB
Está na hora de voltar.

TALIB
E do Líbano, não sentes saudades?

Agora é Yaqub que empalidece, silencia – assim como todos em volta. Ganha tempo, acende sua piteira, mas finalmente:

YAQUB
Que Líbano?

TALIB
Por enquanto só há um Líbano. Quer dizer, há muitos, e aqui dentro cabe um.

Ele aponta para o coração.

YAQUB
Não morei no Líbano, seu Talib. Me mandaram para uma aldeia no sul e o tempo que passei lá, esqueci.

O desconforto entre todos é quase palpável.

YAQUB (CONT'D)
Isso mesmo, esqueci quase tudo. A aldeia, as pessoas, o nome dos parentes... Só não esqueci a língua.

HALIM
Talib, não vamos falar/

Mas Yaqub se exalta, interrompe:

YAQUB
Não pude esquecer outra coisa. Não pude esquecer...

Faz-se novamente silêncio. Um tempo, ele não continua a frase. Zana se levanta.

ZANA
Vamos tomar um licorzinho na sala?

Talib se levanta, seguido pelas filhas.

> TALIB
> Muito obrigada, mas estou com um pouco de dor de cabeça. Uma sesta vai me fazer bem, já um licor...

Eles vão saindo em direção à sala, mas Yaqub não se move.

> NAEL (V.O.)
> Só Yaqub permaneceu ali. Ele e a frase incompleta. A reticência. O ruído de sua vida.

43. EXT. RUA DOS BARÉS/SOBRADO – DIA

As mãos de Halim estão, mais que pousadas, crispadas nas costas de Yaqub. Está emocionado, ansioso, talvez imagine que é a última vez que verá o filho.

> YAQUB
> Já estou atrasado, baba.

Rânia assume o volante do jipe já bem envelhecido, mas Halim não solta o filho.

> RÂNIA
> Está mesmo, vamos! Assim perdes o avião!

> YAQUB
> Preciso ir pra casa.

Sem remédio, Halim finalmente vai soltando o filho, com muitas lágrimas nos olhos. Yaqub, apesar do afeto, se mantém firme.

> HALIM
> Esta é tua casa também... Traz tua mulher...

> YAQUB
> Na próxima vez.

Ele abraça Domingas, pega a mala e despede-se de Zana com distanciamento.

> YAQUB (CONT'D)
> A senhora pode ficar tranquila, vamos ficar num hotel.

> ZANA
> Ouviste essa, Halim? Nosso filho quer se esconder com a mulher.

                             YAQUB
            Ela não é obrigada a aturar os surtos de um doente.

Ele finalmente embarca. De pé na calçada, apoiado em sua bengala e com o rosto tomado por lágrimas, Halim observa o carro que se afasta. Domingas e Zana também, cada uma emocionada a seu modo.
   O jipe desaparece na distância, e quando se voltam para a casa notam Omar, parado na porta: nu, inteiramente raspado, olhos de pesadelo.

                             ZANA
                       Omar, meu filho!

Zana se apressa na direção dele, leva-o para dentro, Domingas vai atrás. Halim apenas olha, desolado. E vai noutra direção, caminhando para a loja.

44. INT. SOBRADO/SALA – DIA

Zana entra, amparando Omar, que anda devagar, como que perdido. Domingas vem junto, grita para dentro.

                           DOMINGAS
                        Nael, um lençol!

Zana tenta levá-lo para cima.

                             ZANA
            Meu Caçula, precisas descansar... Não é possível que te destruas por
            causa daquele poeta!

Nael traz o lençol, não consegue evitar um olhar que mistura pena e desprezo. Zana cobre o filho nu, o ampara.

                          NAEL(V.O.)
            Omar raramente se calava, mas daquela vez foi Yaqub quem falou.
            Antes de partir, revelou a verdade sobre a viagem do irmão a São
            Paulo. Contou só para o pai, que o deixou desabafar.

45. EXT. PORTO DA ESCADARIA – NOITE

Halim e Yaqub estão sentados de frente para o rio, onde barcos e catraias alinhadas iluminam o Negro com seus faróis. Mas não há luz alguma nos olhos deles. Yaqub tem uma pasta no colo, como se fosse sair para trabalhar a qualquer momento.

O movimento de soldados em torno ainda existe, embora menos intenso. Já dominaram o que tinham que dominar.

> YAQUB
> Durante cem dias o teu filho foi disciplinado como não tinha sido em trinta anos, mas foram cem dias de farsa!

46. INT. PRÉDIO EM SÃO PAULO/ELEVADOR, PORTARIA – DIA

<u>ANOS 50</u>. [FLASHBACK] A porta de um elevador elegante se fecha sobre Yaqub – que sai aparentemente para o trabalho: cabelo com gomalina, terno, gravata, pasta de executivo e ar tranquilo, seguro.

47. INT. PRÉDIO DE YAQUB EM SÃO PAULO/ELEVADOR – DIA

A mesma porta pantográfica se abre revelando Omar. Cabelo revolto e expressão incendiada, está aos beijos e risos com uma jovem EMPREGADA DOMÉSTICA, uniformizada.

> [INTERVALO 1]

48. INT. APARTAMENTO DE YAQUB EM SÃO PAULO/SALA – DIA

O ambiente é rico, claro, bem cuidado, quase estéril. A empregada entra, coquete, trazendo Omar pela mão. Mais interessado no apartamento do que na moça, ele segue espiando tudo, folheando os livros, e detém-se no porta-retratos com uma foto do casamento de Yaqub e Lívia.
A empregada tenta puxá-lo para o sofá para um amasso, mas ele prefere revirar as gavetas.

> NAEL (V.O.)
> Durante todo um semestre Omar havia frequentado um dos melhores colégios de São Paulo, estudara inglês e espanhol, queimara as pestanas debruçado sobre uma escrivaninha repleta de livros.

49. INT. APARTAMENTO DE YAQUB EM SÃO PAULO/ QUARTO DO CASAL – DIA

Omar revira o guarda-roupa, a estante, as gavetas da cômoda, das cabeceiras; tira de lá fotos, papéis, documentos – inclusive o passaporte de Yaqub.

Já descontrolado, bota abaixo os livros da estante e, de um deles, cai uma nota de dólar. A empregada, agora já muito nervosa, tenta detê-lo, sem sucesso. Omar a empurra, tirando-a do caminho, e volta ao livro onde há o dinheiro.

> NAEL (V.O.) (CONT'D)
> Halim e Zana passaram meses acreditando nisso, nas cartas do Caçula compenetrado, estudioso, trancado no quarto, deslocado na cidade grande.

50. EXT. PORTO DA ESCADARIA – NOITE

ANOS 60. Halim e Yaqub continuam sentados de frente para o rio. O filho, raivoso; o pai, atônito.

> HALIM
> Eu acreditei... Tua mãe...

> YAQUB
> Eu também acreditei, pensei que ele ia aprender alguma coisa! Mas não aprendeu nada, nada!

> HALIM
> Tu não deste abrigo ao teu irmão. Eu entendo, mas...

> YAQUB
> Abrigo? Pra um primitivo, um irracional?! Ele não tem jeito, baba! Está estragado até o tutano! Olha! Olha o que ele fez quando invadiu minha casa!

Ele tira da pasta uma fotografia amassada. Halim observa a foto do casamento de Yaqub e Lívia – o rosto da noiva está riscado, desenhos eróticos e palavrões em torno.

> HALIM
> Quando descobriu quem era tua mulher...

Halim silencia, a foto rabiscada na mão. Yaqub sobe de tom – contar faz relembrar, deixando-o cada vez mais enfurecido.

> YAQUB
> Riscou palavrões no rosto da Lívia, mas não foi o bastante! O desgraçado roubou meu passaporte, meus dólares e se mandou pros Estados Unidos!

Halim olha para ele, incrédulo.

>   HALIM
>   Estados Unidos?

>   YAQUB
> Sim, com o meu dinheiro, baba! E o patife ainda resolveu me manter informado sobre suas farras e peripécias em cada cidade.

Ele joga no colo do pai, um a um, os cartões de Omar:

>   YAQUB (CONT'D)
> Miami, Tampa, Nova Orleans... O ponto alto foi a Louisiana!

Halim olha os cartões, desconcertado. Yaqub se levanta, exaltado, chama a atenção dos que passam.

>   YAQUB (CONT'D)
> Ele me levou uma fortuna, entendes?! A poupança de um ano de trabalho! Um ano calculando estruturas! Um ano vistoriando obras! Um *harami*, ladrão!!! Ladrão!!!

51. INT. LOJA DE HALIM/DEPÓSITO – NOITE

Halim está sentado na cadeira diante da janela que dá para o rio. Ele fuma o narguilé um tanto sôfrego, e tosse em seguida. Parecem ainda ouvir as palavras de Yaqub.

>   HALIM
>   *Harami... Harami...*

Ele toma um gole de arak, o último da garrafa.

>   HALIM (CONT'D)
> Podes pegar mais um, querido? Ali, naquele canto...

Enquanto Nael pega a garrafa cheia, Halim – que não tira os olhos do rio – continua falando.

HALIM (CONT'D)
Gritou "ladrão" tantas vezes que pensei que estivesse se referindo a mim... *Harami, harami...*

52. EXT. PORTO DA ESCADARIA – NOITE

Halim devolve a Yaqub a foto e os postais.

HALIM
Não podes perdoar? Esquecer essas coisas?

YAQUB
Perdoar?

Yaqub dá um riso sarcástico, rasga os postais e atira no rio.

YAQUB (CONT'D)
Mimem esse crápula até ele acabar com vocês! Vendam a loja, vendam a casa, vendam tudo pra estimular a safadeza dele!

Os pedaços de fotos boiam na água.

53. INT. LOJA DE HALIM/DEPÓSITO – NOITE

Nael traz a nova garrafa a Halim, mas seu olhar está perdido no porto.

HALIM
Depois do desabafo, o Yaqub foi murchando, virou mureré fora d'água. E sabes o que eu fiz?

NAEL
Não, senhor.

HALIM
Ele pensou que eu ia sair atrás do irmão dele, ou que eu ia contar tudo para Zana... Mas por Deus, eu tinha que esquecer todas essas porcarias! Os oitocentos e vinte dólares, o passaporte e a droga da Louisiana!

Halim finalmente pega a nova garrafa, bebe no gargalo.

                    HALIM (CONT'D)
            Voltei pra casa, enchi de orquídeas os vasos do quarto, armei a rede e
            gritei o nome da minha mulher.

Ele bebe mais um gole e, já devaneando, começa a recitar os gazais... até que desiste, a voz vai emudecendo na garganta.

                    NAEL (V.O.)
            De novo, silenciou, e dessa vez eu não soube se era esquecimento ou
            pausa para meditar. Ele era assim, não tinha pressa para nada, nem
            pra falar. Devia amar sem ânsia, aos bocadinhos, como quem sabe
            saborear uma delícia.

54. INT. SOBRADO/QUARTO DO CASAL – NOITE

Orquídeas no quarto, a rede armada e Halim à espera. Zana entra.

                    ZANA
            O que houve?

                    HALIM
            Tu. Demoraste demais.

Ele se aproxima, já despindo a roupa dela. Zana vai desarmando, ri.

                    ZANA
            O que deu em ti?

                    HALIM
            Ainda perguntas? Depois de tantos anos?

Ele a beija, percorre o corpo dela com as mãos, com o desejo e o amor que ainda resistem. Ela vai finalmente destravando, corresponde plenamente às carícias – ali é completamente dele.

55. EXT. SOBRADO/QUARTO DE DOMINGAS, QUINTAL – NOITE

Domingas ressona. Ouve-se uma voz difusa, que aos poucos torna-se mais clara: a voz de Omar. Só que agora ele não chama por ninguém – discursa.

> OMAR (O.S.)
> O poder quer impor pela força a ideia de que falam em nome do Estado, da Nação! Aqueles que nos oprimem e nos julgam subversivos são os que verdadeiramente traem o povo!

Nael levanta da rede, abre uma fresta da janela. No quintal, Omar fala para ninguém mas é como se falasse com os deuses. O suor escorre da testa, do rosto, ele vai se exaltando mais e mais.

> OMAR (CONT'D)
> E se não o povo, quem mais simboliza a nossa vasta pátria brasileira? Nós não seremos desmoralizados! Não seremos humilhados pelos que querem nos esmagar e afogar! Aqueles que vestem o verde, a cor da bandeira, são os verdadeiros inimigos do Brasil!

Omar pega um terçado e ataca uma planta, corta os galhos com violência.

> NAEL (V.O.)
> Omar não esqueceu Laval. Continuou confinado mesmo após a partida de Yaqub.

56. EXT. SOBRADO/QUINTAL, CORTIÇO – DIA/NOITE (VÁRIOS)

Mãos cavam a terra – é Omar que arranca o mato pela raiz. E, entre dias e noites, o jardineiro vai mudando de cor, vai virando mais bicho. Ferido e picado de insetos, cada vez mais entregue a uma labuta insensata, ele cata frutas podres, ensaca folhas, cava, revolve a terra e os formigueiros. Formigas caminham sobre seus pés.
    E então um caroço de manga o atinge, e outro, e outro. As crianças do CORTIÇO que cresceu nos fundos riem dele, provocam.
    Omar se levanta, enfurecido. Sai chutando folhas, chafurdando os pés na terra amontoada. Corre para junto do muro com o facão na mão, ameaçador.

> OMAR
> Filhos de uma égua!

Os meninos riem, desaparecem por trás da cerca.

> NAEL (V.O.) (CONT'D)
> Meio homem, meio bicho, Omar preferiu ignorar que parte do dinheiro que o sustentava vinha de São Paulo. Dinheiro e mercadorias.

57. EXT. RUA DOS BARÉS/SOBRADO – DIA

Um caminhão encosta na porta, buzinando. Diante de Zana e Domingas, atônitas, muitas caixas são carregadas para dentro da casa – enquanto os móveis e eletrodomésticos velhos saem porta afora, sob o comando de Rânia.

58. INT. SOBRADO/SALA – DIA

Domingas e Rânia tentam arrumar a sala atulhada de caixas e móveis novos, que contrastam com os antigos. Rânia está empolgada; Domingas, desconfiada.
Diante do sofá há agora um aparelho de televisão.

>   RÂNIA
>   (sorridente)
>   Sabes o que é isso, Domingas?
>
>   DOMINGAS
>   Uma televisão.
>
>   RÂNIA
>   Então tu sabes o que é bom!

Ela liga, mas na tela só aparecem chuviscos. Não se dá por vencida, mexe na antena – nada acontece.

>   RÂNIA (CONT'D)
>   Nael, vem aqui por favor!

Ela continua tentando – Domingas só assiste, quase risonha.

59. I/E. RUA DOS BARÉS/LOJA DE HALIM – DIA

O mesmo acontece aqui: o troca-troca de caixas, a poeira das velharias sendo arrastadas, a montagem de uma nova vitrine. Redes, malhadeiras, caixas de fósforo, terçados, tabaco de corda, iscas para corricar, lanternas e lamparinas são retiradas e dão lugar a roupas moderninhas, bolsas, batedeiras, ferros de passar.

>   NAEL (V.O.)
>   Quando Halim se deu conta, já não vendia quase nada do que sempre vendera.

Na nova vitrine, o reflexo de vários fregueses que entram e saem. Até que identificamos a imagem de Halim, como que sonâmbulo. E então ele dá as costas a todas as novidades, seu reflexo desaparece.

60. EXT. RUA DOS BARÉS – DIA

Nael ampara Halim a caminho de casa. A rua está imunda, não há mais árvores e o vai e vem de gente é grande – ambulantes, pescadores, camelôs, carros, bicicletas. Um ruído incessante que se soma ao auto-falante com a "Voz da Amazônia".

>HALIM
>Por Deus, rapaz... não importa. Nunca pude mesmo levar a sério o comércio, não tinha tempo nem cabeça para isso... Sei que fui displicente nos negócios, mas é que sempre exagerei nas coisas do amor...

Eles chegam ao sobrado, mas Halim segue adiante.

>HALIM (CONT'D)
>Ainda não, querido... Ainda não.

>NAEL
>Estão esperando o senhor pro almoço.

Halim sorri, dá um tapinha amigável nele.

>HALIM
>Tu ficas, eu já volto.

E se afasta, apoiando-se na bengala.

>NAEL (V.O.)
>Halim nunca me falou da morte, senão uma única vez, com disfarce, triscando as beiradas do assunto. Falou quando já se sentia perto do fim.

61. EXT. SOBRADO/QUINTAL, CORTIÇO, QUINTAL DOS REINOSO – NOITE

Trepado no alto da seringueira, Omar bebe de uma garrafa de rum. Melancólico, observa o que acontece no quintal vizinho:
Há vozes, choro de criança e muito movimento no cortiço.
No quintal dos Reinoso, Estelita diante de um pequeno caixão. Calisto abre a tampa – está vazio. Ele vai até a gaiola e tira dali o corpo inerte de um dos macacos, coloca dentro da urna. O outro macaco grita na jaula.
Estelita se ajoelha e chora copiosamente diante do "corpo" – é a primeira vez que a vemos fragilizada.
Abelardo se aproxima, a acolhe. Calisto fecha a tampa. Ele e Abelardo carregam o caixão até um buraco aberto no canto do quintal.

62. INT. SOBRADO/QUARTO DE DOMINGAS – NOITE

Batidas fortes, insistentes. Nael levanta da escrivaninha e abre a porta. Zana está diante dele, de camisola e muito aflita.

      ZANA
 Tens a vida toda para estudar, Nael. Agora tu vais atrás do Halim, ele
 sumiu de novo.

63. EXT. RUA DOS BARÉS – NOITE

Nael em busca de Halim. A rua estaria deserta, não fossem os mendigos dormindo nas calçadas.

64. EXT. RUAS DE MANAUS – NOITE

Nael segue procurando. Pergunta para uns, para outros, gente da madrugada, quase todos bêbados que apontam em direções díspares. As inúmeras construções também cresceram assim – díspares, incoerentes, sem nenhuma harmonia.

      NAEL (V.O.)
 Halim olhava com assombro e tristeza a cidade que se mutilava e
 crescia ao mesmo tempo, afastada do porto e do rio, irreconciliável
 com o seu passado...

65. EXT. CIDADE FLUTUANTE/BAR SEREIA DO RIO – NOITE

A bengala de Halim resvala no chão, avança devagar sobre a passarela escorregadia rumo ao bar onde ainda há alguma luz. E é ali, frágil e trôpego, que ele entra.

      NAEL (V.O.) (CONT'D)
 O velho Halim. Náufrago agarrado a um tronco, longe das margens
 do rio, arrastado pela correnteza para o remanso do fim.

66. EXT. CIDADE FLUTUANTE – DIA

O mesmo bar, as mesmas casas, a mesma passarela: mas tudo é golpeado violentamente, com machados e picaretas.
 Os restos da cidade flutuante são levados pela correnteza.

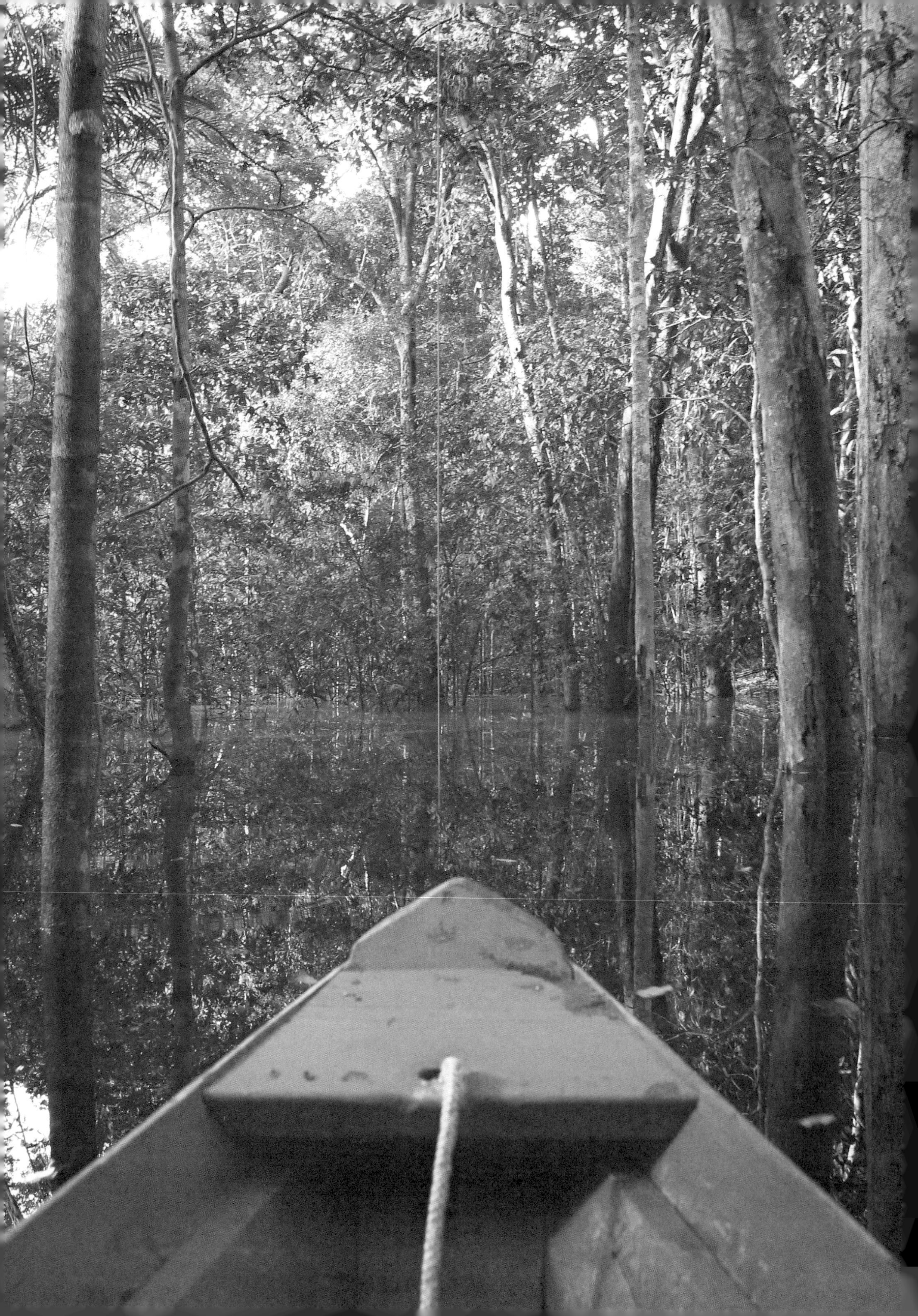

--- DOIS IRMÃOS ---

EPISÓDIO 9

1. EXT. SOBRADO/QUINTAL – DIA

<u>ANOS 60</u>. OMAR continua seu delirante trabalho no jardim – os pés nus chafurdam na lama, no solo destruído.

>   NAEL (V.O.)
> Omissões, lacunas, esquecimento... O desejo de esquecer. Mas eu me lembro, sempre tive sede de lembranças.

2. EXT. RIO NEGRO/PRAIA ENLAMEADA – FIM DE TARDE

<u>ANOS 30</u>. Mãos de meninos que cavam a lama junto ao rio, deixada pela vazante – OS GÊMEOS, juntos. Um deles esfrega a mão no rosto do outro, pinta de terra – o outro revida. Mas não é uma briga: os dois pintam e deixam-se pintar, os rostos idênticos vão sendo cobertos por máscaras de lama.

>   NAEL (V.O.) (CONT'D)
> De um passado desconhecido, jogado sei lá em que praia de rio.

3. EXT. RIO NEGRO/CIDADE FLUTUANTE – NOITE

<u>ANOS 60</u>. NAEL conduz o barco na escuridão, mas agora está sozinho à luz do candeeiro. Adiante, as luzes da cidade flutuante.

4. I/E. CIDADE FLUTUANTE/BAR DA SEREIA DO RIO – NOITE

Nael encosta o barco na frente do bar. Lá dentro, HALIM joga bilhar e bebe com caboclos e gente do local – entre eles, POCU. Nael desembarca, vai até ele.

>   NAEL
> Tá na hora de ir pra casa, seu Halim.

Halim xinga em árabe, se afasta de Nael, está nitidamente bêbado, como nunca vimos.

[NOTA CENAS 1 E 2] Desde o início deste episódio a terra aparece como elemento da natureza dominante, em outros foi o fogo, a água ou o vento – escolhas nunca aleatórias, mas conceituais. Entre a primeira e a última versão do roteiro, alguns capítulos se mantiveram fiéis ao seu "elemento primordial". Em outros casos, os elementos se misturaram. Aqui, graças ao quintal onde o corpo de Omar se mistura à lama, e sobretudo ao que vai acontecer adiante, com Halim, a terra prevaleceu. [Imagem p. 337]

                         POCU
             Tentei de tudo, ele não quis voltar.

                         HALIM
                        (balbucia)
                Voltar pra terra natal e morrer?

Ele faz um gesto de enfado, continua misturando palavras árabes à sua fala balbuciante.

                      HALIM (CONT'D)
         Melhor ficar quieto no canto onde a gente escolhe viver...

Ele afinal se deixa levar até o barco.

5. EXT. RIO NEGRO – NOITE

Nael guia o barco sob o luar, Halim em silêncio, olhos mortos. Nael tenta algo.

                         NAEL
              O senhor não quer me contar dos gazais?

Ele se mantém em silêncio, olhos perdidos. Nael insiste.

                      NAEL (CONT'D)
         Os versos do Abbas que o senhor dizia antes de namorar...

Halim finalmente sorri. E começa a balbuciar os gazais – sua fala vai ganhando força.

6. EXT. SOBRADO/QUINTAL – NOITE

Os gazais se misturam ao choro de Omar, no alto da árvore – como um lobo triste uivando para a lua. A pele dele agora é como uma crosta, mais de bicho que de gente.
    ZANA olha apara o alto, para o filho dilacerado.

7. EXT. RUA DOS BARÉS/SOBRADO – NOITE

Nael entra com Halim. Deparam-se com Zana conduzindo Omar, um trapo de homem, escada acima.

                    ZANA
            Até que enfim! Onde estavas dessa vez?

Halim não responde, apenas observa a mulher amparando o filho imenso e mais infantilizado que nunca.

                    HALIM
            Tu entendes isso, rapaz? Entendes?

                    ZANA
                   (suspira)
                Obrigada, Nael.

Ela volta novamente as atenções para Omar e desaparece no andar de cima. Halim dá de ombros, arrasta os pés até o sofá, senta-se. A televisão continua ali, desligada e inútil.

                    NAEL
            O senhor precisa de alguma coisa?

Ele não responde, mas volta a murmurar em árabe e português.

                    HALIM
            A minha maior falha, Nael... Mandei Yaqub sozinho praquela aldeia...
            tão longe, o Líbano... Mas a Zana quis assim, ela decidiu...

No andar de cima, Omar dá um grito e Halim desiste das palavras. Fecha os olhos, como que adormecendo.

                    NAEL (V.O.)
            Às vezes ele dissimulava um apagar súbito, de quem vaga, aéreo,
            sobre as coisas deste mundo.

8. INT. SOBRADO/SALA – DIA

Só há as marcas de Halim no sofá – ele já desapareceu.

                    NAEL (V.O.) (CONT'D)
            Talvez por esquecimento, ele omitiu algumas cenas, mas a memória
            é assim.

9. INT. LOJA DE HALIM/DEPÓSITO – DIA

Também aqui apenas as marcas do corpo e da passagem de Halim, que não está mais. Restam o tabuleiro de gamão, o narguilé, uma garrafa quase vazia de arak.

> NAEL (V.O.) (CONT'D)
> Inventa, mesmo quando quer ser fiel ao passado.

10. EXT. RUA DOS BARÉS/CENTRO DE MANAUS – DIA

O centro agora está caótico: ambulantes, pescadores, camelôs, carros, bicicletas, muitas vozes e alto-falantes que inundam a rua com outras vozes, com música. Em algumas casas, aparelhos de televisão ligados são vistos através das janelas. Há todo tipo de gente, mas Halim não está. Nael mais uma vez procura por ele.

11. EXT. PORTO DA ESCADARIA – DIA

E segue procurando. Nael pergunta para uns, para outros, que apontam em direções díspares.
Ele vai até o barco, desatraca e liga o motor.

12. EXT. RIO NEGRO/CIDADE FLUTUANTE, BAR SEREIA DO RIO – ANOITECER

De longe, o movimento na cidade flutuante é intenso, mas bem diferente de antes: não é mais o cotidiano. Agora os moradores das palafitas gritam, revoltam-se.
Nael se aproxima, percebe a razão do tumulto: tudo está sendo derrubado – homens com machados e picaretas atacam casas, passarelas; facões cortam as amarras que unem os troncos flutuantes uns aos outros e eles desabam no rio.
Nael encosta o barco a certa distância, no meio do caos. Adentra a parte da cidade flutuante que ainda está de pé, cruza com moradores desesperados, tentando tirar pertences de suas casas. E finalmente avista Halim diante do *Sereia do Rio*, entre os moradores que xingam, tentam resistir – Pocu com eles. Mas a polícia está em vantagem: coíbe, expulsa, empurra. Halim xinga em árabe, brande a bengala em direção aos policiais.

[NOTA CENAS 8 E 9] Voltamos ao tema do tempo e da memória, aqui diretamente ligada à invenção – recorrente não só em *Dois irmãos*, mas em toda a obra de Milton Hatoum. A essa essência deveríamos ser fiéis, e foi o que tentamos ser, transportando Nael para o audiovisual como um narrador assumidamente parcial e, por isso mesmo, mais interessante e mais forte.

HALIM
Por que estão fazendo isso? Vão embora daqui! Não vamos deixar!
Não vamos!

Mas nada impede os golpes que derrubam os finos pilares de madeira. Poeira e destroços voam pelos ares; telhados desabam, caibros e ripas tombam no rio; o bar, com suas mesas de caixotes improvisados e a mesa de bilhar – tudo desaba.

Os troncos, junto com os móveis, objetos, os restos das casas e suas lembranças, vão sendo levados pela correnteza, rio abaixo.

Halim chora como uma criança, mal consegue ficar de pé. Nael o ampara. E anoitece.

13. EXT. SOBRADO/QUINTAL – DIA

O chão do quintal agora está tomado por pequenas montanhas de terra – cupinzeiros e formigueiros que cresceram e se multiplicaram. Omar continua ali, e agora corta as belas açucenas brancas que não precisariam ser cortadas.

Sob a árvore, uma poça de sangue – que continua pingando do cordeiro já morto, pendurado num dos galhos. Nael é que tem o facão nas mãos agora.

Do cortiço, rádio sempre ligado, vem uma canção de Natal.

14. EXT. SOBRADO/COZINHA – DIA

DOMINGAS prepara comida para uma festa, como já vimos antes. Mais uma vez a quantidade de pratos é imensa, mas agora não há alegria nos preparativos.

15. EXT. RUA DOS BARÉS – DIA

Promoções de Natal são anunciadas pelo alto-falante e o movimento é agora ainda maior. Alguns pedestres carregam presentes. Há muitas caixas de eletrônicos circulando – inclusive um ou outro aparelho de televisão.

Nael passa empurrando um carrinho com caixas em direção à loja.

16. INT. LOJA DE HALIM – DIA

RÂNIA vai e vem em meio ao tumulto de Natal, Nael descarrega as caixas.
CID TANNUS e ABBAS chegam, Rânia estranha.

RÂNIA
Aconteceu alguma coisa? Onde está o baba?

ABBAS
Pensamos que estava aqui, se escondendo de nós.

CID TANNUS
O Halim não apareceu no Talib pro gamão de Natal.

RÂNIA
Ele anda com essa mania de sumiço. Vai com eles, Nael. Só tu consegues achar o rastro dele.

17. EXT. RUAS DE MANAUS – ANOITECER

Cid Tannus, Abbas, Nael e TALIB se dividem, procuram Halim por toda a parte – entram nas lojas, perguntam aos compadres que passam.

NAEL (V.O.)
Na verdade, Halim não se escondia – apenas caminhava solto, errante, desencantado: um balão que murcha antes de tocar as nuvens.

18. EXT. CASARÃO DOS REINOSO – NOITE

Nael está diante de ABELARDO e ESTELITA na entrada do casarão. Abelardo está mais magro, abatido. Dentro da casa, vislumbramos uma ceia gigantesca e luxuosa em preparação, com muitos criados indo e vindo.

ABELARDO
Mas é Natal, Estelita!

ESTELITA
Que importa se é aniversário de algum messias? O Halim deve estar num daqueles buracos infames que ele tanto gosta.

ABELARDO
Aqui ele não passou, Nael.

Estelita fecha a porta na cara de Nael.

19. EXT. PORTO DA ESCADARIA – NOITE

O vai e vem já findou, quase todos já se recolheram às suas casas para a noite de Natal. Mas Nael ainda não desistiu. Vê um bêbado cambaleante junto à amurada, segue até lá, mas percebe que não é Halim.

> NAEL (V.O.)
> Só uma vez a minha busca foi inútil.

20. INT. SOBRADO/COZINHA – NOITE

Domingas e Zana cozinham juntas e, em silêncio, colocam a comida nas travessas. Há uma tensão contida e amplificada pelas badaladas de um velho relógio. Até que Zana, agoniada, desiste.

> ZANA
> Vou ver o Omar.

Ela se afasta em direção ao jardim.

21. INT. SOBRADO/SALA – NOITE

As badaladas marcam 11 horas da noite, ressoam quase ameaçadoras. Há um banquete à mesa para a ceia de Natal, mas todos em volta estão tensos, nada festivos: Zana, Rânia, ZAHIA e NAHDA. Domingas segue trazendo a comida, em silêncio.
Zana tenta controlar o próprio nervosismo.

> ZANA
> Vocês não conhecem o Halim? Ele finge que some e de repente aparece...

Ninguém completa ou refuta.

> ZANA (CONT'D)
> O lugar dele é aqui, perto de mim. Sempre foi.

E então ela se alvoroça com o ruído da porta, de passos.

> ZANA (CONT'D)
> Viram? Eu disse que ele chegava logo!

Mas entram apenas Nael e Talib.

>   NAEL
>   Ele não está em lugar nenhum.

>   TALIB
>   Quando uma pessoa quer se esconder, a noite dá abrigo.

>   RÂNIA
>   Melhor começarmos sem ele, mama.

Zana se senta, eles também – mas ela não toca no prato.

>   ZANA
>   Vou esperar mais um pouco. Mas vocês podem comer.

Ninguém se mexe.

>   ZANA (CONT'D)
>   Vamos, comam!

Domingas e Nael de pé.

>   ZANA (CONT'D)
>   Domingas, Nael, vocês também.

Eles sentam, começam a comer, sem jeito e sem apetite. A cadeira de Halim, vazia, é a presença mais forte da noite. E ecoam mais badaladas, agora as da meia-noite.

22. INT. SOBRADO/QUARTO DE DOMINGAS, QUARTO DE CASAL, ALPENDRE – NOITE

Nael e Domingas acordados. Ela de olhos abertos na cama, ele na rede com um livro na mão – vê a silhueta de Zana se movendo no QUARTO no andar de cima. Mas seus olhos também vão se fechando.

>   NAEL (V.O.)
>   Quando a noite começava a perder sua treva, um ruído me despertou. Saímos do sonho para mergulhar num pesadelo.

Nael abre os olhos, assustado. Olha para fora, vê o vulto de alguém no ALPENDRE.

23. INT. SOBRADO/SALA – NOITE

Zana, carregando um alguidar com uma vela, caminha em direção à escada fazendo ranger o velho piso de madeira. Ela começa a subir, mas subitamente para, se dá conta de algo. Vira-se, e dá um grito.
Halim está sentado no sofá.

ZANA
Por Deus, quase me matas de susto, Halim!

Zana caminha na direção dele.

ZANA (CONT'D)
Para que isso, dormir aqui no sofá?

Ele nada diz, ela avança mais alguns passos.

ZANA (CONT'D)
Por que chegaste tão tarde?

O silêncio continua. Ela chega junto, se ajoelha no chão, toca o rosto dele.

ZANA (CONT'D)
Halim? Minha vida?

NAEL (V.O.)
Estava quieto como nunca. Calado, para sempre.

[INTERVALO 1]

24. INT. SOBRADO/SALA – NOITE

O pranto convulsivo de Zana, sentada entre os cacos do alguidar, ecoa pela casa. Rânia desce as escadas.

RÂNIA
Baba? O que houve?

Zana não consegue dizer nada. Domingas e Nael vão se aproximando, reúnem-se em torno do patriarca.
E então Omar surge, vindo do jardim. Se aproxima, se aproxima demais.

                              OMAR
                      Por que ele não se mexe?

Zana volta-se para ele o rosto banhado em lágrimas, sem entender. Tenta pegar suas mãos, mas Omar repudia.

                              ZANA
                             Meu filho...

Omar avança. Bem junto ao pai, cuja cabeça já tomba, levanta com força o queixo do morto – e grita:

                              OMAR
                    Por que não falas comigo???

                              RÂNIA
                     Deixa o nosso pai, Omar...

Mas ele empurra a irmã, que chora.

                              OMAR
              Vais ficar aí, com esse olhar de peixe morto? Peixe podre!

Zana cobre o rosto, chora mais. Omar continua gritando, cada vez mais exaltado.

                          OMAR (CONT'D)
           Fala, desgraçado! Diz agora que eu sou um inútil, diz!!!

Ele pega o pai pelos braços, levanta o corpo dele para um embate.

                          OMAR (CONT'D)
         Quem é o inútil, agora, hein? Quem é o imprestável? Fala comigo!

Domingas e Rânia também choram, assustadas. Omar sacode o pai, e quando vai dar um tapa em seu rosto inerte, Nael impede. Arranca o corpo de Halim das mãos do filho.
   Omar se debate, mas Nael arrasta-o para os fundos.

25. I/E. SOBRADO/COZINHA, ALPENDRE, QUINTAL – NOITE

Nael arrasta Omar em direção aos fundos, ele se debatendo, violento.
   No jardim, se desvencilha e alcança o terçado – mas Nael não recua.

NAEL
Me esquarteja de uma vez!

A faca treme na mão de Omar.

NAEL(CONT'D)
Desistiu? Não vai me enfrentar? Tu és um covarde! Um covarde!!! Covarde!!!

Omar larga o terçado, que cai no chão. Ele também cai sobre o barro, não faz mais nenhum movimento ou ruído.

26. INT. SOBRADO/SALA – AMANHECER

Talib cobre o corpo de Halim com um lençol, enquanto reza uma oração em árabe. Nahda e Zahia acompanham a reza; Rânia e Domingas choram, abraçadas.

TALIB
Não toquem no corpo dele, nem chorem perto daqui.

Mas Zana não ouve, ou ignora o que ouve. Se aproxima do corpo e afasta o tecido que cobre o marido. Pega os braços dele, coloca-os em torno de si – como se, mesmo morto, ainda pudesse abraçá-la. Ninguém ousa interromper.

ZANA
Não... Não podes sair dessa casa... Não podes sair de perto de mim...

E ela começa a recitar para ele os 15 dísticos em árabe, os gazais que ouviu durante toda a vida.

[NOTA CENA 26] Bastante fiel ao livro, a cena da morte de Halim não foi a mais difícil de adaptar no que diz respeito a sua construção dramática ou formal, mas o impacto emocional de escrevê-la foi imenso.

O patriarca é um personagem marcante – o preferido de muitos leitores. Um homem apaixonado e enternecedor, frágil e forte, demasiadamente humano em suas qualidades e defeitos. Matá-lo é como matar um pai, um avô ou um marido. É também admitir que não há saída, – como nas verdadeiras tragédias.

A versão gravada foi além, ao acrescentar visões e memórias de Halim quando jovem à cena, que em suas versões escritas, tanto no livro quanto aqui, são mais realistas.

27. EXT. CEMITÉRIO – DIA

Uma pá cava e joga terra sobre o caixão.

Há uma coroa de flores com uma inscrição em árabe e português: "Saudades de meu pai que, mesmo a distância, sempre esteve presente: Yaqub."

Família, vizinhos, Tannus, Abbas, Talib, Pocu e os companheiros dos Educandos estão ali para uma última homenagem a Halim. Abbas recita um poema em árabe, Talib continua com uma oração, mas a viúva é soberana – é para ela que Nael volta seus olhos.

Zana chora sem parar, dilacerada. Omar, acuado, a distância, observa de longe o choro da mãe.

E mais uma pá de terra faz desaparecer para sempre a urna que contém Halim.

                    NAEL (V.O.)
Talvez pudesse ter sido poeta, um *flâneur* da província; não passou de um modesto negociante possuído de fervor passional.

28. EXT. RIO NEGRO/PRAIA ENLAMEADA – FIM DE TARDE

<u>ANOS 30</u>. Os gêmeos apostam uma corrida cuja chegada é o pai. Halim cava com as mãos tentando libertar a canoa cheia de frutas e peixes que está encalhada na lama. Os meninos se unem a ele, três pares de mãos cavando juntas até que a canoa finalmente se liberta.

Eles navegam juntos, avançam rio adentro.

                    NAEL (V.O.) (CONT'D)
Assim viveu, assim o encontrei tantas vezes, pronto para revelar passagens de sua vida que nunca contaria aos filhos.

29. EXT. SOBRADO/QUINTAL – NOITE

<u>ANOS 60/70</u>. Uma labareda irrompe sobre a terra, sobre um cupinzeiro. Depois noutro, e noutro. Nael é quem ateia fogo, e observa as colônias de cupins e formigas sendo destruídas, queimadas – bichos que se retorcem.

Mas o fogo não está sob controle, e logo o quintal arde em chamas. Fogo que se reflete também nos olhos de Omar, que se encolhe num canto, assustado.

30. EXT. SOBRADO/QUINTAL – DIA

A grande árvore está chamuscada, o tronco em grande parte queimado pelo fogo. Urubus pousam nos galhos mais altos, rondam o quintal. O solo maltratado está agora coberto com fuligem e cinzas.

Em meio à desolação, Omar está agachado catando as folhas que restam – só de cuecas, imundo, cheio de feridas que lhe cobrem o corpo. Mas uma sombra avança e cresce, encobrindo Omar: Zana está vestida de preto, toda ela sombria.

ZANA
Chega de bancar o coitadinho, de esfolar as mãos com esse trabalho infame. Deves procurar um emprego, parar com essa mania de desocupado.

Agora é ele quem fica subitamente sombrio.

ZANA (CONT'D)
Tu és um péssimo jardineiro. Levanta.

Omar se resigna, obedece.

ZANA (CONT'D)
Uma vida desperdiçada… Teu pai não suportava te ver assim… Ele não merecia, Omar… Não merecia ouvir tanta torpeza. Como pudeste? Um homem morto… Morto!

Ela não consegue controlar o choro, e se afasta.

31. INT. SOBRADO/QUARTO DO CASAL – DIA

O ambiente está na penumbra, janelas e cortinas fechadas tentam impedir a entrada do sol.

Omar caminha devagar em direção à Zana, deitada na cama. Acaricia as costas, o rosto e o corpo da mãe, mas ela permanece alheia, sem corresponder às carícias. Pior: se esquiva, retira a mão dele.

32. EXT. SOBRADO/QUINTAL – ANOITECER

Não há mais ninguém em meio à terra desolada. Só alguns calangos, pássaros, formigas. A natureza que aos poucos tenta retomar seu lugar.

                    NAEL (V.O.)
O Caçula não voltou mais ao quintal. Abandonou as folhas secas, as frutas bichadas, os galhos podres, e regressou à noite manauara.

33. EXT. PRAÇA DAS ACÁCIAS – NOITE

<u>ANOS 70</u>. Os arredores da praça e seus monumentos agora estão cercados por camelôs e pedintes: Manaus tornou-se inteira um verdadeiro bazar a céu aberto.

O Café Mocambo também se transformou num bazar popular. Assim como as outras lojas que se proliferam, tem letreiros luminosos com palavras em inglês, chinês e japonês.

Omar caminha por ali, já mais refeito e iluminado pelo néon. Passa por um grupo de TURISTAS COREANOS falando sua língua incompreensível. Depois, por INDIANOS.

34. EXT. RUAS DO CENTRO/HOTEL BARATO – NOITE

Omar bebe, passa por um grupo de PROSTITUTAS. Se abraça a uma delas, entram juntos no hotel com um letreiro aceso pela metade.

                    OMAR (O.S.)
O centro virou um formigueiro, mama.

35. INT. SOBRADO/SALA DE JANTAR – DIA

Zana está diante do almoço intocado. Omar, ao lado dela, fala com empolgação e come com voracidade. A roupa amarrotada, meio suja, a cara de ressaca. Rânia com eles.

                    OMAR (CONT'D)
A cidade está cheia de estrangeiros. Indianos, coreanos, chineses... Tudo está mudando em Manaus.

                    ZANA
É verdade. Só tu não mudas, Omar, continuas um trapo. Já te olhaste no espelho?

Ele emudece, se surpreende com a rispidez dela. Rânia também.

                        ZANA (CONT'D)
Olha a tua roupa, o teu cabelo... Não sabes te portar na mesa, não tens hora para nada...

                        RÂNIA
Por que não vens trabalhar comigo na loja? Já te convidei mil vezes.

                        OMAR
Podes convidar mais mil, e eu não vou aceitar. Sabes por quê?

Ele levanta, já saindo.

                        OMAR (CONT'D)
Porque não sabes dar um passo sem consultar o teu irmão querido. O que deu certo, o que sabe tudo de comércio! Mas o que eu sei de comércio, Rânia? Nada! Nada!!!

Ele beija a mãe e sai, gargalhando com sarcasmo. Mas elas não riem.

                        NAEL (V.O.)
Omar sempre esteve por ali, expandindo sua presença para apagar a existência do irmão. Mas a lembrança de Yaqub triunfava.

36. INT. SOBRADO/SALA – DIA

Rânia coloca uma nova fotografia onde antes só havia o oficial do exército recomposto e as marcas daquelas rasgadas e quebradas por Omar – marcas que permanecem.
Ao lado do oficial agora há um retrato recente de Yaqub posando com uma medalha de honra ao mérito no peito.

                        NAEL (V.O.) (CONT'D)
Ele havia prosperado e mudado de endereço, aspirando talvez a um lugar no vértice – lugar tão distante de nós.

37. INT. SOBRADO/QUINTAL – NOITE

Nael revira com uma pá os cupinzeiros que mais uma vez cresceram. Uma batalha inglória.

NAEL (V.O.) (CONT'D)
Aqui o mundo era infestado de formigueiros, pragas e vassouras de bruxa. Os cupinzeiros cresciam do dia para a noite, como intrusos insistentes.

38. INT. SOBRADO/SALA – NOITE

Um homem com sapatos ordinários segue em passos vagarosos em direção ao sofá. Domingas olha para o recém-chegado sem disfarçar a desconfiança – nota o anel de rubi, o cabelo bem penteado mas engordurado, o sorriso artificial no rosto.

NAEL (V.O.) (CONT'D)
Mas, naquela noite, um outro intruso apareceu. Domingas não gostou de ver o visitante sentado no lugar de Halim, e a birra dela foi uma premonição.

E finalmente ROCHIRAM, 40 anos, é mostrado por inteiro. Ele recosta-se confortavelmente no lugar antes ocupado pelo patriarca.

[INTERVALO 2]

39. INT. SOBRADO/QUARTO DO CASAL – NOITE

Zana está deitada na cama, mesma posição, mesmos olhos tristes. Mas o som das vozes no andar de baixo a tira do torpor.

NAEL (V.O.)
Aos poucos Zana saiu da clausura, destravou a língua, se interessou pelo amigo do filho.

40. INT. SOBRA/QUARTO DE DOMINGAS – NOITE

À luz de uma vela, Nael datilografa devagar numa velha máquina de escrever. Zana está diante dele, ditando. E o som de sua voz invade as cenas seguintes.

ZANA
Rochiram, o nome dele. É um homem bem exótico, mas muito rico... E não é um aventureiro com o tal do inglês. Vai construir um grande hotel em Manaus!

41. INT. SOBRADO/SALA – NOITE

Omar apresenta Zana a Rochiram. Ele faz uma mesura um tanto cafajeste, beijando as mãos dela, e sentam-se todos no sofá. Domingas sai emburrada em direção à cozinha.

OMAR
Estou ajudando o seu Rochiram a encontrar um terreno perto do rio.

ZANA
Ah, sim... E o senhor é de onde?

ROCHIRAM
Soy indiano, señora... Mas na verdade no tengo país... pátria.

Zana não entende – cochicha para Omar pedindo socorro.

ZANA
O que esse estrangeiro está querendo dizer?

OMAR
Rochiram vive em trânsito, mama. Constrói hotéis em vários continentes.

ROCHIRAM
Si, si... Ásia, Europa, las Américas... Mi país son todos los países. Donde há negócios, lá es mi país.

ZANA
Ah, então sua pátria agora é a Amazônia?

ROCHIRAM
Si, si! Manaus es uma belíssima ciudad! E está cresciendo mucho, muchíssimo...

OMAR
Ele quer dizer que estamos crescendo muito. Indústrias, comércio... Uma bela oportunidade para os negócios do senhor Rochiram.

ZANA
Sim, realmente. Mas antes vamos ter que ensinar português a ele.

Domingas entra com a bandeja, serve guaraná para o visitante. Olhos fixos nele.

                   ZANA(CONT'D)
        Domingas, coloca mais um prato na mesa.
                    (a Rochiram)
             Ficas para jantar conosco, não?

Rochiram abre um sorriso.

                     ROCHIRAM
                   Si, por supuesto!

                       OMAR
                     Ele aceita.

Zana sorri de volta, luminosa como há muito não se via. Os olhos de Rochiram também brilham.

42. INT. SOBRADO/QUARTO DE DOMINGAS – NOITE

As teclas da máquina, seu ruído e o papel que vai sendo preenchido, à medida em que a vela diminui.
   Zana ainda diante de Nael.

                       ZANA
      …um grande hotel precisa de muitas cabeças e muitos braços para
      ser erguido…. Por que não tu também, Yaqub? Tu e teu irmão, juntos?

43. INT. SOBRADO/SALA – VÁRIOS DIAS

Zana termina de abrir um embrulho, presente de Rochiram: um vaso dourado chamativo, imitação de uma antiguidade chinesa. O indiano espera por Omar.

                       ZANA
                Agradeço muito, seu Rochiram.

                     ROCHIRAM
                Um prazer agradar, señora.

                       ZANA
                    O Omar já vem.

Segue-se um silêncio um tanto constrangido. Zana então pega a nova foto de Yaqub na parede, o filho com a medalha, e mostra a Rochiram.

ZANA (CONT'D)
Meu outro filho. É um grande engenheiro.

ROCHIRAM
Verdad?

ZANA
Um dos maiores calculistas do Brasil!

Ouve-se movimento na escada, ela se apruma, coloca a foto de volta no lugar.

ZANA (CONT'D)
(sussurra)
Mas, por favor, não fales sobre isso com o Omar.

ROCHIRAM
Claro. Tranquila, señora.

Eles calam. Omar chega – agora de fato diferente. Bem-vestido, relógio dourado, cabelo penteado.

ZANA
Agora, sim, meu filho. Dá gosto olhar pra ti.

Mas Omar não se deixa seduzir. Olha para os dois, desconfiado – e mais desconfiado fica ao ver a foto de Yaqub completamente torta na parede.

OMAR
Será que só tem mesmo olhos para mim, mama?

ZANA
Que pergunta, Omar!

OMAR
Vamos?

Rochiram se levanta. Zana, nervosa mas tentando disfarçar, levanta também.

ZANA
Não almoçam conosco hoje?

OMAR
Hoje, não.

                    ROCHIRAM
            Temos muchos sítios para visitar.

                    OMAR
            Muitos lugares para visitar.

                    ZANA
            Ah, sim... Claro. Onde vão?

                    OMAR
            Eu também tenho meus segredos, mama.

                    ROCHIRAM
            Dona Zana sabe que el segredo es la alma de los negócios... Hasta
            luego, señora.

Eles se vão, mas no caminho passam por Domingas, à espreita. Ela segura Omar pelo braço, sussurra.

                    DOMINGAS
            Não gosto do teu amigo. Na primeira noite que ele veio aqui, sonhei
            com o seu Halim.

                    OMAR
            Ainda acreditas em sonhos, Domingas?

Tira dinheiro do bolso, dá pra ela.

                    OMAR (CONT'D)
            Podes jogar fora aqueles trapos que chegam de São Paulo. Compra
            um vestido novo pra ti.

Omar ri, irônico, e sai atrás de Rochiram. Domingas segue-os com os olhos, através da janela.

                    NAEL (V.O.)
            Omar não trouxe mais Rochiram para casa – e tinha motivos para
            desconfiar.

44. INT. SOBRADO/QUARTO DE DOMINGAS – NOITE

Nael continua datilografando e Zana continua ditando a carta, o olhar meio perdido, tentando encontrar as palavras. A vela vai derretendo.

ZANA
Omar consegue o terreno, tu fazes os cálculos... Os dois juntos num mesmo projeto, como estiveram juntos um dia... Não sou mãe de Caim e Abel. Não quero morrer vendo meus gêmeos se odiarem como inimigos...

A cera pinga, a vela já diminuta e Nael segue obedecendo ao ritmo da voz de Zana.

ZANA (CONT'D)
Ninguém conseguiu apaziguar vocês dois... Nem Halim, nem as orações, nem mesmo Deus... Então tu, que és instruído, cheio de sabedoria... Tu, Yaqub, que realizaste grandes feitos na vida... Me perdoe.

Ela olha para Nael, dolorida. Fala como se Yaqub estivesse diante dela.

ZANA (CONT'D)
Perdoe por ter te abandonado... por ter te deixado ir sozinho para o Líbano... Naquele tempo era tudo tão distante, pensei que o Omar ia morrer na travessia...

Mas ela faz uma pausa, silencia. O encara.

ZANA (CONT'D)
Achas que as palavras estão me traindo, Nael?

NAEL (V.O.)
Ela me olhava como se estivesse na presença de Yaqub. Não sabia se o filho ia entender o que ela mais havia lhe pedido: perdão.

[NOTA CENAS 38 A 44] Aqui, a escrita da carta para Yaqub intercala-se à apresentação de Rochiram, mas no livro a sequência acontece de forma linear: a primeira visita, a birra de Domingas, o progressivo interesse de Zana, a desconfiança de Omar e, finalmente, a escrita da carta para Yaqub. A mudança é uma tentativa de potencializar a ação de Zana, reforçando também o suspense sobre o que acontecerá a partir de seus atos.

TRECHO DO LIVRO: "Omar não quis ouvir, fugia da sombra do pai, evitava o encontro até nos sonhos dos outros. Não trouxe mais Rochiram para dentro de casa: esperava-o na calçada e saía às pressas. Escondia-se com o indiano, vivia desconfiado, olhando de esguelha para a mãe, seguindo-lhe os passos, amoitando-se para escutar algum segredo.

Mais tarde, eu soube do que Omar desconfiava. Zana me pediu que datilografasse uma carta para Yaqub. Trouxe uma máquina de escrever para o meu quarto e começou a ditar o que tinha em mente. Falou do amigo de Omar, um magnata indiano que pretendia construir um hotel em Manaus."

E as teclas agora escrevem: "PERDÃO." E as mãos de Zana escrevem seu próprio nome, em árabe, ao pé da carta.

                        ZANA
        Não preciso pedir que... não digas nada, por favor.

Ela sai, rápido.

45. INT. APARTAMENTO DE YAQUB EM SÃO PAULO/QUARTO DO CASAL – DIA

Debruçado sobre a escrivaninha, Yaqub escreve para Zana. A letra é rebuscada, milimetricamente colocada na página. Nenhuma emoção transparece em seu rosto.

46. INT. SOBRADO/SALA – DIA

Rânia lê a carta, um tanto desolada.

                        RÂNIA
    "A construção do hotel me interessa, mas o atrito entre mim e Omar é assunto só nosso. Espero que seja resolvido com civilidade. Se houver violência, será uma cena bíblica.
                    (pausa)
        Um abraço, Yaqub."

Zana, junto à janela, mira o horizonte.

                        ZANA
    Eu peço perdão e ele se despede com um abraço.

Volta-se para Rânia.

                    ZANA (CONT'D)
        Mostra a carta para o Omar.

                        RÂNIA
        Mas mama, isso só vai piorar/

                        ZANA
        Ele está desconfiado. Melhor saber de tudo.

47. I/E. SOBRADO/ALPENDRE, QUINTAL – DIA

A rede balança com o peso de Omar e também de Rânia, que está deitada, lânguida, ao lado dele. Os pés juntinhos, dando impulso para o balanço. Rânia acaricia Omar, mas ele está sério: tem a carta nas mãos.

No quintal, Nael recolhe folhas secas.

RÂNIA
Não foi uma trama, ela só estava tentando unir vocês dois.

Ele volta a ler a carta.

OMAR
"Será uma cena bíblica"... O que o sabichão quer dizer com isso, hein?

RÂNIA
Não sei bem...

Ele ri, com raiva. Levanta da rede.

OMAR
O que o teu irmão entende de civilidade?

RÂNIA
Não sei do que ele entende, não sei o que ele quis dizer, mas sei que vocês podem mesmo trabalhar juntos. Numa construtora, quem sabe...

OMAR
Estás louca? Louca como ela?

Rânia tenta pegar a carta da mão dele, sedutora.

RÂNIA
Vem, fica aqui comigo...

Mas Omar se afasta, abrupto. E brande a carta nos ares.

OMAR
Eu conheci o Rochiram, *eu* estou buscando o terreno para o hotel! *Eu*, ouviste bem? *Eu* fiz tudo isso! Eu, eu, eu!

Possuído de raiva, ele rasga a carta.

OMAR (CONT'D)
O que ela quer? Paz entre os filhos? Nunca! Não existe paz neste mundo!

Ele sai, raivoso.

Começa a soprar um vento leve, e os pedaços da carta começam a se movimentar. Bailam no ar como as folhas que Nael recolhe.

48. INT. SOBRADO/VÁRIOS CÔMODOS – DIA

Ele, o VENTO, entra na casa através de uma velha janela, que range. É o QUARTO DO CASAL, agora deserto, desertado. A cama está vazia, sem vestígios de amor, e o vaso onde antes havia orquídeas exuberantes, está vazio.

Ainda fraco, mas aumentando, o vento abre a porta em direção ao CORREDOR: percorre o ambiente empoeirado e vai invadindo os outros quartos.

No QUARTO DE OMAR, caótico, uma foto dele com uma mulher desconhecida balança na parede, mas não desprende-se dali, ainda.

No QUARTO DE YAQUB, asséptico, a fronha bordada com seu nome está puída, amarelada pelo tempo. Uma planta de engenharia, rabiscada e esquecida sobre a mesa, vai ao chão.

A porta do QUARTO DE RÂNIA se fecha antes que se veja o que há lá dentro.

No ALPENDRE empoeirado, a rede que não é mais vermelha range e balança, mas agora não há nenhum corpo a impulsioná-la: apenas o vento.

Na SALA, a santa ainda orna o altar, amputada e envelhecida. O vaso dourado, presente de Rochiram, destoa de todo o resto. A foto de Yaqub e sua medalha vai ao chão.

49. EXT. RUA DOS BARÉS – DIA

Entre os passantes, mulheres seguram os vestidos, vendedores tentam proteger as suas mercadorias.

Domingas vem caminhando com compras – tenta avançar contra o vento que vai ganhando força.

[NOTA CENA 47] A carta de Yaqub aparece aqui como detonador: dela nasce o vento, que prenuncia o grande dilúvio. A imagem, que não está no livro, retoma a falha trágica de Zana: uma mulher que amou demais um dos filhos, que o escolheu, e pagou caro por isso. Ao escrever a carta para Yaqub, em princípio um pedido de perdão, ela acaba, mais uma vez, detonando a tragédia – ou o seu desfecho. Por extensão, também provoca a fúria da natureza. Mais uma vez, a natureza e o destino dos homens estão intrinsecamente ligados.
[Imagens pp. 336, 353-54]

50. EXT. PORTO DA ESCADARIA – DIA/NOITE

O vento, cada vez mais forte, assobia e levanta o pó – terra que esvoaça e invade tudo, nubla a tela e nossos olhos.

Pescadores, peixeiros e passantes correm. Barcos pequenos sacolejam, canoas estão amarradas por cordas que se retesam, se tensionam – na iminência de se romper.

Acima deles, no céu, nuvens imensas e ameaçadoras cobrem o sol, mas logo são levadas pelo vento forte.

Lua e sol aparecem e desaparecem.

>   NAEL (V.O.)
>   Foram dias e noites de ventania.

51. EXT. SOBRADO/QUINTAL, ALPENDRE – NOITE

A lua também banha o quintal, mas logo desaparece atrás de uma nuvem. O solo alterna montes e depressões, uma superfície quase lunar enevoada pela terra que esvoaça com o vento.

Vento que zune, balança a velha rede, cerca a casa, tenta entrar, empurrar portas e janelas ainda fechadas.

>   NAEL (V.O.) (CONT'D)
>   Vento quente, sem trégua e sem alívio.

52. INT. SOBRADO/SALA – NOITE

A janela fechada sacode, ainda resistindo. Rânia, Zana e Omar comem em silêncio. Há olhares trocados e interrompidos. O único som, onipresente, continua sendo o do vento que zune do lado de fora.

>   NAEL (V.O.) (CONT'D)
>   Todos na casa pareciam tomados por um mal-estar.

53. EXT. PORTO DA ESCADARIA – NOITE

A corda se rompe, as canoas se soltam. São levadas pelo vento, à deriva.

>   NAEL(V.O.) (CONT'D)
>   E então, finalmente, veio a chuva. O dilúvio.

54. INT. SOBRADO/SALA – NOITE

A janela finalmente se abre, a tranca rompida pela força do vento.

55. EXT. SOBRADO/QUINTAL – NOITE

Pingos grossos caem sobre a terra, sobre o pó. O volume de água aumenta rapidamente, corredeiras se formam entre os montes de terra.

56. INT. SOBRADO/VÁRIOS CÔMODOS – NOITE

Inúmeras goteiras, amparadas por baldes e panelas, tomam conta da casa. Mas a contenção agora é inútil, pois a água escorre também pelas paredes e vai alagando tudo.

> NAEL (V.O.)
> Halim não chegou a presenciar o pior. O mais infame, o fundo do abismo que ele tanto temia.

57. INT. QUARTO DE HOTEL EM MANAUS – NOITE

A chuva bate forte no vidro da janela. Sobre uma escrivaninha, uma planta de engenharia vai sendo desenrolada – o projeto de um grande hotel. YAQUB debruça-se sobre ela.

> NAEL (V.O.) (CONT'D)
> Temia, mas não pôde evitar.

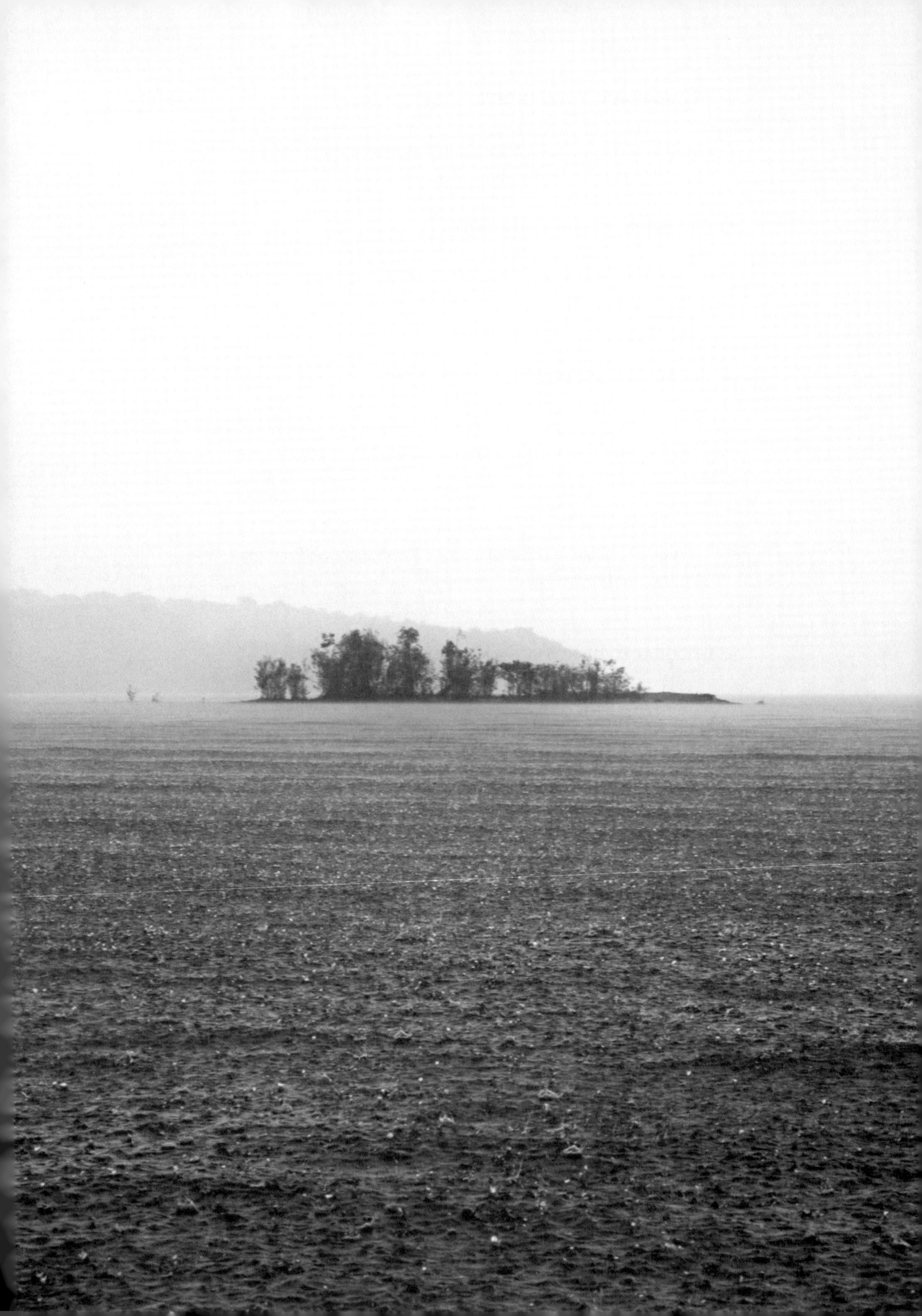

--- DOIS IRMÃOS ---

EPISÓDIO 10

1. EXT. RIO NEGRO/PORTO DA ESCADARIA – NOITE

<u>ANOS 70</u>. O rio está revolto como nunca vimos, e sobe de nível. A água bate com força na amurada; barcos sacodem com o vento e a chuva forte; as canoas se chocam umas às outras.

2. EXT. FLORESTA – NOITE

Na floresta, a chuva parece ainda mais violenta. Mesmo árvores mortas parecem ganhar vida sob os relâmpagos.

3. EXT. RUA DOS BARÉS/LOJA DE HALIM – NOITE

Chuva e raios na rua, agora transformada numa corredeira. Uma FAMÍLIA DE ÍNDIOS se encolhe sobre panos velhos e pedaços de papelão sob uma marquise, mas a água sobe perigosamente, começa a invadir a LOJA.
    RÂNIA fecha a porta às pressas.

4. INT. LOJA DE HALIM – NOITE

A porta não contém o aguaceiro, que entra pelas frestas e inunda o chão. Rânia tenta salvar as mercadorias.

                      NAEL (V.O.)
     Ninguém pôde esquecer aquela noite de quinta-feira.

5. EXT. SOBRADO/CORTIÇO, QUINTAL DOS REINOSO – NOITE

NAEL, equilibrado sobre as telhas, tenta cobrir o telhado com uma lona – corre perigo evidente, com os raios que vez por outra rasgam o céu sobre ele.

                  NAEL (V.O.) (CONT'D)
   Noite distante que surge agora diante de mim, se intrometendo nesta noite do presente.

Lá de cima, Nael enxerga o QUINTAL DOS REINOSO, e o macaco sobrevivente gritando na gaiola, agora sem socorro.
    CALISTO está ocupado no CORTIÇO, onde os moradores tentam salvar móveis e pertences da inundação – uma batalha inglória, já se percebe que vão perder tudo.

6. EXT. SOBRADO/QUINTAL, ALPENDRE, COZINHA – NOITE

Poças imensas e corredeiras aumentam de tamanho e volume a cada segundo. Parte da cerca que separa o quintal do cortiço desabou, deixando os vizinhos mais próximos que nunca.

Nael e DOMINGAS ajudam os moradores a carregar crianças e móveis.

A água invade o alpendre, a cozinha, a casa.

7. INT. SOBRADO/SALA, COZINHA – NOITE

Domingas e Nael tentam salvar móveis e objetos da água que escorre pelas paredes, entra pelo telhado, pelas frestas, por sob as portas. Os eletrodomésticos novos, inclusive a televisão nunca mais ligada, não se salvam da enchente.

8. INT. SOBRADO/QUARTO DE OMAR – NOITE

A água desce pelas paredes, impossível de ser contida. As fotos de Omar com suas mulheres boiam, junto a muitas cédulas.

OMAR pesca o dinheiro, nota por nota.

9. INT. SOBRADO/QUARTO DO CASAL – NOITE

ZANA está deitada na cama, olhos abertos, indiferente à água que se acumula no chão.

Lentamente, fecha os olhos.

10. INT. QUARTO DE HOTEL – NOITE/AMANHECER

A chuva aqui está apenas do lado de fora, bate com força na janela. Indiferente à tormenta, debruçado sobre o projeto de um grande hotel, YAQUB trabalha. E amanhece.

11. INT. SOBRADO/SALA – MANHÃ

Ainda há poças aqui e ali, marcas da água nos móveis, nas paredes. A geladeira nova está destruída.

Domingas e Nael, rodo e vassoura nas mãos, empurram para fora a água que resta. Então o telefone toca, Domingas vai atender... Mas Rânia desce as escadas, tensa.

RÂNIA
Eu atendo.

Ela segue para o telefone, que atende aos sussurros. Nael continua empurrando a água, mas aguça os ouvidos e ouve alguns trechos do que ela diz.

RÂNIA (CONT'D)
Alô? ...Sim, sou eu. ...Por que isso, Yaqub? ...Estás hospedado aonde? ...Não, melhor não.

Embora disfarce, Domingas também está quieta, ouvindo. E agora tensa também. Os gestos se tornam mecânicos, nervosos.
Rânia desliga o telefone e sobe novamente as escadas, ainda mais agitada. Do andar de baixo é possível ouvir os passos apressados, as batidas dela na porta de Zana, chamando a mãe. E a porta que se abre e se fecha.

NAEL
O Yaqub está em Manaus?

Domingas, sem jeito, faz que sim.

NAEL (CONT'D)
Ele não vem visitar?

DOMINGAS
(tensa)
Deve vir.

Ela faz uma pausa no trabalho, parece muito cansada. Olha para fora, pela janela.

NAEL
Ainda bem que estiou.

DOMINGAS
É. Mas o tempo ainda está feio.

E ela volta a empurrar a água para fora.

NAEL (V.O.)
No meio da manhã um sol fraco apareceu.

12. EXT. SOBRADO/QUINTAL – MANHÃ

Restam apenas os destroços deixados pela chuva, que já cessou – o quintal está destruído, a terra revirada, grandes poças alternam-se com lamaçais.
Nael entra com uma pá, vai afundando os pés na água.

> NAEL (V.O.) (CONT'D)
> Aos poucos, o mormaço foi aquecendo o quintal, mas não podia ainda apagar os traços da noite de tempestade.

13. INT. SOBRADO/QUARTO DE DOMINGAS – MANHÃ

Domingas se arruma diante de um pequeno espelho mofado. Passa lápis nos olhos, batom nos lábios, arruma o penteado com ansiedade. Está com um vestido novo, branco, diferente das roupas pesadas e tristes que costuma usar – mas então se assusta com a presença de alguém.
Zana está parada na porta. Enlutada, desolada, fala como se estivesse em outro mundo – e, de fato, está.

> ZANA
> Eles estavam no meu quarto, Domingas... Os dois meninos, tão serenos... mas de repente não estávamos mais lá, e sim no porto... E só havia um gêmeo, de costas pra mim e, mais à frente, um navio... Então ele se virou e me olhou, era o Yaqub... Ele sorriu, mas depois foi sumindo, eu não conseguia mais enxergar o rosto dele... Sumiu até desaparecer...

> DOMINGAS
> Foi só um sonho, dona Zana.

14. INT. SOBRADO/COZINHA – MANHÃ

Domingas liga o fogo, coloca a goma de tapioca na frigideira, mas Zana não se move, não reage – continua perdida em pensamentos.

> DOMINGAS
> Vou fazer bem fininha, como a senhora gosta.

> ZANA
> Não sobrou nada, ninguém...

Rânia entra, já pronta para sair.

>   RÂNIA
>   Vamos, mama.

>   ZANA
>   ("acorda")
>   O Yaqub... Onde está?

Rânia troca um olhar tenso com Domingas.

>   RÂNIA
>   Não sei dele.

>   ZANA
>   E o Omar?

>   DOMINGAS
>   Ainda não desceu.

>   RÂNIA
>   Vem, nós temos hora, mama.

Ela sai levando a mãe com ela.
    Ao longe, a porta da sala bate. Domingas desliga o fogo. Mas em seguida há ruídos na escada – passos pesados. Ela liga o fogo novamente.

15. INT. SOBRADO/SALA DE JANTAR – MANHÃ

As marcas da chuva e do tempo fazem da sala um ambiente nada acolhedor. Mesmo o café da manhã farto de outros tempos não está mais lá. Domingas coloca a tapioca na frente de Omar, mas ele vira uma xícara de café sem ao menos se sentar. Está mais tenso ainda do que ela, a cara fechada.

>   DOMINGAS
>   Não vais comer nada? Fiz tapioquinha com queijo coalho.

>   OMAR
>   Não volto pra almoçar.

Ele sai, pisando duro. E a porta bate, mais uma vez. Domingas se afasta, levando a tapioca para a cozinha.

16. INT. SOBRADO/COZINHA, ALPENDRE – MANHÃ

Domingas joga a tapioca no lixo. E na sala a porta agora range, se abrindo. Atenta, ela tensiona, mais uma vez.

>NAEL (V.O.)
>Minha mãe pressentia que Yaqub matutava alguma coisa.

17. EXT. SOBRADO/QUINTAL – DIA

<u>ANOS 30</u>. Os dois meninos testam suas baladeiras. Omar mira num calango que passa, mas a pedra passa bem longe, e o animal continua sua caminhada ao sol.
    Yaqub se aproxima dele devagar com a sua baladeira, em silêncio. Mira com calma, atira. E acerta.

>NAEL (V.O.) (CONT'D)
>Se sofisticava, preparando-se para dar o bote: minhoca que se quer serpente, algo assim. Conseguiu. Deslizou em silêncio sob a folhagem.

18. EXT. SOBRADO/QUINTAL, ALPENDRE – DIA

<u>ANOS 70</u>. Há uma quantidade considerável de calangos mortos, afogados pelo temporal. Com uma pá, Nael tenta abrir um caminho na lama, fazer escoar as poças – trabalho inglório, quase impossível.

>YAQUB (O.S.)
>Então continuas limpando o quintal?

Nael vira-se. Do ALPENDRE, Yaqub o observa, sorridente. Está mudado – ao contrário de todos na família, parece mais relaxado agora. Roupa menos formal, sorriso no rosto, come com gosto a tapioca.

19. INT. SOBRADO/COZINHA, ALPENDRE – DIA

Yaqub desenrola a planta do hotel sobre a bancada. Nael e Domingas com ele – ela cada vez mais tensa.

>YAQUB
>São os cálculos para a estrutura de um grande edifício, vês?

Nael olha, mas não entende grande coisa.

                    YAQUB (CONT'D)
            Vai ser construído aqui em Manaus, com vista para o rio.

                         NAEL
                   Tu é que vais construir?

                         YAQUB
       Só faço o projeto, mas sem projeto não há construção. Nada de bom
                    acontece sem planejamento.

Ele mostra mais uma pilha de livros de cálculo.

                    YAQUB (CONT'D)
                Trouxe mais alguns livros pra ti.

                         NAEL
                       (sem graça)
                        Obrigado.

20. I/E. SOBRADO/QUARTO DE DOMINGAS, ALPENDRE – DIA

Nael amontoa os livros junto aos outros muitos livros de matemática empilhados no armário, sem uso – e é do quarto que ele assiste ao desenrolar da tragédia.
   No ALPENDRE, Yaqub deita na rede, relaxado, mas Domingas não consegue disfarçar o nervosismo.

                       DOMINGAS
                  A que horas tu tens que ir?

                         YAQUB
              Tenho tempo. Por que não sentas aqui comigo?

                       DOMINGAS
                   Vamos dar uma volta, melhor...

                         YAQUB
                     Por que tanta pressa?

Ela se esforça e senta com ele, aflita.

                    YAQUB (CONT'D)
                     Ficas bem de batom.

Yaqub a abraça, Domingas ri. A rede balança, ela relaxa um pouco – só um pouco.

>DOMINGAS
>Chega, Yaqub.
>(levanta)
>Deves ir, agora.

>YAQUB
>Estou na minha casa, não é isso que sempre me dizem aqui? Não vou fugir.

Então os olhos de Nael se desviam deles para dentro da casa. E se transformam.

>NAEL (V.O.)
>Então eu o avistei: o corpo crescendo, se agigantando. O olhar alucinado no rosto irado.

Omar, transtornado, avança em direção a Yaqub.

>OMAR
>Uma cena bíblica, não é? Então vamos ver se conheces mesmo a bíblia, traidor!

E ele soca Yaqub. Com força, repetidas vezes, cada vez mais furioso.

>OMAR (CONT'D)
>Traidor! Covarde!

Domingas grita, Nael corre para ajudar. Tenta segurar Omar, mas ele se desvencilha e continua batendo. A rede, antes desbotada, vai se avermelhando novamente com o sangue de Yaqub.
Irrefreável, Omar arranca Yaqub da rede, joga-o no chão e continua batendo, chutando. Domingas grita, desesperada, e Nael segue tentando contê-lo – mas diante da ferocidade e da força descomunal de Omar não há chance para Yaqub, para ninguém.

>DOMINGAS
>Para, Omar! Pelo amor de Deus, para!

Atraídos pelos gritos, Calisto e outros moradores do cortiço se aproximam e ajudam Nael a segurar Omar, que ainda resiste. Só para de se debater quando vê que está cercado por muitos homens. Então se desvencilha deles e recua, ofegante.
Yaqub está no chão, tremendo, gemendo, o rosto disforme coberto de sangue. Domingas se abaixa junto dele, chorando.

                    DOMINGAS (CONT'D)
                    Nael, chama uma ambulância.

                            OMAR
                            Traidor!

Omar cospe em Yaqub e se afasta rapidamente em direção à saída – há o ruído de louças e objetos sendo quebrados à sua passagem.
    A porta bate na sala, mais uma vez.
    Domingas chora, a maquiagem nunca usada agora vai manchando-lhe o rosto com lágrimas negras.

21. EXT. RUA DOS BARÉS – DIA

A ambulância, sirene ligada, abre caminho em meio ao tumulto e ao vai e vem de gente na rua agora caótica, onde a natureza não tem mais lugar.
    Na janela, o rosto triste e borrado de Domingas.

                    DOMINGAS (O.S.)
                    Limpa a mesa, joga no lixo a louça quebrada...

22. INT. SOBRADO/SALA DE JANTAR – DIA

Nael limpa o chão ensanguentado e recolhe os restos da tragédia: cacos de louça e pedaços do projeto do hotel – a planta agora rasgada, completamente destruída. Ele tenta juntar os pedaços, como se fosse um quebra-cabeça, mas parece impossível.

                    DOMINGAS (O.S.) (CONT'D)
                    ...e não digas nada disso pra dona Zana.

23. INT. HOSPITAL – DIA

O rosto de Yaqub está destruído e ele fala com dificuldade. Domingas ao lado dele, desolada, a maquiagem borrada, o vestido manchado de sangue.

                            YAQUB
                    Inventa, Domingas... Qualquer coisa... Diga qualquer coisa...

24. INT. HOSPITAL – DIA

Uma série de fotos de Yaqub sem blusa, detalhando os ferimentos – perdeu dentes, o rosto está disforme, os dedos quebrados, há hematomas por todo o corpo. Um exame de corpo de delito.

25. INT. SOBRADO/ALPENDRE – ANOITECER

Domingas mergulha a rede na água, que se tinge de vermelho. Ela chora enquanto esfrega com força.

26. INT. SOBRADO/ALPENDRE – NOITE

A rede está no varal e Zana diante de Domingas. As duas desoladas.

>ZANA
>Viajar às pressas... mas por quê?

>DOMINGAS
>Não sei dizer, dona Zana.

27. INT. SOBRADO/QUARTO DE OMAR – NOITE

O quarto ainda tem os resquícios da enchente. Sobre a mesa, muitas cédulas ressecadas, salvas da água.
Zana olha tudo, abre a gaveta revirada, pega o passaporte de Yaqub.

>ZANA (O.S.)
>Por que, Domingas? Por quê?

28. EXT. PORTO DA ESCADARIA – DIA

O porto transformou-se num formigueiro humano. Agora, entre os pequenos barcos de pescador há também grandes barcos de passageiros.
Caixas imensas de produtos eletrônicos com inscrições da Zona Franca também são carregadas para dentro e fora dos barcos – Calisto é um destes carregadores.
Zana vaga entre caixas e barcos, procurando. Lenta e frágil, parece vulnerável em meio ao caos, e logo a perdemos de vista na multidão.

NAEL (V.O.)
Zana repetia a pergunta como se da repetição fosse nascer uma resposta. Perguntava por Yaqub, mas buscava Omar.

Omar aparece noutro ponto, em meio à mesma multidão. Também parece buscar alguém, mas caminha rápido, agitado. Percorre passarelas, não responde ao pescador que chama por ele. E também desaparece.

NAEL (V.O.) (CONT'D)
Dizem que ele ainda procurou a Pau-Mulato no porto da Escadaria, mas depois desapareceu.

Voltamos à Zana, que reaparece, vagarosa, fora do ritmo agitado da multidão.

NAEL (V.O.) (CONT'D)
O sonho de Zana, desfeito.

29. INT. SOBRADO/SALA – NOITE

Na parede agora só restam manchas. Não há mais nenhuma foto de Yaqub ali.

NAEL (V.O.) (CONT'D)
Ela jamais veria os filhos juntos, numa harmonia impossível.

No altar, a luz da vela tremula ao lado da santa de gesso quebrada. Domingas e Zana estão de mãos postas, ajoelhadas lado a lado. Mas dessa vez Zana não fala com os deuses.

ZANA
Eles iam abrir uma construtora... O Caçula ia ter uma ocupação, um trabalho... O Omar perdeu a cabeça, foi traído pelo irmão... Sei de tudo, Domingas!

[NOTA CENA 28] Mesmo antes da primorosa pesquisa que levou à inserção de imagens de arquivo na edição final da série e ampliou assim a sua dimensão histórica, já havia a percepção de que o drama da família deveria se estender para além das quatro paredes do sobrado. A intenção está no livro e, a isso, a adaptação deveria ser fiel: a tragédia de uma família como reflexo da tragédia de uma cidade, de um país, de um projeto de modernidade. Essas primeiras impressões já estavam no parecer escrito para a Tv Globo (ver texto de apresentação, "Dois Irmãos e o Tempo" – p. 3) e na primeira versão do argumento, ambos escritos em 2003.
[Imagens pp. 353-55]

                    DOMINGAS
         O Yaqub não teve chance de se defender, dona Zana.

                    ZANA
         Ele fez tudo escondido! Se reuniu com aquele indiano! Ignorou o
         meu Caçula, tirou tudo que ele tinha, a única chance!

Domingas se levanta silenciosamente e sai da sala, deixando Zana sozinha pela primeira vez. Sem fé.

30. INT. SOBRADO/QUARTO DE DOMINGAS – NOITE

Nael está sonolento na rede. Domingas, silenciosa, esculpe mais um pássaro de madeira – mas não o faz mais com a mesma dedicação, parece alheia. Então começa a cantar uma canção de ninar – pela primeira vez em sua língua natal: o nheengatu. Nael abre os olhos, atento à mãe.

                    NAEL (V.O.)
         Eu via Domingas esmorecer, cada vez mais apática, indiferente ao
         ritmo da casa, indiferente até aos pássaros que lhe devolviam
         durante à noite a dignidade perdida durante o dia.

31. INT. SOBRADO/QUINTAL – DIA

Zana, abatida, pendura roupas de Halim e Omar no varal. Rânia tenta consolar.

                    RÂNIA
         O tempo pode acalmar os dois, mama.

                    ZANA
         O tempo? O que sabes tu sobre o tempo, Rânia?

E depois de uma pausa:

                    ZANA (CONT'D)
         Nada nesse mundo pode acalmar um homem traído.

                    RÂNIA
         O Yaqub ainda vai se arrepender.

                    ZANA
         Tu também não sabes nada sobre os homens.

E ela estende mais uma camisa de Halim ao sol.

32. I/E. RUA DOS BARÉS/LOJA DE HALIM – DIA

Reconhecemos os sapatos ordinários que percorrem a rua e entram na loja; o mesmo anel de rubi que pousa sobre o balcão; os mesmos óculos escuros. Mas não há mais sorriso no rosto de ROCHIRAM.

> ROCHIRAM
> Yo traje una propuesta para resolver el problema.

Rochiram coloca um documento sobre o balcão, diante de Rânia. Nael, por perto, ajuda com as mercadorias.

> NAEL (V.O.)
> Rânia ouviu as palavras que esperava: a dívida dos dois irmãos em troca da casa de Zana.

Rânia olha para ele, atônita. E Rochiram tira os óculos, revelando o olho inchado e roxo que sugere um soco ou agressão.

> ROCHIRAM
> Su hermano, el ingeñiro, está de acuerdo.

[INTERVALO 1]

33. INT. LOJA DE HALIM – DIA

Rânia lê o documento e a carta de Yaqub anexada a ele. Rochiram, diante dela, já recolocou os óculos e aguarda batucando no balcão com seu anel de rubi.

> YAQUB (O.S.)
> Houve prejuízo, e alguém tem que pagar por ele. O mais sensato é vender o sobrado a Rochiram por um preço bem modesto. Se isso não for feito, Omar vai sofrer as consequências.

Rânia olha para ele, sem saber o que dizer. Nael à espreita.

34. INT. HOSPITAL/QUARTO – DIA

Rânia está diante do leito de Yaqub, ferido.

RÂNIA
Não entendo, Yaqub! Nossa casa vale mais... Esse dinheiro, esse prejuízo, não é tanto assim!

YAQUB
É a minha condição.

Ela o acaricia.

RÂNIA
Queres acabar conosco, meu irmão?

Ele fala baixo e pausadamente, o olhar duro.

YAQUB
Se querem ir para o inferno com o Omar, o que posso fazer?

Rânia olha para ele, desolada.

NAEL (V.O.)
Rânia não mostrou a carta à mãe. Nunca soube qual o acordo entre Yaqub e Rochiram, mas entendeu que só a venda da casa pouparia Omar.

35. INT. SOBRADO/SALA – NOITE

Zana está sentada no sofá, na posição em que Halim morreu. Parece quase morta também.
Rânia ao lado dela, junto a TALIB, NAHDA, ZAHIA e ESTELITA. Tentam trazê-la de volta, cada um a seu modo.

RÂNIA
É para o bem dele, mama.

TALIB
Alá fecha uma porta e abre outra...

RÂNIA
Já tenho um bangalô em vista. É bem espaçoso, tem lugar para as suas plantas, uma varandinha para estender a rede...

Ela finalmente fala.

ZANA
Será que não entendes? Eu nunca vou deixar a minha casa.

As visitas se entreolham, penalizadas.

ESTELITA
Tua casa não é mais o que era, Zana. Está tudo destruído, por que não olhas ao redor de ti?

Zana se levanta, firme, surpreendendo a todos.

ZANA
Só o que vejo é que na minha casa não tem lugar pra ti, Estelita. Nem pra ti nem pra tua sobrinha assanhada.

Estelita também se levanta, assustada.

ZANA (CONT'D)
Ela mesma, a Lívia! Pescou meu filho num daqueles cineminhas do teu porão, destruiu a vida dele, do irmão, acabou com a minha família! O Yaqub fugiu, casou escondido, longe de nós, como um bicho! E a sirigaita ainda me manda tâmaras! Tâmaras, onde já se viu?!

RÂNIA
Por favor, mama... Desculpe, Estelita.

ESTELITA
Só perdoo porque tua mãe não está nada bem.

ZANA
Quem é que precisa do teu perdão? Tu nunca mais pisas na minha casa!

Estelita vai rapidamente em direção à porta, Nael abre para ela. Mal contém o sorriso ao vê-la sair, estrebuchando de ódio. Zana se volta para os outros.

ZANA (CONT'D)
Não quero mais ver ninguém.

Ela sobe lentamente as escadas.

36. INT. SOBRADO/QUARTO DE DOMINGAS – NOITE

Domingas ainda esculpe o pássaro de madeira – o último. É ela quem canta, mas aos poucos, assim como o ímpeto que lhe resta, a voz também vai morrendo na garganta.

Ela deixa o pássaro de lado. Um pássaro estranho, um tanto amorfo, não tem a mesma harmonia dos que estão alinhados junto à parede.

>NAEL (V.O.)
>Os últimos animais que ela esculpiu lembravam pequenos seres inacabados. Fósseis de outras eras.

37. INT. LOJA DE HALIM/DEPÓSITO – DIA

Rânia e Nael fazem uma limpa das mercadorias agora inúteis. Jogam fora malhadeiras apodrecidas, anzóis enferrujados, rolos de tabaco, fitas métricas, tecidos esgarçados e outras quinquilharias.

Ela para por um momento, limpa o suor que escorre pelo rosto, mas em seguida retoma o trabalho. Encaixota também o tabuleiro de gamão, o narguilé antigo, garrafas de arak cheias e vazias – objetos que eram do pai.

38. EXT. PORTO DA ESCADARIA – DIA

Domingas, na amurada, observa os barcos de passageiros que vão e vêm.

39. INT. LOJA DE HALIM/DEPÓSITO – ANOITECER

O som de um bolero antigo vem dos alto-falantes da rua e agora embala o trabalho de Rânia e Nael. Numa espécie de compulsão, ela segue eliminando todo o passado que encontra pelo caminho.

O suor faz brilhar o corpo dela, e Nael repara. Repara também no contorno dos seios, que se desnudam quando ela se movimenta. Os olhos dele congelam-se ali, e Rânia também parece perceber o andamento do tempo – que para.

Só o que se ouve é o bolero e o som da respiração ofegante dos dois. Rânia finalmente olha para Nael.

>RÂNIA
>Vamos parar?

40. I/E. BARCO COLETIVO/RIO NEGRO – ANOITECER

Domingas arma uma rede em meio a muitas outras que abrigam gente simples, como ela. Se deita, e a rede cede, ajustando-se ao seu corpo.

41. INT. LOJA DE HALIM/DEPÓSITO – ANOITECER

Nael está hipnotizado pela beleza de Rânia, que não evita mais o seu olhar. Ele finalmente se aproxima, toca na pele suada dela, e Rânia não recua.
    Se beijam, deitam-se juntos sobre as velhas redes de pesca.

42. I/E. BARCO COLETIVO/RIO NEGRO – NOITE

Domingas embala-se na rede e no balanço do barco, que avança noite adentro. Ela mira o horizonte escuro, por vezes iluminado apenas pelos faróis de pequenos barcos que passam por eles.

43. INT. LOJA DE HALIM/DEPÓSITO – NOITE

Rânia e Nael suam juntos, se amam em meio a caixas, ao passado do qual tentavam se livrar. Sôfregos, como se há muito esperassem por isso.

44. I/E. BARCO COLETIVO/RIO NEGRO – NOITE

Embalada pela rede e pelo rio, Domingas fecha os olhos.

45. INT. LOJA DE HALIM/DEPÓSITO – NOITE

A respiração de Rânia e Nael, ainda enlaçados, vai desacelerando.

46. I/E. BARCO COLETIVO/PEQUENO PORTO – MANHÃ

Domingas está inerte. Os passageiros do barco a cercam, silenciosos.
    Estão atracados num lugarejo qualquer.

                       NAEL (V.O.)
Domingas morreu sonhando com uma liberdade sempre adiada. (...)

Nael abre caminho entre os viajantes, se aproxima do corpo de Domingas. Acaricia emocionado o rosto da mãe morta e toma-a nos braços.

> NAEL (V.O.) (CONT'D)
> Guardou até o fim aquelas palavras, mas não morreu com o segredo que tanto me exasperava.

Carregando a mãe, Nael se afasta e desembarca.

> DOMINGAS (O.S.)
> Eu gostava tanto do Yaqub!

47. INT. SOBRADO/QUARTO DE DOMINGAS – FIM DE TARDE

ANOS 40. Voltamos no tempo, mais precisamente a 1945: Sobre a cama apertada, pernas de um homem e de uma mulher enlaçadas durante o sexo.

> DOMINGAS (O.S.) (CONT'D)
> Logo que ele voltou do Líbano, a gente vivia junto. O Omar ficava enciumado, mas com ele eu não queria.

Aos poucos percebemos que as pernas da mulher, Domingas, se debatem, tentando se desvencilhar.

[NOTA CENAS 37 A 46] Em mais um exemplo de cenas que se desenrolam paralelamente, embora aconteçam em momentos diferentes no texto original, estão o encontro amoroso de Rânia e Nael e a morte de Domingas. Na decupagem do livro, organizada em ordem cronológica, a cena de sexo é a de número 409 e a da morte de Domingas, a 504. Há, portanto, um intervalo razoável de tempo entre elas, eliminado na adaptação. Além de aceleração do ritmo e concentração dramática, a junção criou também uma rima proposital entre sexo e morte.

[NOTA CENA 47] A dúvida sobre a paternidade de Nael é um dos grandes mistérios do livro e a revelação da violência sofrida por Domingas é guardada para o final. Ainda assim, na versão audiovisual, essa revelação poderia se dar de muitas formas. Algumas opções foram consideradas, como colocar a informação apenas na fala de Nael, ou mostrar a cena aos poucos, por partes, criando suspense ao longo da história.

Embora o conflito tenha sido, sim, plantado ao longo de vários capítulos, para a revelação acabou prevalecendo a solução mais simples: a cena contada de uma vez só, em flashback.

                    DOMINGAS (O.S.) (CONT'D)
            O Caçula entrou no meu quarto, me agarrou com força de homem.

É Omar, bruto, que a estupra. Domingas ameaça gritar, mas ele tapa a boca dela com força. Ficam à vista apenas os seus olhos, assustados.

                    DOMINGAS (O.S.) (CONT'D)
                    Nunca me pediu perdão.

                          [INTERVALO 2]

48. EXT. FLORESTA DESMATADA – DIA

<u>ANOS 70</u>. Em meio à desolação, alguns brotos verdes já despontam.

49. EXT. SOBRADO/QUINTAL – DIA

A lama começa a dar lugar a um pouco de verde. Zana estende mais roupas de Halim e de Omar no varal.

50. INT. SOBRADO/QUARTO DE DOMINGAS, QUINTAL – DIA

Nael empilha os livros de cálculos numa caixa. Em meio a eles, encontra um livro sobre pássaros com o nome de Domingas. Dentro dele há uma fotografia, a única em que Domingas aparece: sorriso tímido no rosto, está entre Yaqub e Omar, quando crianças.
    Nael olha através da janela, para o QUINTAL: Zana parece perdida em seu trabalho inútil. Mas um vulto aparece por trás dos lençóis.
    Ela então se vê frente a frente com uma velha senhora. Parece ter quase cem anos, mas é forte ainda – e sorri ao ver Zana: EMILIE.

                          EMILIE
                          Zeina.

Zana sorri de volta.

                          ZANA
                          Emilie!

Elas se abraçam. E começam a falar em árabe.

                             NAEL (V.O.)
Ouvi aquela voz: os sons atraentes e estranhos de sua melodia, as palavras cheias de sentimento, provérbios que vinham de um tempo remoto.

51. INT. SOBRADO/SALA – DIA

As janelas fechadas, apesar da luz do dia. Emilie está no sofá, Zana sentada aos pés dela – como uma criança. Emilie acaricia-lhe os cabelos embranquecidos, fala lentamente e com firmeza o que, para nós, é incompreensível.
    Zana ouve mais do que fala, mas quando o faz é também com palavras estranhas, sonoras e doces como as da velha Emilie. Parece relaxada pela primeira vez em muito tempo.

52. INT. SOBRADO/SALA – NOITE

Zana está sentada no chão, encostada ao sofá, murmurando palavras em árabe, incompreensíveis. Nael se aproxima.

                             NAEL
                          Dona Zana?

Ela olha pra ele, como que acordando. Ainda mistura palavras incompreensíveis à sua fala.

                             ZANA
                          Ela já foi?

                             NAEL
                           (hesita)
          Sim, acho que sim, já foi... A senhora precisa de alguma coisa?

                             ZANA
          O que se pode fazer, meu filho? Ninguém pode nada contra o destino...

Nael levanta-a, ela baqueia.

                          ZANA (CONT'D)
          A esperança e a amargura ... são tão parecidas!

                          NAEL
            Vou chamar a Rânia, ela ainda não voltou da loja.

                          ZANA
              E o meu Caçula? Ele não vai voltar?

                          NAEL
                    (hesita, mais uma vez)
                     Ainda está cedo.

Ele a ampara, escada acima. O assovio de Omar ecoa, ela parece ouvir.

                          ZANA
                Não é ele, Nael? O meu Caçula?

53. EXT. SOBRADO/QUINTAL – DIA

<u>ANOS 30</u>. Omar agora presta atenção a um pássaro que pia no galho. Imita-o. Repete algumas vezes até que chega ao assovio perfeito, melodioso, prolongado – aquele que se torna a sua marca.
   Yaqub não presta atenção ao pássaro, continua atirando e amontoando os calangos mortos.

                          NAEL (V.O.)
            Zana esperava a visita que nunca veio. A imagem do Caçula desapa-
            recido a perseguia, e o filho espancado passou a ser o agressor.

54. INT. SOBRADO/QUARTO DO CASAL – NOITE

<u>ANOS 70</u>. Zana está adormecida, o rosto envelhecido pelo cansaço e pela dor. Ela desperta, assustada.

                          ZANA
                          Omar?

55. INT. SOBRADO/CORREDOR, QUARTOS – NOITE

Zana arrasta os pés no velho piso – agora opaco, arranhado, empoeirado. Há insetos mortos em seu caminho.
   Ela continua ouvindo o assovio, entra e sai dos quartos, como que perdida.

ZANA
És tu, meu filho?

Ela se aproxima da escada. Sorri ao olhar para baixo.

ZANA (CONT'D)
Por que tanta demora, meu amor? Por quê?

Ela começa a descer os degraus, iluminada.

56. INT. SOBRADO/SALA – NOITE

No sofá, envolto pela fumaça do narguilé, está HALIM.
A fumaça se dissipa – ele sorri para Zana, deixa o narguilé de lado para recebê-la, começa a recitar os gazais. As mãos dos dois se tocam, depois os lábios, os corpos ainda sôfregos de desejo.

NAEL (V.O.)
O que teria sido a vida dela sem aquelas palavras? Os sons, o ritmo, as rimas dos gazais?

Mas a voz de Halim aos poucos dá lugar à voz de Zana, e a um choro doloroso, profundo.

57. INT. SOBRADO/SALA – NOITE

Caída ao pé da escada, é Zana quem recita os gazais. Rânia desce, assustada.

RÂNIA
Eu disse pra senhora não descer sozinha!

ZANA
Ele me chamou... Eles andam por aqui, meu pai e o Halim vieram me visitar...

RÂNIA
São só fantasmas, mama.

Rânia tenta pegá-la no colo, mas Zana geme de dor.

RÂNIA (CONT'D)
Está doendo? Vou pedir ao Nael pra chamar um médico...

ZANA

Espera... Tu lembras das montanhas, como brilhavam? Às vezes a neve fica dourada, quando bate o sol...

RÂNIA

(emociona-se)

Não estamos no Líbano, mama. Não posso mais ver a senhora assim...

ZANA

Shhh... Quieta... O barulho do mar, não ouves? O mar que levou a minha mãe...

Zana "vê" a MÃE diante dela. Sorri.

ZANA (CONT'D)

Ela também veio, Rânia... Viste como é bonita?

E então Zana começa a chorar, um choro que vai ficando mais forte, convulsivo. Choro de dor, de saudade, por tudo.
Rânia não sabe o que fazer além de chorar com ela.

58. INT. SOBRADO/QUARTO DE DOMINGAS – NOITE

O choro de Zana toma conta da noite.
Nael abre os olhos. Agora está só, deitado na cama da mãe, as sombras dos pássaros de madeira projetando-se na parede, onde está também a foto de Domingas com os gêmeos.

NAEL (V.O.)

Ela não pronunciou mais o nome de Yaqub. O filho distante, que abraçara um destino glorioso, fora banido de sua fala.

[NOTA CENA 57] Na passagem da literatura para o audiovisual, Zana se manteve essencialmente como uma heroína trágica. Para a reconstrução do personagem, porém, além do original, houve outras referências: mitos, histórias bíblicas, tragédias clássicas e modernas, além de diálogos possíveis com outros textos dramáticos e teóricos. Os personagens de *Longa jornada* noite adentro, de Eugene O'Neill, por exemplo, sempre pareceram conversar perfeitamente com os personagens de *Dois irmãos*.

59. INT. SOBRADO/VÁRIOS CÔMODOS – DIA

NA SALA, o altar está imundo, coberto por besouros mortos. HOMENS pegam a Nossa Senhora do Líbano, carregam também o velho sofá; sobem e descem as escadas levando tudo: camas, mesas, caixas.

Um piano que nunca vimos – mas ouvimos – é carregado para fora do quarto de Rânia. Ela coordena o serviço e Nael, mais uma vez, a ajuda. Mas dessa vez, quando ele busca o olhar dela, Rânia não corresponde.

A casa vai se esvaziando, até não sobrar nada – apenas as manchas no chão e nas paredes revelando as coisas ausentes.

Então Zana aparece no alto da escada, o braço engessado, ar de desamparo, olheiras imensas sob os olhos – ainda assim, há vestígios da bela mulher que foi.

Ela desce devagar as escadas, atônita. Percorre a casa vazia: SALA, COZINHA, ALPENDRE.

A rede – suja, descolorida – está esquecida no varal, assim como as roupas de Omar e Halim.

Rânia e Nael se aproximam, mas Zana não olha para eles.

> RÂNIA
> O bangalô está um brinco, mama. Teu quarto é o mais espaçoso...

> ZANA
> Minha casa é aqui. Nunca terei outra casa, será que não me ouves?

> RÂNIA
> A senhora vai se acostumar.

Rânia toma a iniciativa, tenta conduzir a mãe, mas ela resiste. Nael vem ajudar, e acabam tendo que pegá-la à força.

Zana grita e resiste, subitamente forte.

60. INT. SOBRADO/SALA – DIA

Os gritos de Zana – que vai sendo arrastada para fora de casa – são guturais, desesperados.

61. I/E. SOBRADO/RUA DOS BARÉS – DIA

Zana é colocada à força dentro de um carro. No último segundo, desamparada, ainda se agarra a Nael, o rosto banhado em lágrimas.

> ZANA
> Meus filhos... eles já fizeram as pazes?

> RÂNIA
> Temos que ir, mama.

Rânia fecha a porta do carro. Ela e Nael trocam finalmente um olhar, um prenúncio de despedida. Mas a dor de Zana não deixam espaço para nada mais.

Ela bate no vidro, grita, chora, implora... E continua chorando ao ver o sobrado que aos poucos desaparece na distância.

> NAEL (V.O.)
> Zana teve de deixar tudo. Deitou-se em outro quarto, longe do porto, no lar que não era dela, nunca seria.

62. EXT. RUA DOS BARÉS/SOBRADO – DIA

Nael observa o carro que se afasta, os olhos desesperados de Zana e as mãos grudadas na janela, ainda tentando se libertar.

> NAEL (V.O.) (CONT'D)
> Eu não a vi morrer, não quis vê-la morrer.

63. INT. SOBRADO/VÁRIOS CÔMODOS – DIA

Paredes caem; piso, portas e janelas são arrancados.

> NAEL (V.O.) (CONT'D)
> Zana não chegou a ver a reforma da casa. A morte a livrou desse e de outros assombros.

64. EXT. RUA DOS BARÉS/SOBRADO – DIA

Martelos e marretas colocam abaixo a fachada do sobrado. Uma nuvem de poeira que toma conta de tudo...

65. EXT. RUA DOS BARÉS/CASA ROCHIRAM – DIA

...E quando a poeira se dissipa, é o horror.

O sobrado transformou-se na horrenda réplica de um palacete que mistura mil e uma culturas diferentes.

66. EXT. RUA DOS BARÉS/CASA ROCHIRAM – NOITE

Luzes coloridas piscam na fachada, violentas e estridentes, destoando de toda a vizinhança. Na vitrine iluminada, um festival de quinquilharias importadas. E, lá de dentro, vêm os rumores da festa de inauguração – a festa onde Rochiram é o rei.

> NAEL (V.O.)
> Manaus crescia muito e aquela noite foi um dos marcos do fausto que se anunciava.

Diante da nova loja, pedestres, mendigos e vizinhos se amontoam. Nael está entre eles, mas logo se afasta. Abre caminho entre os curiosos, chega a um pequeno portão ao lado da nova loja.

67. I/E. FUNDOS DO SOBRADO/QUARTO DE NAEL – NOITE

Acompanhamos Nael ao longo do caminho estreito que desemboca em seu quarto. O mesmo quarto de antes, mas agora isolado da casa por um grande muro e repleto de livros – nenhum deles é de matemática.

> NAEL (V.O.)
> A bondade tarda, mas não falha? Soube depois que Yaqub quis assim: quis facilitar minha vida, como quis arruinar a do irmão.

68. EXT. RUAS DE MANAUS – DIA

Omar em fuga, e a POLÍCIA em seu encalço. Ele corre desabalado, pula muros, corre, se esconde e depois escapa de casas vigiadas por policiais.

> NAEL (V.O.) (CONT'D)
> Ele esperou a mãe morrer. Então, com truz de pantera, atacou. Em São Paulo, contratara advogados e coordenava a perseguição ao Caçula. Agora ele não tentava escapar às garras da mãe, mas ao cerco de um oficial de justiça.

69. EXT. PRAÇA DAS ACÁCIAS /LICEU RUI BARBOSA – DIA

Nael atravessa o portão do Liceu. De óculos, carregando uma pasta como a de Laval (na verdade, a mesma), está cercado de alunos. É agora o professor.
Mas, ao atravessar o portão, vê: no mesmo local onde antes viu seu mestre ser preso com violência, agora é Omar quem está sendo cercado pelos policiais. No coreto, ainda são legíveis os versos que ele escreveu para Laval um dia.

NAEL (V.O.)
Cedo ou tarde, o tempo e o acaso acabam por alcançar a todos. E foi um lance do acaso que uniu o destino de Laval ao de Omar.

Omar, de um lado – magro, exausto, barbudo, cabelo como uma juba, imundo. Do outro, POLICIAIS ARMADOS. E eles atiram.
Omar foge, tenta se proteger atrás de árvores e monumentos. Até que, encurralado, dá uma gargalhada na cara dos policiais.
Toma uma coronhada. É espancado, torturado no meio da praça e colocado num camburão – exatamente como o seu mestre Laval.
O carro da polícia se afasta e encontramos Rânia, que tenta se aproximar sem conseguir, atrasada para salvar o Caçula.

70. INT. CELA NO PRESÍDIO – DIA

Omar está de pé na cela imunda, escura e alagada, onde apenas uma mínima janela gradeada é fonte de luz. Ele tem água pelos joelhos e, na água imunda, muçuns (enguias de água doce) vez por outra roçam-lhe as pernas. E há os gritos dos detentos, que não cessam.

NAEL (V.O.) (CONT'D)
O Caçula foi condenado a dois anos e sete meses de reclusão. Uma descida brusca ao inferno, onde os dias eram como noites.

71. I/E. FUNDOS DO SOBRADO/QUARTO DE NAEL – ANOITECER

<u>ANOS 80</u>. Cercado de livros, Nael está diante da velha máquina de escrever.
Ao lado dele, os restos de poemas de Laval borrados pela água e pelo sangue e a foto de Domingas – apenas ela, recortada da foto onde um dia esteve com os gêmeos.

NAEL (V.O.) (CONT'D)
Quando saiu do presídio, eu ainda o vi num fim de tarde.

Então Nael levanta a cabeça e, diante da sua janela, no pedaço mínimo que restou do QUINTAL, está Omar.

Envelhecido, maltrapilho, perdido, ele parece buscar a casa, o alpendre, a rede – mas não encontra. Há apenas o muro imenso e a grande árvore. Omar olha para a copa imensa, as folhas muito verdes, as flores que renasceram. E então os olhos baixam e encontram os de Nael.

> NAEL (V.O.) (CONT'D)
> Queria que ele confessasse a desonra, a humilhação. Uma palavra bastava, uma só. O perdão.

Mas logo o olhar de Omar divaga, à deriva – não vê nada, nem ninguém. E então, lentamente, se afasta.

Na árvore, pousa um pássaro.

> NAEL (V.O.)
> A loucura da paixão de Omar, suas atitudes desmesuradas contra tudo e todos neste mundo, não foram menos danosas do que os projetos de Yaqub.

72. EXT. SOBRADO/QUINTAL – DIA

<u>ANOS 30</u>. Pousado num galho alto, canta um pássaro. Omar observa-o, imita o assovio, mas a ave está na mira de Yaqub, que atira.

> NAEL (V.O.) (CONT'D)
> O perigo e a sordidez da sua ambição calculada.

O pássaro tomba sobra as folhas.

73. EXT. FUNDOS DO SOBRADO/RUA DOS BARÉS/PORTO DA ESCADARIA – AMANHECER

<u>ANOS 80</u>. Nael sai de seu quarto e caminha em direção ao porto. Em seu trajeto, a cidade destruída. FAMÍLIAS INTEIRAS – a maior parte com traços indígenas – dormem sob as marquises, em meio ao lixo.

> NAEL (V.O.)
> Hoje, penso: sou e não sou filho de Yaqub, e talvez ele tenha compartilhado comigo essa dúvida. Nas últimas cartas que enviou, ele ainda me convidava para ver o mar, e só falava no futuro... O futuro, essa falácia que persiste.

E ele se depara com o RIO NEGRO, imenso.

> NAEL (V.O.) (CONT'D)
> Por mais de vinte anos adiei a visita. Não quis ver o mar tão prometido.

74. EXT. RIO NEGRO/PRAIA – DEBAIXO D'ÁGUA – DIA

ANOS 30. E voltamos ao início, à infância, ao EPISÓDIO 1: Raios de sol penetram na água escura, onde um anzol está à espera de um peixe qualquer.

> NAEL (V.O.) (CONT'D)
> Naquela época, tentei, em vão, escrever outras linhas. Mas as palavras parecem esperar a morte e o esquecimento.

As pernas de crianças, dois meninos (OMAR e YAQUB) entram correndo na água, fazendo algazarra.
O fundo de uma canoa, de onde vem a linha de pesca, balança na superfície. Uma mão de criança pequena (RÂNIA) também emerge dali e afunda, brincando com a água.

> NAEL (V.O.) (CONT'D)
> Permanecem soterradas, petrificadas, em estado latente, para depois, em lenta combustão, acenderem em nós o desejo de contar passagens que o tempo dissipou.

Novas pernas entram no rio, se movem harmoniosa e suavemente: pernas bem torneadas de uma mulher (ZANA).
Outra mulher, muito morena e mais franzina (DOMINGAS), vestida com uma saia comprida que dificulta seus movimentos dentro da água, entra no rio também.

> NAEL (V.O.) (CONT'D)
> E o tempo, que nos faz esquecer, também é cúmplice delas.

Um peixe morde a isca e vai sendo puxado para fora da água, vamos com ele. E, finalmente, voltamos à superfície:

75. EXT. RIO NEGRO/DENTRO DO BARCO – DIA

<u>ANOS 80</u>. Quem retira o peixe da isca, agora, é Nael. Em torno dele, apenas o vasto horizonte de água e o verde da floresta que cerca o pequeno barco a motor. Uma floresta verde, viva, exuberante.

> NAEL (V.O.) (CONT'D)
> Só o tempo transforma nossos sentimentos em palavras mais verdadeiras.

Nael aciona o motor. E o barco se afasta, rio imenso adentro.

76. EXT. RIO NEGRO/ENCONTRO DAS ÁGUAS – DIA

O barco de Nael percorre as águas fronteiriças do Negro e do Solimões – negras e barrentas, que por quilômetros seguem lado a lado sem se misturar.

> NAEL (V.O.) (CONT'D)
> Foi o que me disse, um dia, o velho Halim.

[FIM DO ÚLTIMO EPISÓDIO]

[NOTA CENAS 74 A 76] É sempre bom ter em vista um final para a história antes de começar sua escrita, ainda que ele possa mudar ao longo do caminho. Em *Dois irmãos*, para além do desfecho da trama, fiel ao original, havia esse "ponto de chegada": a imagem do encontro das águas e a narração final apareceram, desde o princípio, como destinos certos. A reflexão de Nael foi, talvez, a primeira e rara certeza durante o longo processo de adaptação. Há muitas razões para essa escolha, mas o motivo mais definitivo e simples de entender é irracional: o trecho sempre me faz chorar.

LEGENDAS

INT. Cena que se passa em área interna.

EXT. Cena que se passa em área externa.

I./E. Cena que se passa em locação interna e externa ao mesmo tempo – como um carro (INT) numa estrada (EXT).

V.O. *VOICE OVER*: Voz que se sobrepõe à cena. Narração.

O.S. *OFFSCREEN*: O personagem não aparece, mas sua voz sim.

CONT'D *CONTINUED*: Continuação da fala de um personagem, interrompida por uma ação.

INSERT Rápida inserção de uma imagem.

MERCADO — 2

ZANA COMPRA PEIXES COM GALIB.

p. 47

RUAS DE MANAUS — 3

HALIM VENDE BADULAQUES

p. 49
p. 133

SOBRADO - SALA — 116

JANTAR DE RECEPÇÃO P/ YAQUB. FAMÍLIA E VIZINHOS EM FESTA.

OMAR CHEGA. REENCONTRO DOS GÊMEOS E MAL ESTAR.

p. 22, 23, 24, 25

SOBRADO — 232

ZANA PEDE A NAEL QUE COMPRE MIÚDOS DO BOI.
(DOMINGO)

HALIM DÁ UNS TROCADOS

p. 80, 81

(Fichamento do livro)

p. 334-36 (Notas avulsas, 2004)

- AGUA SOBE - pess. tempo
HA 10i / nunca dentro de
plastic - PICADA -
ENTÃO;

alguns dias -
mostrar trauma
abandonado -
ele steve di-
sabemos que em
sua mulher

- GAZA
- palavras inúteis
- Corvos no c/ militantes
  limam roupa
- Domingos pg compras -
  bebê se
  bebê
  mercado no bar

ILAPÓ

NUM CUILD - ALIQUIS NUM

4 UEN STUB

(ABANDO)

MMS PV JOTA AQUI
UNILOS?
— fu ele fb anto P!
ela i ge
retenir e
mas que
é ela
RULLA

B. Y. omni pondide i i presenta
2.
Qo

B QUA TAHENTE
MUDANÇA PV AQUI ON QS
24MB DV
LOSINIUM
SKANZE

Zana escolhe Omar
↓
Yaqub rejeitado — distancia-se

ZANA

só assume a culpa p/...
antes culpar o outro, as pvrdades...

Zana quer sua amizade — se aprixa,
ele repudia

Zana culpa a ele

~~Zana~~ Yaqub é bem
sucedido

[estrutura]

rej. c/ dele/
inimizade do
Omar

? o que o
faz procurar
? a culpa foi
sua?

Zana percebe sua
culpa e
tente consertar,
mas Yaqub já
está longe

P/ aproximar os filhos: quer torná-los iguais!!!

① dg se depois de Yaqub as libera
② num. escola — só p/ ino, pri Yaqub está atrasado
③ Omar pode p/ Yaqub provar motoneta — Halim — descobre em panicadaria
④ Yaqub vai:

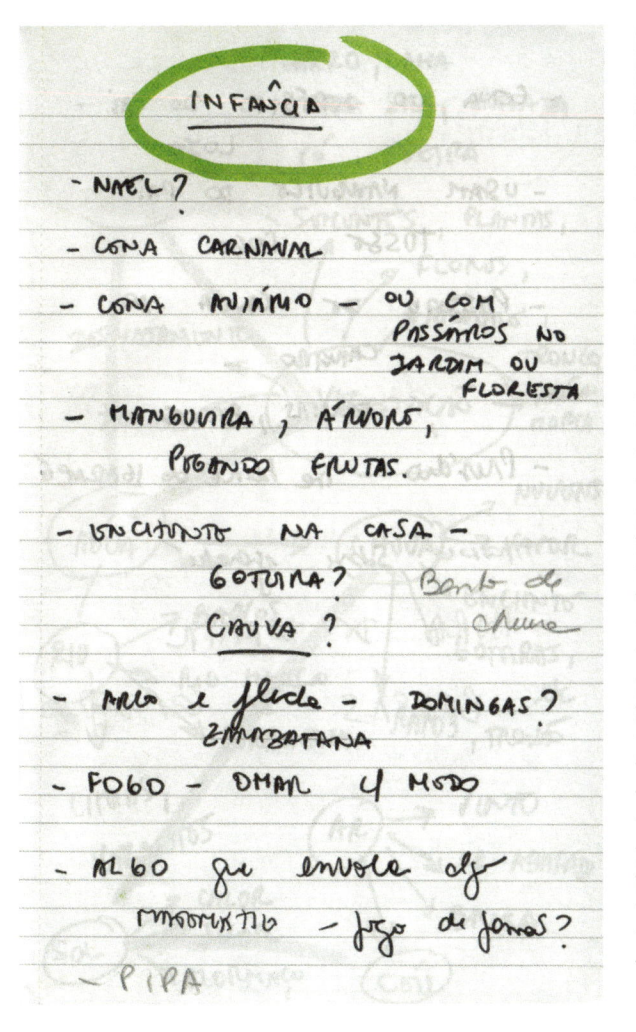

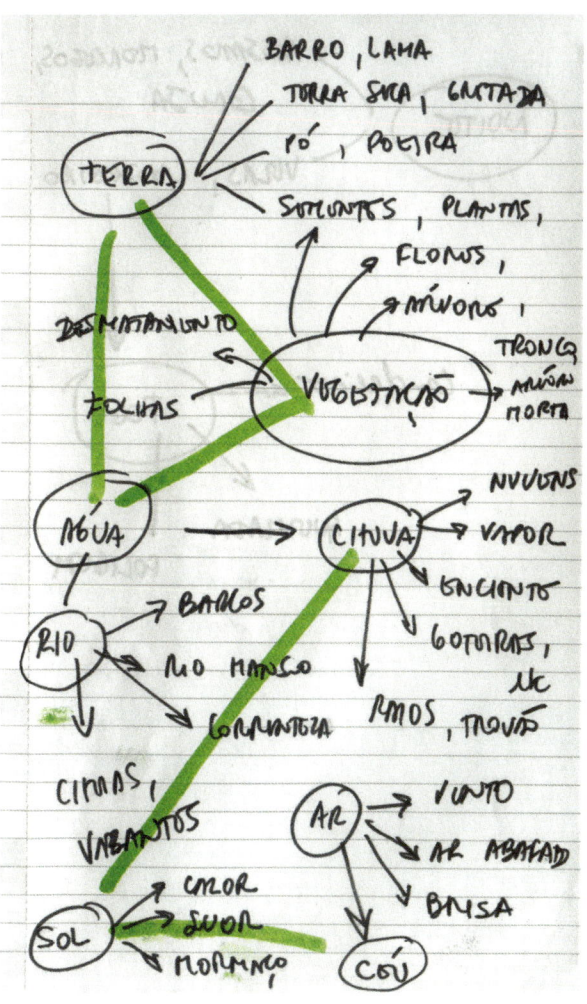

INFÂNCIA

- NAEL?
- CENA CARNAVAL
- CENA ANIMAIS — OU COM PÁSSAROS NO JARDIM OU FLORESTA
- MANGUEIRA, ÁRVORE, PEGANDO FRUTAS.
- ENCANTO NA CASA — GOTEIRA? Barco de Chuva
  CHUVA?
- RIO e flúvio — DOMINGAS? EMBARCAÇÃO
- FOGO — OMAR 4 MODO
- ALGO que envolve alg. movimento — jogo de formas?
- PIPA

TERRA → BARRO, LAMA / TERRA SECA, CRIADA / PÓ, POEIRA

VEGETAÇÃO → SEMENTES, PLANTAS, FLORES, ÁRVORE, TRONCO, ÁRVORE MORTA, FOLHAS

DESMATAMENTO

ÁGUA → CHUVA → NUVENS, VAPOR, ENCANTO, GOTEIRAS, UC, RAMOS, TROVÃO

RIO → BARCOS, RIO MANSO, CORRENTEZA

CINZAS, VIBRANTES

SOL → CALOR, SUOR, MORMAÇO

AR → VENTO, AR ABAFADO, BRISA

CÉU

(Caderno de notas, 2010)

Cigarro — fumaça — NANGUILÉ
Palafitas — construções — comércio, tumulto, bar do encalhe
ANAK — Noel bebe
Barcos vários que se cruzam   TEMPO NARRADORES
FOGO se mede — fuligem, fumaça
IGAPÓ — reflexos — floresta PURA

CAMINHADA p/ o SOBRADO (final?)

ANTES do barco: MERCADO — BAR DA MARGEM
        (OU TALIB), CASAS NOTURNAS, PORTO
    HALIM ACORDA NAEL → mede o bico, enrosca, SOPRA/ABANA o TABACO
    LOJA → ANAK, NANGUILÉ, BRISA DO RIO

MAIS UMA CENA DE PESCA?

ALBUM de Casamento (na loja) — (a foto do beijo)

Da esperança para a desesperança.

— Fala de Balm sobre o
tempo que mude tudo
(no berço)

+

tempo que transfere
rendimentos em palavras
+ verdadeiras.

Perspectiva de Yaqub — aparece
na volta de SP · com
Omar —
pista

note mesmo no cartão (do ... e mail)

TEMPO

◎ CÉU — NUVES — SOL   **NATUREZA**

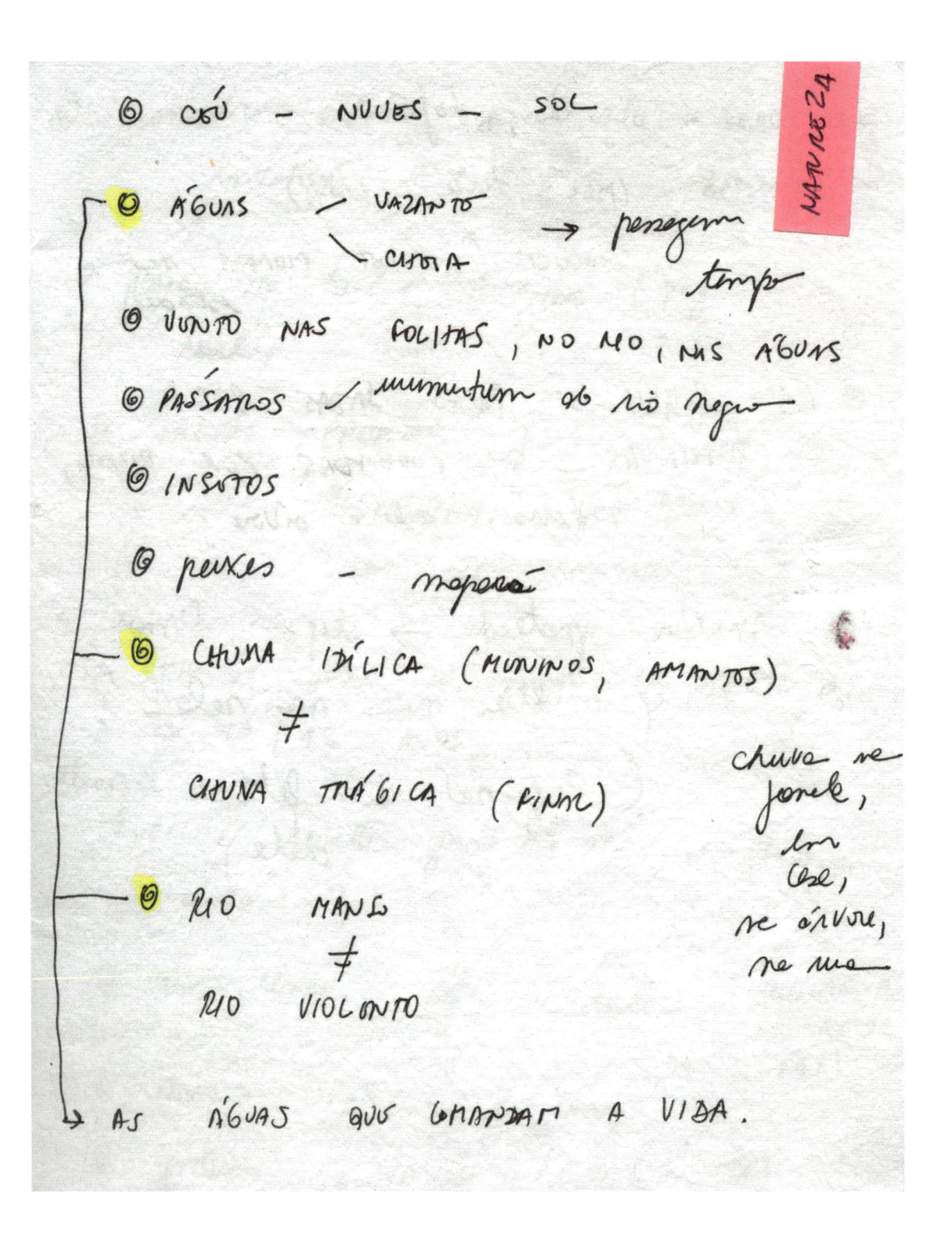

◎ ÁGUAS ╱ VAZANTE → paisagem
         ╲ CHEIA   tempo

◎ VENTO NAS FOLHAS, NO RIO, NAS ÁGUAS

◎ PÁSSAROS ╱ murmurem do rio negro

◎ INSETOS

◎ peixes — mapará

◎ CHUVA IDÍLICA (MENINOS, AMANTES)
         ≠
  CHUVA TRÁGICA (FINAL)   chuva re
                               janela,
                               lm
                               Cose,
                               ne árvore,
                               ne rua

◎ RIO MANSO
     ≠
  RIO VIOLENTO

↳ AS ÁGUAS QUE COMANDAM A VIDA.

INFÂNCIA

BRASAS — FOGO (Omar tem medo)
BLACK OUT — VELAS (ALTAR) —
  MANDUCO DO PAI → do lirismo p/ cruze
IGARAPÉ — O. PROVOCA CURUMINS
CHUVA — VIDRO embaçado, IGARAPÉ (banho de chuva), TROVÕES, GOTEIRA
(*) TRONCO SOBRE O IGARAPÉ.
LAMA — CANOA ENCALHADA, terra seca, "atola"
  (9)

ESCULPEM BALANDRAS → espadachins
  Domingos ensina   ↓ colarinhos (7,8?)   focas
ÁRVORES — PLANTAS — FOLHAS (se escondem)
(*) CARNAVAL

ANIMO — OMAR IMITA PÁSSAROS?

(*) Cena na LOJA, remexendo no depósito
    INSETOS — CARANGOS MORTOS
PEIXES, VIVOS e MORTOS. recepção deles.

YAQUB — OMAR

gêmeos — rivalidade é HISTÓRICA!

1º) Romulo e Remo
"mitos fundadores das civilizações inserem em suas histórias cruéis de rivalid.// fraterna"

gêmeos:
começa no ventre: um trai do outro já no ventre →
"bíblico" (como Esaú e Jacó)

↓
No caso, Yaqub "tira" de Omar, por isso
nasce + fraco → Zana que compensar.

---

comportamento típico: um constrói, o outro destrói

YAQUB   ↓ OMAR
(é construtor de pirâmides!)   destruidor, sobre
CALCULISTA   coisas, fotos, brinquedos
ATIVO — FAZ   e tb. os
                               PROJETOS do
                               irmão.
                               (DESFAZ)

Halim tb. PROTEGE (Yaqub),
mas sua preferência é óbvia
no cuidado que tem de Omar e
Zana — Omar, gente fraca pois é protegido por
Zana, e ela é quem dá o RITMO de casa —
MATRIARCA

(Notas sobre os gêmeos, 2008)

② YAQUB — OMAR

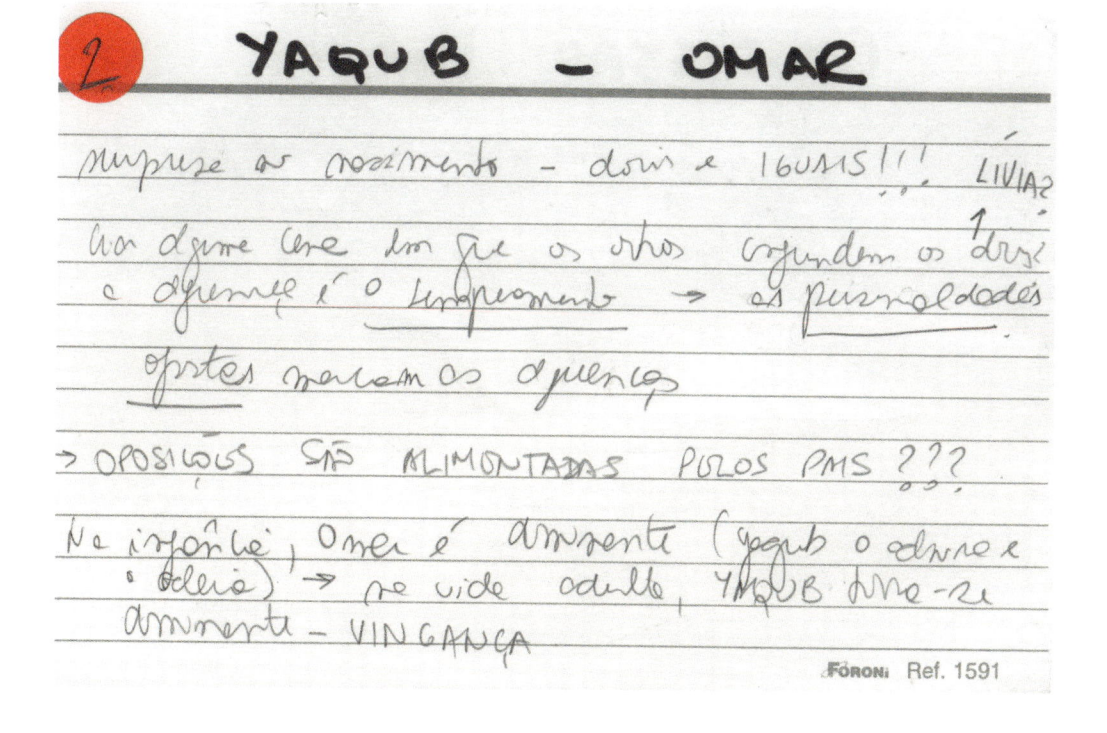

surpresa ao nascimento — dois e iguais!!! LÍVIA?

a a dynne lese bom que os outros confundem os dois
e a diferença é o temperamento → as personalidades
opostas marcam as diferenças

→ OPOSIÇÕES SÃO ALIMENTADAS PELOS PAIS ???

Na infância, Omar é o preferente (yaqub o adverse e
"Odeia") → se vide adulto, YAQUB torna-se
o preferente — VINGANÇA

A CICATRIZ vem afirmar a diferença → Ome: "Agora
sim, somos diferentes!"

— "É uma pessoa com um espeto dentro de si
o tempo todo"

— "É comum gêmeos tentarem de confundir os outros,
mas eles nunca fazem isso. Querem de-
marcar ⊕ .   → telepatias, cumplicidades, não
aconteceram com eles.

FORÇA DA RIVALIDADE arrasta todos ao
seu redor

CONFISSÃO HALIM

"A minha maior falha foi ter mandado o Yaqub sozinho para aldeia dos meus parentes. Mas Zana quis assim... Ele decidiu"

(VIRADA)

Foroni Ref. 1590

CICATRIZ 2
DECISÃO DE HALIM

BOLO ESMAGADO - CAOS NO SOBRADO

- Zana limpa ferimento de Yaqub, que sofre calado Do quarto ao lado, ouvem-se os gritos de Omar, que toma uma surra de Halim. . Zana consola yaqub, garante que não vão ficar marcas. Halim sai do quarto e diz a zana que vai mandar os dois meninos para o sul do Líbano. Diz que só assim vão aprender a se virar sozinhos, tornar-se mais cúmplices. Zana se desespera. Ajoelha-se aos pés de halim pedindo que não lhe tire os filhos. Halim é irredutível.

se for o caso, outra cena

🟡 21 🔵 13

Foroni Ref. 1591

(Fichamento do livro, 2003)
(Tentativa de construção da sequência, 2004)

EXT. PRAIA NO RIO NEGRO - MOMEN... p.14

Zana e Domingas retiram o resto do bolo da "mesa" e recolhem a toalha.

Halim e os meninos viram a canoa, a colocam na água. Em silêncio.

E é em silêncio que a família embarca.

INT. SOBRADO/QUARTO DO CASAL - ... p.12

Zana e Halim se amam com voracidade, ânsia. E finalmente chegam ao êxtase, juntos.

Estão na rede, e ficam por um momento abraçados, suados. O único som é o de suas respirações ofegantes, que aos pouco se acalmam - e é ela quem rompe o silêncio.

ZANA

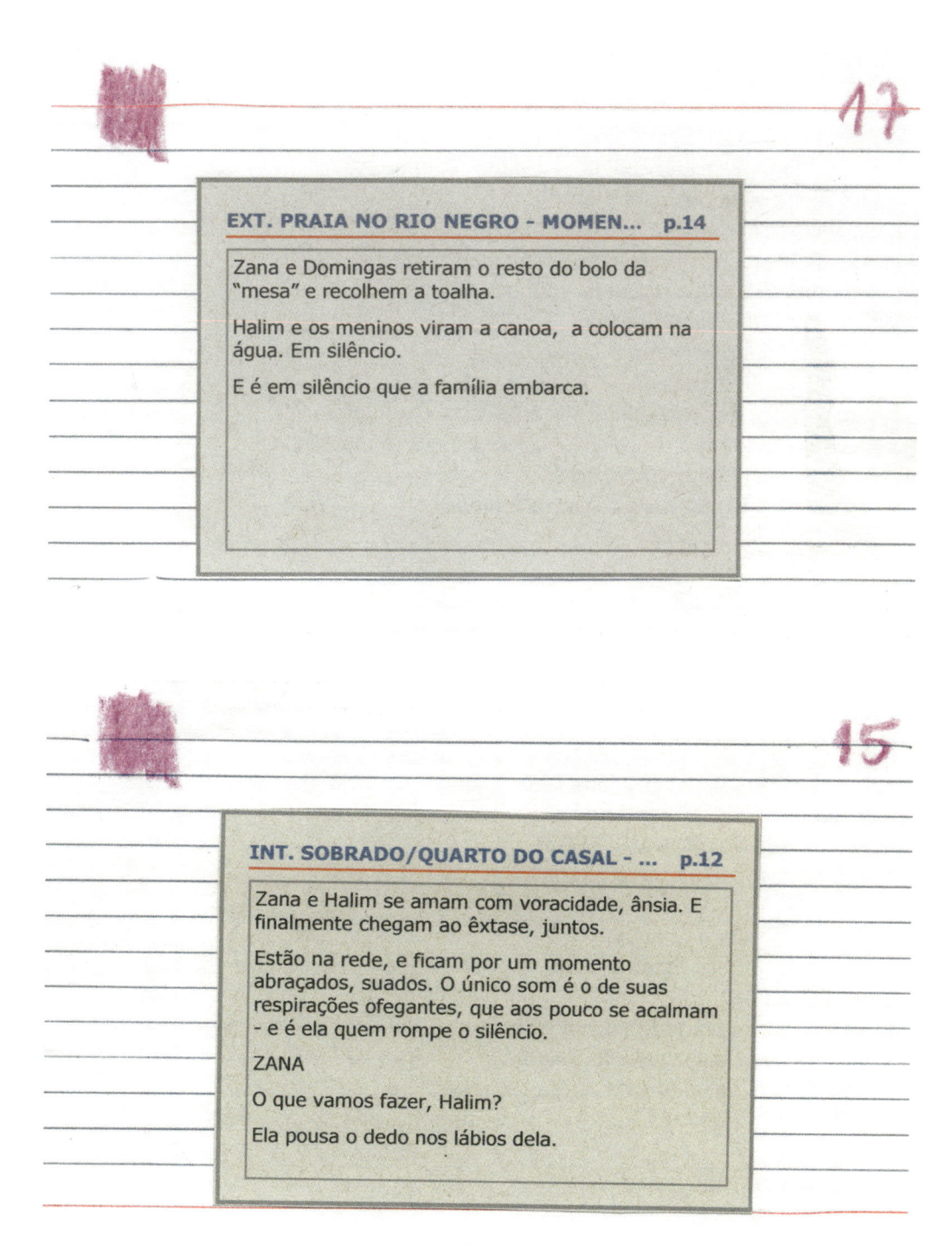

O que vamos fazer, Halim?

Ela pousa o dedo nos lábios dela.

(A sequência já próxima de sua versão final, 2014)

p. 346-47 (Notas para a construção da minissérie, 2007)

p. 348-49 (Linha do tempo, 2003)

p. 350-51 (Mapeamento de capítulo por época, 2010)

🟥 flashback?
🟦 flashforward?

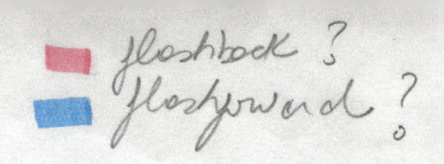

FATOS / AÇÕES IMPORTANTES EM ORDEM CRONOLÓGICA:

- Zana vem com Galib para o Brasil (1914 – ela 6 anos)
- Halim conhece Zana no Biblos, por intermédio de Abbas
- 🟥 Halim recita os gazais para Zana
- Zana aceita o casamento
- 🟥 Festa de Casamento: beijo abusado no altar
- Lua de mel de Zana e Halim na cochoeira
- Viagem de Galib para o Líbano
- 🟥 Amor esfuziante de Halim e Zana
- Morte de Galib: depressão de Zana: quer filhos
- 🟥 Halim reconquista Zana: cena de amor entre orquídeas → *vai mudando aos poucos*
- Venda do restaurante. Abre-se a loja de secos e molhados.
- 🟥 Domingas vem morar com o casal.
- Empatia entre Domingas e Zana: rezam juntas
- 🟥 Nascimento dos gêmeos
- Omar doente: Zana superprotege.
- Yaqub com Domingas
- Infâncias bem diferentes
- 🟥 Omar na cama do casal: Halim revolta-se e vai para o porto. Zana vai atrás. Ele amanhece o dia lá.
- ? Nasce Rânia
- 🟥 Baile de carnaval na casa dos Reinoso. Disputa por Lívia
- 🟥 Omar chega em casa e tripudia sobre Yaqub (que finge dormir)
- 🟧 Sessão de cinematógrafo: briga e cicatriz — CLÍMAX
- Zana cuida do ferimento de Yaqub
- 🟧 Halim decide mandar os meninos. Zana reage. Concluem que só vai Yaqub. Yaqub ouve. ← 1º VIRADA
- Yaqub parte para o Líbano.
- Na volta para casa, Omar já ocupa espaços. Zana escreve a primeira carta.
- Omar apronta!
- Mais cartas de Zana, não respondidas. *será pela do tempo? typos? flashback*
- 🟧 Preparativos para chegada de Yaqub.
- 🟧 Chega Yaqub. Festa. Encontro dos gêmeos. ← INÍCIO
- Tentativas de reconciliação. Irmãos na mesma escola. Yaqub é sacaneado. Omar apronta...
- Domingas grávida. Nasce Nael.
- Yaqub avança nos estudos. Omar farrea.
- Omar espanca Bolisiau e é expulso.
- Zana na escola, indignada.
- Bolisiau aconselha Yaqub a partir.
- Yaqub anuncia partida para São Paulo. Zana desespera-se.
- Aniversário dos gêmeos: Yaqub desfila de farda. Omar assiste na bicicleta.
- Dia da partida de Yaqub: Lívia aparece. Ciúmes de Zana. Lívia e Yaqub no quintal.
- Yaqub parte. Omar comemora.

- Chegada das cartas de São Paulo. Halim organiza festas.
- Notícia do casamento de Yaqub. Revolta de Zana.
- Cartas rareiam.
- Aniversário de Zana: Omar traz dançarina e ela revolta-se. Zana acua a moça. Omar foge.
- Busca por Omar. Zana o traz de volta.
- Omar transa na sala. Zana encontra. Halim bate e o amarra no cofre.
- Zana decide mandar Omar para São paulo.
- Yaqub repudia o irmão.
- Omar vai para SP, à contragosto.
- Omar mora na pensão. Farras.
- Omar vai à casa de Yaqub e descobre as fotos de Livia. Omar quebra a casa toda.
- Omar foge para Estados Unidos.
- Cartão postal irônico de Omar para Yaqub.
- Omar volta para manaus. Festa para recebê-lo.
- Omar inferniza todos.
- Amizade de Omar com Antenor Laval.
- Omar foge com Pau-Mulato.
- Desespero de Zana. Busca com Detetives.
- Halim, por causa de Zana, vai atrás.
- Zana traz Omar para casa.
- Omar quebra tudo e depois acalma.
- Golpe de 64. Yaqub em Manaus. Ele revela a Halim a traição do irmão. Halim sofre.
- Morte de Laval. Omar se tranca no quarto.
- Yaqub parte para SP. Tristeza de halim.
- Omar sai meio louco, fica no jardim.
- Doença venérea de Omar. Casa em polvorosa.
- Halim vaga pela cidade. Confissões para Nael.
- Halim desaparece. Zana sai em busca.
- Halim aparece morto no sofá. Omar briga com o pai morto.
- Enterro de Halim: Omar de longe, Yaqub manda coroa de flores.
- Zana de luto. Omar tenta agradar. Ela dá um tranco em Omar: diz para ele procurar trabalho.
- Omar conhece Rochiram. Domingas fica de pé atrás, mas Zana se anima com o trabalho do filho e sonha com a reconciliação dos meninos.
- Zana escreve para Yaqub propondo parceria.
- Yaqub nega a parceria.
- Omar gasta o dinheiro nas farras.
- Yaqub volta em segredo. Rânia e domingas desconfiam. Yaqub trai Omar e fecha negócio com Rochiram.
- Yaqub vai se despedir de Domingas. Omar avança, pois descobriu a traição.
- Yaqub vai par o hospital.
- Omar invade o hospital.
- Yaqub embarca às pressas.
- Zana desconfia do que aconteceu e repudia Yaqub.
- Domingas revela que o pai de Nael é Omar.

HALIM = NASCE NO FIM DO SÉCULO (1898, p. ex.)
ZANA = 1905

GALIB INAUGURA BIBLOS — 1920
CHEGA DOMINGAS — 1924/25
1928/29
CARNAVAL 1938/39
VOLTA DE YAQUB — 1945
YAQUB VAI P/ SP — 1950

1914 | ZANA e HALIM | GÊMEOS | NASCE RÂNIA | BRIGA LÍBANO | 1945 | 1946 NASCE NAEL

1920 e poucos?

1943 RÂNIA DEBUTANTE

✴ 1970 = DECADÊNCIA DA CASA, DA CIDADE, RÂNIA SE MUDA, VENDA DA CASA,
1971? = CASA ROSMARIN. CICLO A OMAR

Handwritten timeline:

1956 — OMAR EM SP (6 meses); DÁLIA, A MULHER PROIBIDA

1960 — VISITA DE YAQUB → REFORMA DO SOBRADO → INÍCIO DAS CONFISSÕES DE HALIM

PAI MULATO CONTRABANDO — OMAR SIS V/SP, E VOLTA

1964 — GREVE NO PORTO. MORTE DE LAVAL. MAIS UMA VISITA DE YAQUB, OMAR LOUCO. TRANSA NAEL/RÂNIA

1968 — DEMOLIÇÃO DA CIDADE FLUTUANTE. MORTE DE HALIM

1969 — ROCHIRAN ÚLTIMA VISITA DE YAQUB — SUMIÇO DE OMAR. MORTE DE DOMINGAS

MORTE DE ZANA
PRISÃO → 1974? OMAR DEIXA PRISÃO

Dois Irmãos – Listagem de cenas por capítulos

Legenda:
- 🟨 - passado até gêmeos nascerem
- 🟪 - infância dos gêmeos até partida para o Líbano
- 🟩 - Regresso de Yaqub do Líbano até partida para SP
- 🟦 - Yaqub parte para SP até Halim morrer.
- 🟥 - Pós-morte de Halim até final.

Capítulo 01

C01C01 – Gêmeos crianças brincando no rio. Pés
C01C02 – Halim e Nael no barco, pescando.
C01C03 – Avião de Yaqub chegando.
C01C04 – Zana e Domingas arrumam a casa para Yaqub.
C01C05 – Cozinha e fundos – Cordeiro – Zana e Halim
C01C06 – Bordado: Zana e Rânia – Quarto de Yaqub
C01C07 – Domingas e Adamor. Avião passa.
C01C08 – Aeroporto: cena suborno
C01C09 – Aeroporto. Pista.
C01C10 – Avião. Int.
C01C11 – Aeroporto.
C01C12 – Land Rover – Yaqub revê Manaus
C01C13 - Land Rover / Porto – Contam sobre Adamor. Chove.
C01C14 – 1925. Biblos. Entra Halim, com peixe.
C01C15 – Biblos: Halim, com peixe, Zana e Galib.
C01C16 - Biblos. Fregueses. Abbas, Halim, Cid – Gamão e Zana.
C01C17 – Halim, Abbas e Cid indo embora.
C01C18 – Abbas sugere os gazais. Loja de chapéus.
C01C19 – Porto. Halim sem coragem de entregar os gazais. Zana e Galib escolhem peixes.
C01C20 – Halim vende bugigangas.
C01C21 – Halim no bonde.
C01C22 – Zana pega o envelope embaixo do prato.
C01C23 – Halim observa Zana, de longe.
C01C24 – Halim observa Zana. Chove.
C01C25 – Halim não consegue dormir.
C01C26 – Galib devolve o bilhete de Halim.
C01C27 – Halim, no quarto, lê os gazais.
C01C28 – Halim e Nael. Atraca o barco no bar flutuante.
C01C29 – Biblos. Halim declara os gazais.
C01C30 – Zana se tranca no quarto.
C01C31 – Zana vê Halim da janela de seu quarto.
C01C32 – Beatas conversando, falam a Zana.
C01C33 – Galib leva almoço para Zana.
C01C34 – Pratos, vazios e cheios, indo e vindo do quarto de Zana.
C01C35 – Zana abre a porta. Vai casar com Halim.
C01C36 – Zana, Galib e Halim combinam o casório.

C01C37 – Igreja. Casamento. Beijo guloso.
C01C38 – Halim sobre as paixões da província.
C01C39 – Praça/Igreja – Foto de Galib.
C01C40 – Fotografia na parede, sacolejando. Choros e gemidos.
C01C41 – Cama batendo na parede. Halim recita gazais.
C01C42 – Jambeiro – Zana quer filhos.
C01C43 – Praia deserta – Zana quer filhos. Halim, não.
C01C44 – Sob a água. Zana quer filhos.
C01C45 – Pernas de Yaqub e Omar entrelaçadas. Domingas chega.
C01C46 – Irmã Damasceno vem chegando com Domingas.
C01C47 – Chegada de Domingas. Pagamento.
C01C48 – Zana penteia o cabelo de Domingas.
C01C49 – Zana e Domingas rezam.
C01C50 – Zana mostra os vizinhos a Domingas.
C01C51 – Domingas espia Zana e Halim. Cena da escada.
C01C52 – A cunhatã parece uma sombra. Zana quer filhos.
C01C53 – Chove forte.
C01C54 – Choro de bebê.
C01C55 – Nasce Yaqub.
C01C56 – Flutuante. Halim concorda com tudo.
C01C57 – Nasce Omar.
C01C58 – Zana e Domingas arrumam os gêmeos. Oito anos.
C01C59 – Meninos correm atrás da pipa. Omar mais sagaz.
C01C60 – Halim no bar: fez os diabos, o Omar.
C01C61 – Fogo. Omar dorme entre os pais. Halim sai de casa.
C01C62 – Halim, de pijama, no porto. Resgatado pelos pescadores.
C01C63 – Cena 1 vista de cima. Rio, Halim pescando. Chegam crianças.
C01C64 – Baile de carnaval. Yaqub quer ficar.
C01C65 – Yaqub leva Rânia para casa.
C01C66 – Yaqub corre de volta para o baile.
C01C67 – Yaqub vê Lívia dançando com Omar.
C01C68 – Yaqub volta para casa. Triste. ☹
C01C69 – Omar chega no quarto, escreve no remo.
C01C70 – Yaqub chega em casa. Ele e Halim sentem a chuva. 1945.
C01C71 – Yaqub, em casa, revê Rânia.
C01C72 – Zana mostra quarto a Yaqub.
C01C73 – Yaqub abraça Domingas. Chega Estelita.
C01C74 – Jantar. Ouve-se assobio.
C01C75 – Projeção: crianças chegam. Gêmeos, Lívia.
C01C76 – Selos. Omar, Lívia, Yaqub. Omar, ressentido. Projeção. Beijo. Garrafa. Grito. Cicatriz.
C01C77 – Omar chega no jantar.
C01C78 – Halim no barco. Revela Nael.

Capítulo 02

C02C01 – Omar e Yaqub brincam pulando os barcos.

PÁSSAROS

TUCANO
GARÇAS → MAUARI (garça noturna)
         BACURAU
Várias   NOTURNOS
espécies

"RASGA MORTALHA" (ente voando)
a pr. hora
"AVISO", morte
o caminho só,
ele esboroa sobre
o julgado.

BEIJA FLOR (preso na casa,)
           ente do vento

PEIXES

(e histórias de pescadores)
para "OUVIR ANOITECENDO"

CANDIRU (o que penetra nos orifícios)

PIRU (pequeno)

★ PIRARUCU (às vezes imenso —) fôlego
            "quase 100k" — longo
MUMI - BODÓ   até 13 m

★ TAMBAQUI (que gosta de comer fruta)

BAIACU (venenoso)

PORAQUÊ (corrente elétrica) —
         foge da onça

PIRANHA

JANDIÁ (pequeno, come-se frito)

(Caderno de viagem, 2010)

p.353-55 (Trechos do argumento
para longa-metragem, 2003)

"Dois Irmãos"

Proposta para argumento cinematográfico
baseado no romance de Milton Hatoum

(1ª versão)

I. Apresentação

A adaptação cinematográfica do romance "Dois Irmãos" conta a história de uma família em decomposição: Zana, seu marido Halim, os filhos gêmeos Yaqub e Omar e a caçula Rânia empreendem, dentro de um sobrado, uma longa jornada sem volta.

O amor desmedido de Zana por um dos filhos é o motivador do drama: a predileção provoca a desagregação familiar que leva à morte da matriarca. A família, à princípio idealizada, torna-se uma entidade destrutiva.

A casa que se faz e se desfaz, onde vivem a família e os agregados Domingas e Nael, fica em um bairro portuário de Manaus, capital do Amazonas, onde se estabeleceram muitos imigrantes árabes. Entre eles, Zana e Halim.

A família, assim, é fortemente marcada pelas origens libanesas e também pela rica cultura amazônica que os cerca. O porto e a natureza exuberante, entretanto, são o pano de fundo de uma história universal, que poderia se passar em qualquer tempo ou lugar.

Uma tragédia

A história aborda conflitos humanos ancestrais. O amor desmesurado entre mãe e filho (o mito de Édipo) e a rivalidade fraternal (Esaú e Jacó, Caim e Abel) provocam o desequilíbrio familiar. A tragédia empresta à história o tema e a estrutura: uma vez detonado o conflito, tudo leva a um desfecho insolúvel.

> " [a tragédia] faz com que atinemos com o fato de que tudo que é gerado deve estar preparado para se defrontar com sua dolorosa dissolução"
>
> F. Nietzche

A gênese da tragédia se faz presente nos primórdios da formação da família: a derrocada começa justamente com o nascimento dos filhos gêmeos. Alicerces comprometidos porque Yaqub nasce forte e Omar, mais frágil. Pequeno e de saúde delicada, passa a ser chamado por Zana de "Caçula".

> *"Pensamos na tragédia como aquilo que acontece ao herói e, no entanto, a ação trágica usual é aquilo que acontece por meio do herói"*
>
> Raymond Williams, in *"A Tragédia Moderna"*

Zana, a matriarca, detona o grande conflito : ela privilegia um dos gêmeos (Omar) e é tomada pelo afeto, por um amor sem reservas que é incapaz de controlar. O impasse: o desejo de apaziguar o ódio que cresce entre os gêmeos e a impossibilidade de amá-los igualmente.

A maternidade, para Zana, torna-se um desaprendizado. Toda a família sofre as graves conseqüências dessa "escolha", a começar por ela - ao rejeitar Yaqub, Zana faz dele uma serpente e será finalmente envenenada por ela. É uma típica heroína trágica.

[anotação manuscrita: A PASSIVIDADE DO HALIM]

II. O Cenário

A casa da família, um sobrado próximo às margens do Rio Negro, é palco da tragédia e personagem importante da narrativa. O reino de Zana, construído para ser um lar feliz e confortável, se despedaça ao mesmo tempo que os sonhos da matriarca.

Em torno do sobrado, um bairro que se move em torno do porto: os carregadores e catraieiros, o peixe vendido de porta em porta, os barcos ancorados, o pregão dos mascates, os nativos e os numerosos imigrantes são parte inseparável da vida da família. Eles fogem, se escondem, se amam e se matam nas imediações do rio – cenário visualmente rico que compensa o confinamento da casa.

Longe e perto da floresta

Nessa Manaus perdida no tempo há frutas colhidas no pé, árvores gigantescas, banho nos igarapés, chuvas torrenciais e uma vida marcada pelas cheias e vazantes do rio. Mas também é uma cidade com bares e cadeiras na calçada, muitos prostíbulos e um fértil comércio imigrante – entre os quais a loja de secos e molhados de Halim.

[anotação manuscrita: GALIB]

Para Zana e Halim, esse pedaço de Manaus é o lugar que escolheram para viver. O Líbano permaneceu nas lembranças e costumes: o narguilé e o arak, as palavras em árabe que insistem em aparecer nas conversas, a culinária que se mistura aos ingredientes locais, a imagem de Nossa Senhora do Líbano no altar da sala.

Fig 1: Estrutura narrativa

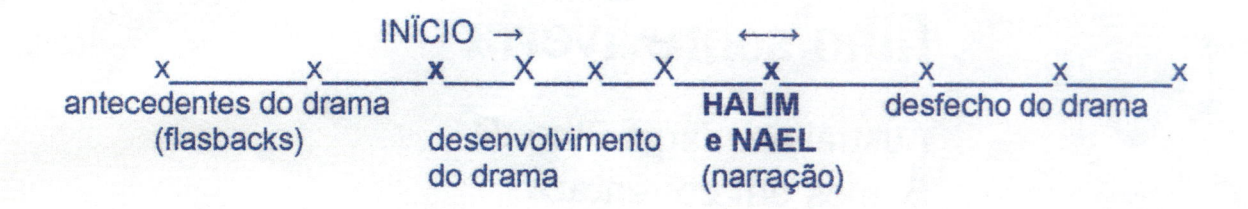

```
                    INÍCIO →                    ←→
    x_____x_____x____X___x___X_____x_____x_____x_____x
    antecedentes do drama                HALIM      desfecho do drama
        (flasbacks)    desenvolvimento  e NAEL
                         do drama       (narração)
```

V. A Estrutura

A estrutura básica da história será construída à partir de eventos que marcam a passagem do tempo e a decadência da família: os três retornos de Yaqub à casa paterna.

1. A Casa em Construção:
Quando retorna do Líbano após cinco anos de ausência, Yaqub é um garoto que começa a virar homem. A casa está em festa para recebê-lo. Sua chegada parece ser a cura para todos os males. Pelo menos, é assim que pensa Zana, uma bela mulher de meia idade, disposta a reparar os estragos da distância sobre o filho.

2. A Casa em Decomposição:
O segundo retorno acontece alguns anos depois, quando Yaqub, já morando em São Paulo, volta para sua primeira visita. Ele é então um homem frio e bem sucedido do qual Zana, por mais que tente, não consegue se aproximar. Com a chegada de Yaqub, é Omar que desaparece de casa - para desespero de Zana, que não consegue ter os filhos juntos. A casa, assim como a família, apresenta visíveis sinais de decomposição. Halim morre logo após a sua partida.

3. A Casa Morta:
Na terceira vez que Yaqub pisa em sua terra natal, ele chega sorrateiramente. Se hospeda em um hotel afastado, bem longe do velho sobrado, que em nada lembra a casa alegre e luminosa onde Zana e Halim se estabeleceram e se amaram com paixão.
É então que ele dá o golpe de misericórdia na família ao trair Omar, frustrando a última tentativa de Zana de uni-los e assim expiar sua culpa. Ela agora está dolorosamente consciente de seu erro.
O golpe de Yaqub provoca a destruição da família e a morte de Zana.

Mãe é obrigada a escolher qual filho sobreviveria

Australiana larga filho de 5 anos em correnteza para salvar caçula

● SYDNEY. Entre as dezenas de milhares de mortes da tragédia das tsunamis, dramas familiares se multiplicam, mas a história da australiana Jillian Searle se destaca em meio ao caos e à destruição. Ela teve que tomar uma decisão que ninguém deveria ter de tomar: escolher qual dos dois filhos iria sobreviver.

Jillian agarrava seus filhos — Lachie, de 5 anos, e Blake, de 2 — na correnteza da tsunami que se abateu sobre a ilha de Phuket, na Tailândia, mas percebeu que os três morreriam pois ela estava afundando.

— Sabia que tinha que deixar um deles e achei que seria melhor largar o mais velho — disse ontem, já no aeroporto de Sydney, na Austrália.

Tudo isso ocorreu sob o olhar do pai das crianças, Brad, que observava impotente a cena. Jillian viu Lachie, que não sabe nadar, tentar manter a cabeça fora d'água e pensou que ele havia morrido. Mas, duas horas depois, encontrou-o vivo e sem ferimentos boiando sobre uma porta. ■

(O Globo, 2004)

AGRADECIMENTOS

Este livro não existiria sem a confiança de Milton Hatoum e a percepção generosa de Mônica Albuquerque e Edna Palatnik;

Um obrigada muito especial ao elenco e à equipe que realizou *Dois irmãos* – parceiros de sonho.

Agradeço também a:

Arturo Blanco e Gilvani Maria do Carmo, que mudaram tudo para melhor;

Rara Dias, mais uma vez parceira no trabalho e na vida;

Júlia Fonseca e Nathália Rinaldi, que trabalharam loucamente para que o mundo ficasse de pé, sempre com amor e bom humor;

Braúlio Mantovani e Bianca Ramoneda, inspiradores por seus talentos e generosidade;

Lula Sampaio, Chicão Fill, Hilário José Kochhann, Nahda Hatoum, Joaquim Melo, Aurélio Michiles, Yeda Oliveira, e aos moradores das comunidades de São Jorge e São Raimundo, pelo apoio generoso nas viagens ao Amazonas;

Isabel Diegues, Mariah Schwartz, Melina Bial, Julia Barbosa, Raquel Brandão e Márcia Ladeira, pela dedicação e pela crença;

Adriana Lunardi, Aleksei Abib, Ana Amélia Macedo, Ana de Souza Dantas, Aspásia Camargo, Bárbara Paz, Bruno Fernandes, Gabriela Sobreira, Inês Abranches, José Antônio Pessoa de Araújo, Marcelo Vianna, Max Mallman, Myra Babenco, Raquel Arnaud, Simone Ruiz e Thereza Graupner, que estiveram sempre por perto;

Rejane Maria do Carmo, Anabel do Carmo Brito e Anani Maria do Carmo, companheiras da vida inteira;

Sérgio Napoleão Brito, Ângela Maria do Carmo, Cleyde Lisboa, Maria Helena de Souza Teixeira, Lúcia Ferreira e Adão Freitas Testa, que com seu trabalho e dedicação tornam a vida possível e melhor, todos os dias;

Miguel, Clara, João e Nina – porque são o amor maior, para sempre.

FICHA TÉCNICA DA MINISSÉRIE

ELENCO
Cauã Reymond
Antonio Fagundes
Eliane Giardini
Juliana Paes
Antonio Calloni
Ryan Soares
Irandhir Santos
Michel Melamed
Munir Pedrosa
Emilio Orcciollo
Leticia Almeida
Barbara Evans
Camila Silva
Priscila Winny
Jimmy London
Sammer Othman
Sami Bordokan
Isaac Bardavid
Jitman Vibranovsky
Mabel Cezar
Giulia Nadruz
Victoria Blat
Yasmin Garcêz

APRESENTANDO
Gabriella Mustafá
Bruno Anacleto
Matheus Abreu
Bruna Caram
Zahy Guajajara
Silvia Nobre

AS CRIANÇAS
Enrico Rocha
Lorenzo Rocha
Monique Bourscheid
Sandra Paramirim

PARTICIPAÇÃO ESPECIAL
Viviane Pasmanter
Juan Alba
Julio Adrião
José Augusto Branco

ATORES ESPECIALMENTE CONVIDADOS
Mounir Maasri
Ary Fontoura
Carmem Verônica
Maria Fernanda Cândido

PRODUÇÃO DE ELENCO
Luiz Antonio Rocha

INSTRUTOR DE DRAMATURGIA
Agnes Moço
Felipe Aguiar
Juliana Garavatti
Lucia Cordeiro
Mareliz Rodrigues
Tiche Vianna

PROSÓDIA
Mounir Maasri

CARACTERIZAÇÃO
Rubens Libório

CARACTERIZADOR ASSISTENTE
Rita Sousa

EQUIPE DE APOIO A CARACTERIZAÇÃO
Rosemere Santos
Eliane Farinhas
Dirlene Thomaz
Adelma Calixto
Alan Carneiro
Tereza Cristina Esteves

DIREÇÃO DE FOTOGRAFIA
Alexandre Fructuoso

EQUIPE DE ILUMINAÇÃO
Alan Carlos de Oliveira Machado
Guilherme Martinho Ribeiro
José Gustavo Ribeiro Araújo
Leonardo Alves dos Santos Franco
Rodrigo Lourenço Vieira Andrade
Vagner Barbosa Gomes

CÂMERAS
Leandro Pagliaro
Murillo Azevedo

EQUIPE DE APOIO A OP. DE CÂMERA
Felipe Lopes de Miranda
Jairo Dias Baptista

EQUIPE DE VÍDEO
Dreverson Marcio Kazik
Tiorbe Souza

EQUIPE DE ÁUDIO
Bernardo Coutinho Amorim D. Estrada
Fagner Leonel Dos Santos
Luiz Felipe De Paiva Ferreira

MAQUINISTA
Valdemir Cesar Coelho

EQUIPE MAQUINARIA
Antonio Augusto Filho

PRODUÇÃO DE ARTE
Marco Cortez

PRODUÇÃO DE ARTE ASSISTENTE
Myriam Mendes
Anderson Dias
Carolina Pierazzo
Claudia Grether
Claudia Margutti
Estevão Goldani
Flávia Ribeiro
Helenita Silveira

EQUIPE DE APOIO A ARTE
Thiago Leal
Fábio Sobral
Gerson Alencar Fernandes
Sidnei Everaldo dos Santos
Eduardo Marins
Nádia Lopes
Alessandra Ferreira
Raquel Mariano

Bruno Pereira
Lucio Flavio
Willians Bens
Leandro Chaves

CENOGRAFIA
Juliana Carneiro
Claudio Duque

CENÓGRAFOS ASSISTENTES
Danielly Ramos
Mariana Villasboas
Gabriela Manhaes
Janaína Marchioro
Alexsandra Miranda
Marcio Thomasi
Priscila Strang
Roberto Villar
Rodrigo Figueiredo
Vania Brito

FIGURINO
Thanara Schonardie

FIGURINISTAS ASSISTENTES
Maribel Espinoza
Rogério França
Viviane Pereira

EQUIPE DE APOIO AO FIGURINO
Maria Madalena
Robson Salomão
Alicia Ferraz
Almir Rodrigues
Aylsa Freitas
Carolina Lannes
Charles Passos
Cristiane Ramos
Dioclécio Lemos
Dirley Souza
Elizabete Felske
Eni Dos Santos
Fábia Jane Dos Santos

Francisco Santiago
Gorki Gustavo
Helson Gomes
Jacqueline Vitória
Josenir Conceição
Junior Moreira Diogo
Luceni de Oliveira
Mara Silvia
Maria Célia Maciel
Maria do Nascimento Veras
Maria do Rosário
Maria José Gomes
Markoz Vieira
Marlene Alves
Natália Fonseca
Nice Rosário
Noêmia Ribeiro
Patricia Ferreira
Paulo José Correa
Priscila Pires
Raimunda Martins
Rodrigo Hardoim
Roseli Carvalho
Suzanna Borba
Thereza Martins
Valderice Rodrigues
Vera Lúcia

PRODUTOR CENOGRAFIA
Dalmo Marques Meireles

SUPERVISOR DE PRODUÇÃO DE CENOGRAFIA
Flavio Nunes
Gustavo Postali
Ronaldo Buiu

EQUIPE DE CENOTÉCNICA
Raiane Paes
Bruno Souza
Renan Carlos
Robson Venâncio
Manoel Paixão
Geovane Lima

Gerson Fernandes
Celsius Leal
Ipojucam De Jesus
Sebastião Renato
Newton Galhano
Emerson Martins
Sidnei Lessa
Luciano Carvalho
Clayton Sampaio
Rafael Lopes de Matos
Marcelo Evangelista
Leandro Carvalho Guilhemre
Manoel Paixão
Geovane Lima
Gerson Fernandes

CONTINUIDADE
Eliane Freitas
Carla Carrete

DIRETOR ASSISTENTE
Antonio Karnevale

ASSISTENTES DE DIREÇÃO
Mariana Betti
Raquel Couto
Gabriele Dracxler
Bernardo Sá

MÚSICA ORIGINAL
Tim Rescala

EDIÇÃO
Iury Pinto
Joao Marins
Alexandre Oliveira

COLORISTA
Sergio Pasqualino

EFEITOS VISUAIS
Jorge Banda

EQUIPE DE EFEITOS VISUAIS
Talitha Mariana

EFEITOS ESPECIAIS
Ricardo Menezes

TÉCNICO DE EFEITOS ESPECIAIS
Felipe Pereira

SONOPLASTIA
Irla Souza
Joao Curvello
Pedro Coelho
Adailton Araujo
Dionisio Ferreira
Youssef Jordy
Marcos Valentin

ABERTURA
Alexandre Romano
Eduardo Benguelê

ENGENHEIRO E TÉCNICO DE SISTEMA TV
Rodrigo Siervi Ferreira Alvares

PRODUÇÃO DE ENGENHARIA
Ilton Caruso

SUPERVISÃO EXECUTIVA DE PRODUÇÃO DE LINHA
Mario Jorge

GERENTE DE PROJETOS
França Mesquita

EQUIPE DE INTERNET
Fabio Rosso
Raphael Almeida
Debora Alonso

PESQUISA
Madalena Prado
Ilana Feldman
Antonio Venâncio
Claudia Dottori
Cristina Lopes
Júlia Fonseca

CONSULTORIA DE TEXTO
Edna Palatnik

EQUIPE DE PRODUÇÃO
Vanessa Marques
Rodrigo Riff
Jailson Mattos
Carolina Melo
Edgard Eugenio
Fernanda Thomaz
Renata Biasi
Manuela Estrella
Grazielle Trentin
Bruna Sangy
Estevão Goldani

COORDENAÇÃO DE PRODUÇÃO
Jean Robert

PRODUÇÃO EXECUTIVA
Maristela Velloso

DIREÇÃO ARTÍSTICA
Luiz Fernando Carvalho

© Maria Camargo, 2017
© Editora de Livros Cobogó, 2017

LICENCIAMENTO GLOBO

EDITORA-CHEFE
Isabel Diegues

EDITORA
Mariah Schwartz

GERENTE DE PRODUÇÃO
Melina Bial

ASSISTENTE DE PRODUÇÃO
Nathália Rinaldi

REVISÃO FINAL
Clarisse Cintra

PROJETO GRÁFICO
Rara Dias

DIAGRAMAÇÃO
Mari Taboada

CAPA
Paula Delecave

FOTOS
Maria Camargo

DIGITALIZAÇÃO E TRATAMENTO DE IMAGENS
Trio Studio

CIP-BRASIL. CATALOGAÇÃO-NA-FONTE
SINDICATO NACIONAL DOS EDITORES DE LIVROS, RJ

C176d
Camargo, Maria
   Dois irmãos: roteiro da série: a partir da obra de Milton Hatoum / Maria Camargo. - 1. ed. - Rio de Janeiro: Cobogó, 2017.
   364 p. : il.

   ISBN 978-85-5591-032-6

   1. Dois irmãos (Programa de televisão). 2. Roteiros de televisão - Técnica. I. Título.

17-43172
CDD: 791.4575
CDU: 791.44:654.19

Nesta edição, foi respeitado o Acordo Ortográfico da Língua Portuguesa de 1990, que entrou em vigor no Brasil em 2009.

Todos os direitos em língua portuguesa reservados à
Editora de Livros Cobogó Ltda.
Rua Jardim Botânico, 635/406
Rio de Janeiro – RJ – 22470-050
www.cobogo.com.br

2017

1ª impressão

Este livro foi composto em Adelle.
Impresso pela Gráfica Maistype sobre papel offset 90g/m².